ROBERT ET SONIA
DELAUNAY

Des mêmes auteurs :

Georges BERNIER
Girodet, Prix de Rome 1789, éd. Jacques Damase, 1975.
L'Art et l'Argent, éd. Robert Laffont, 1977. (Édition revue et augmentée, éd. Ramsay, 1990.)
Antonin Carême, 1783-1833. La sensualité gourmande en Europe, éd. Grasset, 1989.
La Revue blanche, éd. Hazan, 1991.

Monique SCHNEIDER-MAUNOURY
Introductions et appareil critique de nombreuses expositions en France, en Allemagne et aux États-Unis : « Robert-Sonia Delaunay », « Minotaure », « L'Écart absolu », « Vuillard et son Kodak », « Au temps du Bœuf sur le Toit », « L'Avant-garde russe », « Blaise Cendrars », etc.

Georges Bernier
Monique Schneider-Maunoury

ROBERT ET SONIA DELAUNAY

Naissance de l'art abstrait

JClattès

© Editions Jean-Claude Lattès, 1995.

NÉE À GRADSHIK

Quand Sonia Stern naquit, le 14 novembre 1885, à Gradshik, la nouvelle fut connue seulement dans le cercle étroit de ses parents et de leurs proches. La venue au monde d'une petite fille juive dans un de ces villages de l'Ukraine où tant de familles israélites se trouvaient assignées à résidence, n'était pas un événement fait pour enjoliver la rubrique Carnet Mondain des journaux.

Les premières années de Sonia sont obscures à l'image de son lieu de naissance. Dans ces bourgades ukrainiennes aucun événement notable ne survenait jamais, sinon la famine. Il y avait aussi les pogroms, exercices de pillage, de viols collectifs et de meurtres que les autorités auraient encouragés plus souvent encore si elles n'avaient craint de les voir s'étendre à d'autres cibles qu'aux juifs. Aucun de ces événements traumatisants n'eut lieu tant que Sonia demeura à Gradshik.

Son père était un homme intègre, ennemi du mensonge et soucieux de toujours accorder son comportement aux préceptes de la Bible. Autant dire qu'il n'était pas fait pour gagner de l'argent. Si peu qu'il se trouva contraint d'abandonner Odessa, sa ville natale, pour Gradshik où il avait trouvé du travail comme ouvrier dans une fabrique de clous. Il allait un jour en prendre la direction, mais sa fille alors serait loin et bien en mesure de juger à sa valeur cette réussite médiocre.

Eliah Stern ignorait l'amertume. Il ne se plaignait jamais. Hannah, sa femme née Terk, ne cessait de geindre. Jamais de ma vie je ne me suis plainte, devait affirmer Sonia parlant d'elle-même beaucoup plus tard. « Je ne pouvais pas supporter les jérémiades de ma mère. » En tout cas quand, petite fille encore, on l'emmena vivre au loin, Sonia ne fit jamais rien pour revoir ce père « tendrement aimé » ni cette mère irritante. Elle ne se soucia pas davantage de ses trois frères.

Hannah Stern avait tort de fatiguer ses proches avec son perpétuel ronron plaintif. Elle n'en avait pas moins de bonnes raisons de se sentir frustrée. Son frère aîné, Henri Terk, menait une vie brillante à Saint-Pétersbourg. Pour l'amener là, ses parents, des artisans peu fortunés, avaient fait de gros sacrifices afin qu'il pût mener à bien son brillant parcours universitaire. Ensuite, il avait fallu pourvoir à son installation. Henri avait un frère cadet et pour mettre en selle celui-là aussi, on avait dû faire d'autres dépenses. Quand il devint médecin, ses parents (c'était souvent le cas dans la petite bourgeoisie juive) se tinrent pour quittes. Pas de dot pour les filles qui se marieraient comme elles pourraient ou ne se marieraient pas.

Plus heureuse que ses trois sœurs, Hannah épousa un homme excellent. On comprend qu'ayant été témoin de l'existence brillante de ses frères, elle ait pu juger indigne d'en être réduite à vivre dans un cloaque moyenâgeux. C'est en mesurant bien le sens de ces mots qu'on les emploie ici. À la naissance de Sonia, les conditions d'existence dans un village ukrainien comme Gradshik demeuraient encore telles qu'elles avaient été plusieurs siècles auparavant en France ou en Allemagne.

À Saint-Pétersbourg et dans les autres grandes villes de l'Empire, les conditions de vie s'étaient, depuis la Révolution de Pierre le Grand, améliorées au même rythme qu'en Occident. Quelques mots d'explication s'imposent ici car, à la fin de notre siècle, il est devenu difficile de se représenter ce qu'était, immédiatement avant son début, le labyrinthe national, économique, religieux, nihiliste, juridique et militaire dont était fait le fragile édifice tzariste. « Déguisé par les nécessités du temps et l'influence du voisinage, en monarchie militaire et bureaucratique, le régime était en fait une théocratie patriarcale[1]. »

À ce titre, la monarchie combattait — souvent sans résultats appréciables — les sectes schismatiques trop nombreuses pour qu'on puisse les énumérer ici. À côté des flagellants et des danseurs mystiques, il y avait les zélateurs de la pureté qui, pour la faire mieux observer, procédaient sur les hommes et les femmes à la mutilation de l'organe tentateur. En même temps, les adeptes des sectes orgiastiques (d'où proviendrait Raspoutine) aspiraient à la pureté en exaltant l'usage collectif de cet organe.

Indépendamment de ces sectes et de tant d'autres, l'Empire comptait des millions de catholiques, de protestants, de musulmans et de juifs. L'Église orthodoxe, étroitement identifiée à la Nation même, bénéficiait de la protection légale des autorités. Les autres cultes, souvent issus des pays conquis (le catholicisme de Pologne, le protestantisme de Finlande), étaient intitulés dans la langue gouvernementale « confessions étrangères ». La religion juive comptait parmi ces confessions qui, au total, groupaient quarante-cinq millions d'individus, soit un tiers de la population du pays.

Les juifs étaient soumis à une législation spéciale dont l'incohérence était reconnue par tous. En fait, ils étaient traités en sujets du tzar quant aux obligations et en étrangers quant aux droits. Ils étaient astreints aux impôts et au service militaire mais ne pouvaient se déplacer librement et se trouvaient, d'une façon générale, enserrés dans un réseau de lois restrictives aux mailles si serrées qu'il ne leur était guère possible de se mouvoir sans en déchirer une. Les lois restrictives formaient un réseau si dense que nul, qui y était enveloppé, n'était jamais sûr d'être en règle avec la loi. On voit comment, dans un pays où les fonctionnaires de tous grades étaient corrompus dans leur grande majorité, ils pouvaient tirer parti d'une législation si complexe et confuse. En fait, ils en tiraient des profits tels que l'observateur si pénétrant de la Russie tzariste que fut Anatole Leroy-Beaulieu a pu dire que « un des obstacles à l'émancipation des israélites est l'intérêt de toute l'Administration à les tenir ainsi dans les filets de la loi[2] ».

D'autre part, toujours selon Leroy-Beaulieu, dans aucune nation les traditions du passé n'avaient à la fois plus d'empire et moins d'autorité, vénérées superstitieusement en bas, rejetées avec dédain en haut. « De tous les hommes, le Russe est celui qui, une fois dégagé de ses préventions nationales, en est le plus complètement affranchi. Sous ce rapport, ajoute Leroy-Beaulieu, je ne saurais guère lui comparer que l'israélite moderne qui, lui aussi, au contact de l'étranger, passe si fréquemment des extrémités de l'esprit de vénération à l'extrémité de la libre-pensée... Par un des perpétuels contrastes de la Russie, tandis que le paysan, de même que l'humble juif de l'Orient, demeurent opiniâtrement conservateurs des rites et des formes, l'homme des classes cultivées se glorifie d'avoir rejeté derrière lui toutes les vieilles traditions avec les vieilles croyances[3]. »

On comprend dès lors comment un jeune juif doué pouvait pousser à leur terme des études universitaires rendues possibles grâce à la science consommée du bakchich acquise par sa famille. Il rejoignait alors, à Moscou ou à Pétersbourg, des avocats brillants comme Henri Terk ou des médecins réputés dont certains, comme le jeune frère d'Henri, étaient passés au service de l'État. En devenant ainsi fonctionnaire, ce dernier avait épousé une jeune chrétienne descendante d'un Français émigré pendant la Révolution.

Son aîné s'était marié lui aussi et avait fait ce qu'on appelle un beau mariage. Anna, la nièce et l'héritière du très riche banquier Zack, dont Henri était l'avocat, avait été transportée par le physique agréable du jeune homme, son brio, sa culture et sa pratique de ces langues étrangères tenues en Russie comme autant de voies d'accès à un raffinement supérieur. Le raffinement était ce qui marquait la vie du ménage. Le plus souvent possible, ils allaient « au-delà des frontières », cette étendue mal définie constituée par les villes d'eau allemandes et autrichiennes, les églises et les palais d'Italie, les musées, les restaurants, et les couturiers parisiens, les palaces de la Côte d'Azur et les tailleurs de Londres.

Ces voyages, la belle maison de Pétersbourg, sa table soignée et ses réceptions brillantes, formaient (avec pour Henri le stimulant travail du bureau) la trame ordinaire de la vie des Terk. À leurs réceptions se retrouvaient des Juifs et des Gentils, bons exemples de « l'homme des classes cultivées se glorifiant d'avoir rejeté derrière lui toutes les vieilles traditions avec les vieilles croyances[4] ». Partisans des réformes, ils demeuraient pour la plupart réticents devant la violence de plus en plus grande de l'action nihiliste.

Accompagnée par un cousin qui était un pianiste sensible, Anna était très applaudie quand elle chantait des romances de Tchaïkovski. Les deux époux se seraient sentis comblés par cette vie souriante s'ils ne s'étaient trouvés privés du bonheur d'avoir des enfants. Rien n'y faisant, l'idée leur vint qu'en adoptant un des jeunes Stern, ils satisferaient leur vœu le plus cher tout en faisant une bonne action.

Lors d'un voyage d'affaire à Odessa, Terk décida de pousser jusqu'au chétif Gradshik qui n'était pas desservi par le chemin de fer. Songeait-il en venant à adopter un des fils, s'était-il concerté avec sa femme à ce sujet ? Toujours est-il que, venu seul dans la belle voiture de louage qui l'avait amené d'Odessa, il repartit avec la petite fille qui ne devait plus revoir son père qu'une fois, jamais sa mère et, tant qu'elle demeura en Russie, de loin en loin ses frères venus rendre visite à leur oncle.

Dans les familles fortunées — sans préjudice des professeurs de russe, de littérature et d'histoire, ni des maîtres de musique et des cours de danse — l'éducation des filles était assurée par une Fräulein, une miss et une mademoiselle chargées d'enseigner leurs langues respectives et les bonnes manières à leurs pupilles. La gouvernante anglaise allait laisser peu de traces dans l'esprit de Sonia. La Française portait un nom comme ont su si bien les choisir Labiche et Feydeau pour désigner une personne exerçant sa profession : Mlle Turvoire. Elle cessa de plaire à Sonia quand un jour, sans qu'on sache pourquoi, elle l'incita à mentir à sa tante. Fräulein Pilzer était la mieux aimée. Avec elle la petite fille jouait aux Indiens, ce qui donnait lieu à des poursuites échevelées dans le grand salon dont les dimensions justifiaient pleinement ce qualificatif et qui servait aussi de salle de bal.

C'est là qu'avaient lieu les dîners d'apparat, au début desquels on produisait Sonia, ce qui l'ennuyait prodigieusement. Elle décrit la longue table de zakouskis, puis la succession des mets succulents qui, dit-elle, valaient à la table des Terk la réputation d'être la meilleure de la ville après celle du tzar. C'est faire bon marché de celles des grands-ducs et de certains autres comme celle du collectionneur Chtchoukine chez qui officiait Nignon, un des plus fameux chefs français de son temps.

De la répulsion que le mensonge inspirait à Sonia, il ne faudrait pas conclure que son éducation comportait une part d'éducation religieuse. On accordait une grande place à la morale chez les Terk, mais à une morale laïque. Leur volonté d'assimilation ne faisait aucune place au reniement. Ils estimaient simplement que les questions religieuses étaient quelque peu dépassées à l'aube du XXe siècle. Ils étaient encouragés en cela par le comportement des chrétiens de leur milieu. La plupart de ces derniers, quand ils participaient aux superbes cérémonies de la liturgie orthodoxe, ne manquaient pas de justifier leur présence par ce que ces spectacles « obscurantistes » avaient de somptueux et par la beauté des chants qui les accompagnaient.

Chez les Terk on aimait la musique et aussi la peinture. Dans la chambre de Sonia aux meubles laqués bleu canard, il y avait un tableau « italien » ovale. Dans les autres pièces, on voyait une tête de Marocain, une musulmane en costume traditionnel et une vue d'Amsterdam, sous la pluie, à laquelle Sonia penserait toujours quand elle se retrouverait en Hollande. Le ménage s'intéressait aux peintres russes à la mode : Levitan, Chichkine, Korovine et Répine. Ils avaient aussi une reproduction de *L'Île des morts*, l'œuvre la plus célèbre de Böcklin, le Suisse justement admiré de ces jeunes symbolistes russes qu'on commençait à connaître et dont l'un, André Biely, allait donner avec *Pétersbourg* une des œuvres majeures de la littérature de son pays.

Première boîte de peinture

Parmi les artistes amis des Terk, il y avait Max Liebermann, cet Allemand qui, en suivant son chemin propre, en était arrivé à faire une peinture très proche de celle de Millet. C'est lui qui, quand elle eut quinze ans, donna à Sonia sa première boîte de peinture en cadeau d'anniversaire.

Ce qu'on a vu jusqu'ici suffit à montrer que les Terk appartenaient (sans préjudice de quelques autres formes de snobisme) à la catégorie particulière dite du « snobisme intellectuel ». « Nos chers snobs », aimait répéter Diaghilev dont l'étoile commençait à briller sur Saint-Pétersbourg, ce qui n'aurait pas pu se faire sans la prodigalité des snobs en question. Les Terk étaient des gens « comme il faut » et vibraient avec les autres gens de ce style. Ils ignoraient sans doute jusqu'aux noms de Van Gogh et de Gauguin dont les œuvres étaient recherchées dès lors par les extraordinaires collectionneurs que furent le brasseur d'affaires Chtchoukine et l'industriel Morosov. Ce dernier appartenait à la secte (une encore parmi tant d'autres !) des Vieux Croyants. Au cours de ses visites à Paris, il apparaissait dans l'atelier de Matisse vêtu de la tenue des siens : longue blouse de soie blanche immaculée et culottes enfoncées dans des bottes en cuir de Russie superbement cirées. Conformément encore aux préceptes de sa secte, il avait le visage orné d'une abondante barbe taillée au carré.

Les tableaux dont étaient garnis les murs chez les Terk ne dépassaient pas cette moyenne qui, en matière d'art, est souvent moins acceptable qu'en tout autre domaine. Tels qu'ils étaient, ils jouèrent un grand rôle dans le développement de Sonia. Œuvres d'artistes que souvent on se flattait de connaître personnellement, ils mettaient la petite fille de plain-pied avec cette peinture qui dans de nombreuses familles était acceptée avec bienveillance tant qu'elle s'en tenait à n'être qu'un « art d'agrément » et se trouvait frappée d'un véritable tabou si une jeune fille voulait se consacrer à sa pratique dangereuse. Les Terk, eux-mêmes, quand leur pupille affirmerait bientôt la volonté de s'engager plus avant dans cette voie, ne se laisseraient convaincre qu'après de longs débats.

En attendant, les occasions de voir de la peinture ne lui manquaient pas. Les murs du majestueux cabinet de travail de son oncle étaient ornés de gravures représentant des chefs-d'œuvre célèbres. Elle feuilletait longuement aussi les albums de photos ramenées par les Terk des musées étrangers. On l'emmenait à l'Ermitage puis bientôt, quand elle accompagna son oncle et sa tante dans leurs expéditions « hors des frontières », elle put visiter certains des grands musées d'Europe.

D'un voyage d'affaires à Stockholm, Henri Terk lui rapporta un jour un livre montrant les productions du folklore suédois. Sonia devait raconter souvent combien elle avait été heureuse d'y retrouver la hardiesse des couleurs du folklore de son Ukraine natale. Elle fut sans doute d'autant plus frappée en éprouvant les sensations colorées de sa petite enfance, que Saint-Pétersbourg est une ville de demi-teintes dont les mystérieux gris bleutés ont été évoqués d'une façon saisissante par André Biely.

Les souvenirs des premières années purent bien jouer leur rôle. Pourtant le misérable Gradshik ne devait pas être un centre bien actif de l'artisanat ukrainien. Quoi qu'il en soit, vers le temps où Sonia devint une adolescente un vif mouvement d'intérêt pour les folklores des différentes contrées de l'Empire commençait à se manifester. Il allait prendre une grande importance grâce à l'action de la richissime princesse Tevisheva. Une quinzaine d'années plus tard, Gontcharova allait dire de sa peinture qu'elle était inspirée par « les broderies sibériennes, les moules à pâtisserie des paysans, les jouets, les gravures sur bois et les icônes autant que par le fauvisme ». Jamais disposée à être en retard sur une autre femme peintre, Sonia, en faisant remonter le choc de la couleur à sa petite enfance, remettait les choses en place.

Pour le moment, c'est d'études secondaires qu'il s'agissait. On ne sait pas très bien ce qu'était l'établissement d'enseignement dont elle devint l'élève quand elle eut douze ans. Sans doute une de ces écoles de bon niveau intellectuel et d'esprit libéral où on ne tenait guère compte des quotas d'admission d'élèves juifs fixés par les autorités. Quasi contemporain de Sonia, Vladimir Nabokov serait confié à une institution de cette sorte par le grand libéral que fut son père. Ce dernier, membre influent du parti constitutionnel démocrate, s'exila après la prise du pouvoir par les bolcheviques et fut assassiné à Berlin par des émigrés réactionnaires.

À quinze ans, Sonia reçut en fin d'année scolaire le second prix de sa classe, ce qui lui valut une médaille d'or. On faisait grandement les choses dans l'ancienne Russie ; en France, au lycée, sa récompense n'aurait consisté qu'en un ou deux livres reliés en toile. Une année encore et, en 1902, elle allait réussir son examen de sortie. Une lettre d'une camarade de classe montre que ce fut brillamment : « Maman et moi te congratulons pour cette heureuse fin d'études, tu as justement reçu la médaille d'or ce qui fait, d'après les renseignements de Mademoiselle, que tu as un 5 global malgré les nouvelles langues. »

Pour célébrer l'événement, l'oncle Henri lui donna entre autres une *Histoire de la Philosophie*. Elle s'intéressa particulièrement à Spinoza dont son oncle lui avait dit qu'il avait été exclu de la synagogue en raison du brio et de la rigueur intellectuelle avec lesquels il défendait ses vues peu orthodoxes. Lors d'un séjour chez les Terk, un de ses frères lui emprunta *L'Éthique* qu'il négligea de lui rendre. Sonia qui, sa vie durant, aimait citer Spinoza, ne lui pardonna jamais.

Bien des choses s'étaient passées pendant ces années scolaires. À quatorze ans, elle avait été à son premier bal costumé. Une photographie la montre dans la robe « turque » qu'elle s'était confectionnée elle-même. À seize ans, elle était apparue à un autre bal en Égyptienne, et pour parfaire l'effet du costume, elle avait emprunté un collier précieux à sa tante.

La titulaire de deux médailles d'or faisait, on le voit, à la frivolité sa part — mais sans plus. Un de ses maîtres, un hellénisant, lui transmettra son admiration pour la civilisation grecque. Un autre professeur l'aidera à s'engager dans sa vraie voie : Mlle Bernstein, son maître de dessin. Déjà, Sonia a montré de quelle façon elle préfère exprimer ses sentiments. Quand vient le moment du vingtième anniversaire de mariage des Terk, Mlle Turvoire lui suggère de leur offrir un dessin de sa composition. Plus ambitieuse, Sonia peint un bouquet en couleur noué par un joli ruban. Promesse d'avenir ? si on veut. Pourtant, combien de garçons et de filles, auteurs eux aussi d'un charmant bouquet à l'occasion d'un anniversaire ou d'un autre événement n'auront, devenus adultes, rien à voir avec l'Art, ses pompes et ses œuvres. Au bouquet, dûment signé Sophie Terk, une carte était jointe : « À mes chers parents, deux êtres que je ne peux qu'admirer. » Mes chers parents, c'est la première fois que la fillette appelle ainsi ceux qui ont fait d'elle leur enfant. Ne serait-ce qu'à ce titre, cette aquarelle est intéressante.

Mlle Bernstein voyait plus loin. Au fur et à mesure de ses cours, elle se rendait mieux compte qu'un vrai talent était en train de naître. En même temps, l'adolescente s'affirmait. Sonia, jusque-là, n'avait guère eu de petites amies. Maintenant, elle en comptait plusieurs parmi ses compagnes d'études et poursuivait avec elles les interminables conversations des filles de leur âge. Elle a aussi une amie plus âgée de quelques années qui, bientôt, sera sa confidente. C'est Marie Oskarovna Kourland, cette descendante d'un émigré français qui deviendra sa tante en épousant le frère d'Henri.

L'amie dont la lettre de félicitations a été citée plus haut s'appelait Vera Friedlansky. De toutes les camarades de classe avec qui Sonia fut liée, les Olga, Masha, Wanda, Katia et d'autres, c'est la jeune Friedlansky qui devient sa correspondante la plus assidue. Beaucoup de ses lettres ont été conservées par Sonia qui, de sa prime jeunesse à sa fin (pensait-elle à ses futurs biographes ?), eut toujours grand soin de garder les lettres, les factures et les coupures de presse.

De lettre en lettre on voit les deux adolescentes devenir de jeunes adultes. En 1900, elles ont encore des querelles de gosses. Vera emploie une encre d'un vert agressif quand elle écrit : « *Pour dire la vérité, tu es une grosse cochonne... je n'irai plus chez toi avant longtemps.* » La querelle est vite oubliée et Sonia, en Finlande pour des vacances, reçoit la nouvelle d'un acte de despotisme difficilement tolérable : « Notre institutrice a refusé d'aller avec nous au jardin du fait que nous avions recommencé à

porter un corset et un col amidonné. Le grand scandale ! »
Quelques lettres encore (accompagnant souvent un carton
d'invitation à un bal) et elles atteignent le stade où le corset
et le col empesé (qu'elles agrémentent sans doute d'une
cravate) sont recommandés. Ainsi accoutrées, elles
voyagent. Vera sait observer. Sur un papier à lettres portant
le chiffre richement ornementé de l'Hôtel Bristol, elle
raconte : « Francfort est terriblement bruyant à présent du
fait qu'il y a une telle presse et que roulent beaucoup
d'automobilistes qui gâtent l'air et émettent des sons
incongrus. »

Dorénavant, quand Sonia est invitée à passer quelques
jours dans la maison de campagne des Friedlansky, Vera lui
rappelle « n'oublie pas de prendre tes couleurs ». Mais, c'est
de leurs soupirants que ces demoiselles parlent surtout.
Elles affectent la plus grande indifférence à leur égard et
s'ils leur volent, de temps à autre, un baiser, plutôt qu'à
une lettre elles le confient à leur Journal (Sonia tiendra le
sien jusqu'au lendemain de la Seconde Guerre mondiale).
Elles ne sont pas les seules à feindre l'indifférence et parfois
se laissent duper par une de leurs amies. Le 30 novembre
1904, Vera communique cette information surprenante :
« Une grande nouvelle : Lola Langdorf se marie ! elle est
fiancée à M. Broz. Qu'est-ce que tu dis de cela ?... Elle qui
était si opposée au mariage. Faites comme je dis mais ne
faites pas comme je fais. »

Encore quelques années et la correspondance entre les
diverses amies sera faite surtout d'annonces de mariages et
de lettres de félicitations. Quand, en juillet 1907, Sonia
recevra un élégant faire-part annonçant les fiançailles de
Vera Friedlansky et de Jules Trachtenberg, elle aura un
atelier à Montparnasse et fera des tableaux, montrant
qu'elle a bien compris la leçon de Gauguin et des Fauves.

Ce n'était pas de telles leçons qu'il s'agissait encore
mais de celles de Mlle Bernstein. De plus en plus impressionnée par ce que promettaient les essais de son élève, elle

engagea vivement les Terk, un beau jour de 1902, à envoyer Sonia poursuivre ses études dans un des centres artistiques de l'Occident. Pour des snobs intellectuels, quoi de plus satisfaisant que de voir reconnus les dons de leur fille ? D'emblée Henri Terk se montra favorable à cette idée. Mais, Sonia avait dix-sept ans et Anna, qui la savait sérieuse et organisée, la savait aussi impulsive. Certes, la jeune fille se montrait réservée à l'égard des choses du sexe. Quand sa tante avait voulu avoir une conversation avec elle sur ce sujet, Sonia s'y était refusée et n'avait accepté qu'avec réticence le livre d'initiation sexuelle qu'Anna, en désespoir de cause, lui avait mis entre les mains. Mais, une fille impulsive peut dans un élan de tendresse aller très loin et tante Anna craignait de voir sa Sonia séduite par un joyeux bohème attachant plus de prix aux impératifs de la prosodie qu'à ceux relatifs à la vertu des filles.

On partit comme chaque été pour la Finlande où la famille possédait une belle villa à Novaya Kirka, un village dans une des clairières qui jalonnent les forêts de sapins descendant vers les eaux du golfe. La chaste Sonia raffolait des bains de soleil et s'exposait longuement aux rayons brûlants du mois d'août, protégée par quatre draps tendus sur des piquets fichés dans une pelouse. Tard dans la nuit, on parlait encore du nouveau projet auquel Anna se ralliait peu à peu. Pas question de Paris où les mœurs étaient trop légères. On pensa à Florence mais Sonia ne parlait pas italien. Restaient les écoles d'art réputées de l'Allemagne où l'oncle Henri ne manquait pas d'amis. Il déclara qu'il allait les consulter. En attendant, Sonia, toute décidée qu'elle soit à se consacrer à la peinture, a depuis quelque temps un amoureux, Nicolas Guen, « Koka », et s'est laissée embrasser par ce fils d'amis de ses parents. Elle l'aime bien mais elle tombe réellement amoureuse d'un certain Serge... par correspondance. Elle avait connu l'élu à Saint-Pétersbourg avant qu'il parte en Espagne pour étudier la langue du pays. Sonia, elle aussi, apprend l'espagnol. Ils signent d'un pseudonyme. Sonia y tient beaucoup car elle ne veut à aucun prix que soient identifiés les auteurs de ces lettres de plus en plus passionnées.

Koka, qui ignore tout de ce manège, lui dit un jour que son ami Alexandre Smirnov souhaite la rencontrer. Avec l'accord de la jeune fille, les deux garçons viennent prendre le thé chez les Terk. Alexandre Alexandrovitch est le fils d'une amie d'Anna dont la mère, une française, avait été dame de compagnie chez les Zack. Tout en absorbant des gorgées de thé et en passant de la confiture Sonia découvre que ce garçon, dont le sérieux faisait qu'elle le croyait bien plus vieux, est son aîné de deux ans seulement. On lui prédit une carrière universitaire brillante. L'avenir montrera que l'on ne s'est pas trompé. Amoureux transi, il demeurera l'ami de Sonia et fera beaucoup pour faire apprécier l'art des Delaunay en Russie.

Cet art, Sonia va maintenant en apprendre autre chose que les rudiments. L'oncle Henri avait sérieusement interrogé ses amis. C'est décidément pour l'Allemagne que sa nièce allait partir. Anna n'acceptait ni le brillant centre qu'était Munich, ni Berlin également plein de dangers pour une jeune fille. On opta pour Karlsruhe. Son Académie des Beaux-Arts était réputée et une heure de chemin de fer séparait la ville de Heidelberg où la sœur d'Anna était établie avec son mari.

Avant de partir, Sonia fit plusieurs choses. Elle se rendit avec Smirnov au siège de *Mir Iskousstva* (Le Monde de l'art) cette première entreprise d'un Diaghilev, certain dès lors qu'il irait beaucoup plus loin. Ensemble, ils feuilletèrent les numéros de la revue à la recherche d'œuvres des peintres qu'on aimait chez les Terk. Mais surtout, Sonia envoya une lettre à son père et à sa mère pour leur annoncer son départ. « Comme ils me sont étrangers, note-t-elle dans son *Journal*, rien de commun. Pas une goutte d'amour ne m'unit à eux. C'est incroyable et affreux. » Après cette intéressante confession faite à elle-même, la jeune fille que quelques semaines séparaient de sa dix-huitième année, ne pense plus qu'à son départ. Un certain jour de septembre (le 9 selon le calendrier alors en usage en Russie, le 22 selon celui du pays où désormais elle allait vivre), Sonia prit pour la première fois le train sans chaperon pour aller à Berlin. Il était convenu qu'avec le concours de lointains cousins résidant là, elle renouvellerait sa garde-robe avant d'aller plus loin. Cela accompli, elle poussa jusqu'à Karlsruhe. La ville, à l'orée de la Forêt Noire, avait été dotée par ses princes régnants successifs d'un musée où figuraient de belles œuvres des écoles italiennes, flamandes et allemandes ainsi que de Boucher et de Chardin. Sonia ne se priva pas de le visiter souvent tout en travaillant avec Schmidt-Reutter, un maître renommé qui, après avoir vu ses dessins, avait accepté de la prendre pour élève.

Karlsruhe, premiers pas vers l'indépendance

Sonia usa avec modération des plaisirs de la vie libre. Quand un camarade d'études lui offrit une cigarette avec insistance, elle en tira trois bouffées et s'en tint là. Elle se lia avec plusieurs aspirants peintres, garçons ou filles, et, à la manière du temps, fit avec eux de longues expéditions à bicyclette. Plusieurs de ces jeunes regardaient avec envie vers Berlin, Munich et Paris. On lui parla de Worpswede, une colonie d'artistes, voisine de Brême, où on allait de l'avant. Sonia, toujours préoccupée par la condition des femmes artistes, fut particulièrement intéressée par ce qu'on lui raconta de Paula Modersohn-Becker et de Clara Westhoff. La première était peintre, l'autre sculpteur. Elle avait été, à Paris, l'élève de Rodin et n'en était pas restée là avec ce fougueux séducteur. Puis, Rilke, voulant écrire un livre sur le grand artiste, était apparu dans la capitale française. Clara et le jeune poète, vite devenus amoureux l'un de l'autre, s'étaient mariés et avaient eu une petite fille.

Les choses n'allant plus très bien entre eux, la jeune femme était partie vers Worpswede. Paula Modersohn-Becker était née à Brême où, pour complaire à ses parents, elle avait fait des études afin de devenir enseignante. Seule la peinture l'intéressait. Elle résolut le problème en épousant le peintre Modersohn de Worpswede et, en réunissant leurs deux noms par un tiret, elle allait les rendre bien connus en poursuivant son œuvre de novatrice proche de l'expressionnisme. Schmidt-Reutter, quant à lui, ne se souciait pas de novation. Il était un ardent admirateur de Léonard, de Michel-Ange et de Raphaël « le plus grand dessinateur d'instinct de tous les temps ». Pourtant, devait dire Sonia plus tard, il ne partageait pas l'attrait des pompiers pour le plaisant et le facile. « C'est à lui, devait-elle dire aussi, que je dois ma solidité de métier. »

Si les aspirants peintres de Karlsruhe ne connaissaient les grands mouvements de novation que par ouï-dire, un novateur d'une rare hardiesse résidait dans la ville au moment où Sonia s'y trouvait aussi. Ce n'était pas un plasticien, mais Arnold Schönberg, le compositeur. Elle devint bientôt l'amie du couple qu'il formait avec Mathilde von Zemlinsky, la sœur d'un chef d'orchestre avec qui il avait travaillé. Au début de leur mariage, ils avaient habité chez Zemlinsky à Vienne. Très vite, ils étaient venus se réfugier à Karlsruhe car Schönberg était par trop gêné, dans son travail, par l'habitude qu'avait son beau-frère de mettre le piano à mal des journées durant. Sonia devait retrouver, quelques années plus tard, le maître de la musique atonale qui, peintre aussi, s'était lié étroitement avec Kandinsky et exposa au Cavalier Bleu.

La première année d'études terminée, Sonia partit en vacances chez les siens. L'atmosphère à Pétersbourg était lourde. Le pays était en guerre. Sans s'attarder sur les causes du conflit, on peut dire que les Japonais, inquiets de la pénétration économique de plus en plus affirmée des Russes en Extrême-Orient, avaient attaqué par surprise (comme ils le feraient trente-huit ans plus tard à Pearl Harbour) les maigres forces du tzar. Déjà on augurait mal de la suite des choses. Smirnov, Koka, Guen étaient dans l'armée. Plusieurs de ses camarades de classe étaient infirmières au front. Sonia, un moment, pensa faire comme elles. « Ce serait un moyen de vivre physiquement », note-t-elle dans son *Journal* en ajoutant : « Je sais que je serai prise bien que juive. » Sonia était consciente et de ce qu'étaient les dispositions restrictives imposées à ses coreligionnaires et aussi du fait que ces dispositions ne s'appliquaient pas à certains d'entre eux.

Comme à l'accoutumée on partit vers Novaya-Kirka où elle fit beaucoup de dessins et de gouaches qui éblouirent les siens. Quand, à son retour en ville, Mlle Bernstein vit ses dernières productions, elle déclara joyeusement qu'elle ne s'était pas trompée en lui prédisant une vocation d'artiste. La jeune fille recevait régulièrement des lettres de Koka et d'Alexeï Smirnov. Ce dernier, naguère si compassé, commençait maintenant ses lettres par « Sonia Chérie ». Pourtant, un autre l'occupait, un certain Hoffmann qui écrivait chaque jour en allemand et savait se moquer de lui-même avec beaucoup d'humour et de drôlerie. Il évoquait aussi une promenade en fiacre lors de laquelle leurs doigts s'étaient frôlés et implorait des réponses immédiates. On ne sait pas à quelle cadence écrivait Sonia mais elle lui assura dans une de ses lettres qu'elle portait sa photo sur son cœur.

Toujours est-il que, les vacances terminées, elle retourna à Karlsruhe avec plaisir. Certains des jeunes qu'elle y connut alors devaient lui ouvrir des perspectives nouvelles. Alexandre Kanold était le fils d'un peintre local — une bonne raison de plus pour regarder au-dehors. Il parla à Sonia de Kirchner qui avait formé, à Dresde, Die Brücke, ce groupe dont le nom désignait un pont — un pont vers le futur. Il montra aussi à sa nouvelle amie des reproductions d'œuvres de Cézanne, de Seurat et de

Signac, tous français. Sonia lut aussi le livre de Julius Meier-Graefe sur Manet et sut ainsi que c'est à Paris qu'était né l'impressionnisme. Dès lors, elle décida que, comme dans la joyeuse *Vie parisienne* d'Offenbach, « sa fantaisie la conduirait aux bords de la Seine ». Pour l'heure, la saison des vacances revenue, elle rejoignit sa famille avec la ferme intention de revendiquer son droit à aller travailler dans le dangereux Paris.

À Pétersbourg, le climat était pire encore que l'année précédente. Le désastre n'était pas encore là. Il surviendrait quand le gros de la marine russe, stationnée dans la mer Baltique, parviendrait, après un voyage de sept mois, au large de la Corée pour être anéantie par les unités japonaises, plus rapides et mieux armées. L'atmosphère était rendue d'autant plus lourde par un événement, survenu le 22 janvier, que Sonia avait appris par les journaux allemands et par la description qu'en avait fait dans une lettre le fidèle Alexeï Smirnov. À la nouvelle de la capitulation de Port-Arthur, les ouvriers de Saint-Pétersbourg s'étaient mis en grève. Une foule d'entre eux menés par le pope Gapone (qui entretenait des rapports avec la police) étaient venus devant le Palais d'Hiver implorer le tzar d'améliorer leur condition matérielle. Le tzar — leur père — n'était pas là. Les forces de l'ordre n'en avaient pas moins tiré et tué un millier de ces malheureux.

On conçoit sans peine le trouble causé dans les consciences des réformateurs — même les plus modérés — par cet événement affreux. Autour de Sonia, dans la capitale d'abord, puis à Novaya-Kirka où elle alla comme d'habitude avec les Terk, on ne parlait de rien d'autre. Le régime pourrait-il se réformer lui-même en adoptant des mesures libérales ou la révolution était-elle inéluctable ? Celle qui se poursuivit les mois suivants devait avorter. Elle montra pourtant la force du courant naguère qualifié de « nihiliste » par Tourgueniev et qui depuis s'était organisé en un puissant mouvement socialiste. Malgré ses contradictions, ce mouvement triompherait douze ans plus tard.

Révolution ou pas, Sonia savait ce qu'elle voulait. À la fin des vacances, le départ pour Paris était accepté. On n'avait pas cédé à son désir sans échanger longuement les arguments propres aux discussions de ce genre. « Tu devrais te marier », « jamais » rétorquait Sonia, sentant bien qu'il ne s'agissait plus que d'un combat d'arrière-garde. La question financière — élément obligé des joutes dialectiques de cette nature — intervint. En se mariant, elle recevrait une dot considérable. En attendant, souligna son oncle, elle demeurerait sous la dépendance des siens. Pourtant, Henri ajouta que sa femme et lui avaient acheté plusieurs immeubles afin de lui constituer une rente. Sonia comprit donc que, sauf dans le cas peu probable d'un grave conflit avec ses aînés, son indépendance serait assurée.

Au début de l'automne, Sonia fit en fiacre le trajet de la gare du Nord au 64 boulevard de Port-Royal où se trouvait une pension de famille d'honnête réputation. Anna lui avait suggéré de choisir cet endroit, sachant que trois autres jeunes Russes y résideraient en même temps qu'elle. La maison était tenue par une certaine Mme de Bouvet. Il n'est pas interdit de penser que la particule précédant son nom était là pour conférer un certain ton à l'établissement.

L'Académie où Sonia allait s'inscrire était au cœur de Montparnasse dont le boulevard de Port-Royal n'était pas loin. Un Montparnasse encore tranquille, sans montparnos, bien différent de ce qu'il serait quatre ou cinq ans plus tard. Il y avait dans le quartier pas mal d'immeubles plus ou moins sordides. De jeunes artistes pouvaient vivre là à meilleur compte qu'à Montmartre où les prix avaient grimpé. Le bruit s'en répandait vite parmi ceux qui, dans le monde entier, étaient attirés par le foyer créateur qu'était Paris et la réputation de tolérance de la France.

Si on veut avoir une juste idée du Montparnasse que connut d'abord Sonia, il faut se souvenir que l'illustre café de la Rotonde fut ouvert en 1911 et que c'est trois ans plus tôt seulement que le non moins illustre Dôme, alors un humble bar-tabac, commença à être fréquenté par « les esthéticiens du Massachusetts et des bords de la Sprée » selon la formule d'Apollinaire[5]. En 1905, le Bal Bullier, où Sonia allait faire sensation quelques années plus tard, demeurait ce qu'il avait été au XIXe siècle : un bal de grisettes. Un changement était intervenu pourtant, on commençait à appeler ces jeunes femmes des midinettes.

En face de Bullier, il y avait un café datant lui aussi du siècle précédent et qui tenait son nom des bosquets fleuris dont il était entouré alors : La Closerie des Lilas. En 1905, le café était, depuis quelques années déjà, le lieu de rencontre de certains écrivains et poètes en vue. Transfuge du symbolisme et fondateur de « l'École Romane », Jean Moréas, par son brio intellectuel, attirait à sa table beaucoup de ceux qui marqueraient notre temps sans qu'ils se soient jamais beaucoup souciés de ses idées sur la prosodie. Paul Fort, dont le prestige alors était si grand qu'il serait bientôt élu Prince des Poètes — titre prestigieux dont le premier titulaire avait été Mallarmé —, contribuait lui aussi à la gloire de La Closerie. Apollinaire, comme Max Jacob, venait de temps à autre à la table des deux hommes. Picasso, qui habitait encore Montmartre (mais plus le Bateau-Lavoir où, l'hiver, le thé gelait dans les tasses), n'hésitait pas à faire le long chemin vers La Closerie pour entendre discourir Moréas.

La Closerie allait toujours continuer à être fréquentée par des aristocrates de l'écriture. Au bar, des plaques de cuivre portant les noms de Hemingway et de Tzara indiquent aujourd'hui les places favorites des deux hommes. On peut penser que d'autres plaques viendront. Toujours est-il que ce coin de Montparnasse où se trouvent La Closerie et aussi la statue de Rude représentant le maréchal Ney (un des plus beaux monuments de Paris) demeura à l'abri du joyeux vacarme du carrefour Vavin-Raspail quand le Dôme, la Rotonde puis la Coupole y déversaient leur trop-plein d'artistes, de modèles, de collectionneurs, d'écrivains, de marchands de tableaux, d'éditeurs, de filles « dans le vent » et de viveurs venus du monde entier.

Un autre coin de Montparnasse fut toujours tranquille aussi : la rue de la Grande-Chaumière. Pourtant, il y avait là quatre académies de peinture dont les plus renommées avaient pris, l'une le nom de la rue où elle était située et l'autre celui, sans imprévu, de la Palette. Ce sont les cours de cette dernière que Sonia décida de suivre comme Élisabeth Epstein et Marie Vassilieva qui allait bientôt simplifier son nom en Marie Vassiliev et faire la carrière amusante qu'on sait. L'autre locataire russe de la pension Bouvet, Alexandra Exter — dont l'élan créateur serait brisé des années plus tard par les bolcheviques —, choisit la Grande-Chaumière.

Cinq maîtres enseignaient à la Palette. Georges Desvallières, ancien élève du prestigieux atelier de Gustave Moreau, était un des fondateurs du Salon d'Automne où les Fauves allaient se manifester sous peu. D'esprit ouvert, Desvallières était aussi — à la manière de Schmidt-Reutter — particulièrement exigeant quant à la rigueur du dessin. Aman-Jan avait connu Seurat et fréquenté les Symbolistes. Il lui restait le goût de théoriser sur la couleur, ce qui ne se sentait guère dans son enseignement. D'esprit bohème, André Simon s'intéressait surtout aux croquis, aux œuvres de premier jet où se révélait la sensibilité des élèves. Ces vues étaient partagées par Jacques-Émile Blanche qui, à quarante-cinq ans, poursuivait, avec un succès qui ne se démentirait jamais, sa carrière de portraitiste d'écrivains en vue et de gens du monde. Il y avait aussi Elizabeth Krouglikova, une Russe peu connue alors et beaucoup moins aujourd'hui.

Chaque après-midi, ces maîtres critiquaient le travail fait dans la matinée d'après le modèle. Les critiques des uns et des autres étaient souvent contradictoires et Sonia n'eut jamais le sentiment que son passage à la Palette lui avait apporté grand-chose.

Krouglikova invitait volontiers ses compatriotes dans l'atelier qu'elle avait boulevard du Montparnasse où elle recevait beaucoup. C'est ainsi que Sonia se trouva là un soir où Diaghilev, de passage à Paris, y était aussi. Déjà surnommé Chinchilla à cause de la grosse mèche blanche tranchant sur ses cheveux noirs, il annonça qu'il préparait pour l'année suivante une exposition d'art russe. Sonia irait voir cette exposition, mais auparavant une autre la marquerait à jamais.

En attendant, elle poussait plus avant sa connaissance de Paris. Ses amies l'emmenèrent à La Closerie des Lilas où on lui montra un jeune et beau garçon, l'anarchiste Kilbachiche, qui serrait de près Rirette Maîtrejean, une militante anarchiste bien connue elle aussi. On rencontrait également Lénine et d'autres futurs bolcheviques. Rien en cela de vraiment dépaysant pour Sonia. On croisait davantage de révolutionnaires de toutes sortes dans les rues de Saint-Pétersbourg qu'à Paris et puis, La Closerie était à trois pas de son domicile et de son lieu de travail.

On alla plus loin. Sonia demeurait toujours aussi réservée en matière de sexe. Son éducation fit pourtant quelques pas en avant. Krouglikova emmena ses trois jeunes compatriotes dans un bal musette où Marie Vassiliev prit plaisir à chalouper sans relâche dans les bras d'un inconnu. Pendant ce temps, le professeur à l'Académie de la Palette faisait des croquis. Un Apache la traita de voyeuse et il fallut expliquer le sens de ce mot à Sonia.

Dans la cage aux Fauves

La valse musette n'avait pas fait battre son cœur plus vite. Quelques semaines plus tard, en octobre, elle eut littéralement le souffle coupé, au Salon d'Automne. Cette institution, présidée par Frantz Jourdain, l'architecte des magasins de la Samaritaine, était commanditée par Jansen, un tapissier chic « qui ne se souciait pas de déplaire à sa clientèle », dit Guillaume Apollinaire[6]. En 1905, on y avait pourtant admis des toiles qui ne ressemblaient à nulles autres. Le fait que Desvallières — un des membres du jury — avant d'enseigner à la Palette avait été, chez Gustave Moreau, le condisciple de Marquet, de Camoin et de Matisse, n'était sans doute pas pour rien dans l'acceptation de leurs envois. Décision que Frantz Jourdain dut avoir quelque mal à faire admettre au grand tapissier. Dans une autre salle, on voyait des œuvres de Derain, de Vlaminck et de Van Dongen. Elles entouraient *Le lion, ayant faim, dévore une antilope* du Douanier Rousseau.

Au centre de la salle 7 où *La Femme au chapeau* et trois autres tableaux de Matisse semaient la panique, il y avait une sage sculpture pseudo-Renaissance d'un certain Marque. Rendant compte du Salon dans le *Gil Blas* (17 octobre), Louis Vauxcelles parla de « Donatello parmi les Fauves ». La phrase ne fit rien pour la gloire du sculpteur. Elle donna son nom à un des grands mouvements d'art de ce siècle.

Sonia, pour sa part, sentit qu'elle aussi devait pouvoir exprimer son moi profond non pas en choisissant des sujets correspondant à tel ou tel de ses sentiments, mais par les formes et les couleurs essentiellement. Elle connut bien des choses en dehors de ce Salon. Elle vit des Bonnard et des Vuillard qui, déjà, n'étaient plus ce qu'ils étaient quinze ans plus tôt quand, à l'initiative de Sérusier, leurs auteurs s'étaient appelés les Nabis (prophètes en hébreu). Elle vit chez Vollard (où avait eu lieu la première exposition Picasso en 1901) des tableaux de Gauguin et comprit là tout ce que pouvait être un art « synthétiste » débarrassé de détails réalistes encombrants.

Sonia ne manquait pas d'interlocuteurs parmi ses compagnons d'étude. En même temps qu'elle, à la Palette, il y avait Amédée Ozenfant qui devait faire beaucoup pour épurer les formes des édifices et des objets de notre temps.

C'est lui qui, en 1910, conçut la première voiture de sport fonctionnelle : l'Hispano du roi Alphonse XIII. Il y avait aussi deux autres garçons promis à la notoriété, Boussingault et Dunoyer de Segonzac. Auteur de paysages et de natures mortes d'un modernisme sage, Segonzac, causeur amusant et homme de bonne compagnie, allait orner de ses œuvres beaucoup d'appartements des beaux quartiers. Boussingault ferait une carrière analogue mais moins brillante.

Sonia ne voyait pas ainsi les choses, elle qui devait noter dans son *Journal* : « Je trouvais Matisse trop bourgeois, sauf dans ses grandes natures mortes. » Elle parlait aussi beaucoup avec ses compagnes russes qu'elle étonnait par la hardiesse de ses vues. Élisabeth Epstein avait pourtant étudié à Munich où elle avait vu les premières œuvres de Jawlensky et de Kandinsky.

Bientôt, Sonia en eut assez de la Palette. Elle loua un atelier 9 rue Campagne-Première. À la façon du temps, l'eau et les commodités étaient à l'étage. Ce n'était pas trop grave pour cette jeune personne habituée au confort « anglais » de ses logis russes car, pour être plus près de son nouveau lieu de travail, elle avait déménagé vers une autre pension de famille. Celle-là était tenue par une Mme de Jeanne dont on peut penser que la particule indiquait que son établissement était, comme celui de Mme de Bouvet, hautement respectable.

On ne sait pas très bien qui suggéra à Sonia de s'initier à la gravure. Peut-être Krouglikova qui allait bientôt s'en faire une spécialité. Dans un compte rendu du Salon des Indépendants de 1910, Apollinaire écrivait : « Les gravures en couleur de Mlle Krouglikova sont parmi les plus belles que l'on ait faites de nos jours[7]. » Le souvenir n'en est pas resté — avis aux amateurs de découvertes ! Toujours est-il que l'Allemand Rudolf Grossmann sut vite rendre Sonia experte en matière de gravure sur bois, et surtout de pointe sèche.

Cet intérêt porté par Sonia à la gravure allait avoir des conséquences inattendues. Grossmann avait son atelier au 11 du quai aux Fleurs en face de l'île Saint-Louis. Dans cette maison de l'un des lieux poétiques de Paris, un autre Allemand occupait l'appartement situé en dessous de celui de Grossmann. Un jour, Sonia montant l'escalier entendit deux hommes s'entretenant d'un palier à l'autre. Par la porte ouverte, Sonia aperçut dans l'appartement des œuvres de peintres qu'elle aimait. « Vous êtes sans doute mademoiselle Terk », dit l'inconnu interrompant sa conversation avec son ami de l'étage supérieur. Puis, il se présenta avec des façons d'homme du monde : Wilhelm Uhde, et invita la jeune fille à mieux voir, dans son appartement, les tableaux qui semblaient l'intéresser. Sonia ne dissimula pas le plaisir qu'elle éprouvait en regardant à son aise des œuvres de ceux qui l'avaient tant frappée au Salon d'Automne et qu'on appelait désormais les Fauves.

Parmi eux, le maître de maison attira son attention sur celui qu'il aimait entre tous : Braque. Les exercices de gravure furent longuement retardés ce jour-là, ou n'eurent pas lieu.

Dans un cas comme dans l'autre, on peut avancer, sans crainte, que des excuses furent présentées à Grossmann en temps voulu. En effet, Sonia avait déjà pu constater les parfaites manières de cet hôte dont elle ne savait encore que le nom. Elle allait en savoir davantage, bientôt, en dégustant du café à la turque apporté par un jeune valet de chambre stylé que son patron lui nomma : Constant.

Non, hélas, Wilhelm Uhde n'était pas peintre lui-même, un passionné de peinture seulement. À ce titre, il possédait une petite galerie de tableaux, rue Notre-Dame-des-Champs, où il tentait de faire apprécier les jeunes artistes qu'il aimait.

Originaire de la Prusse, descendant d'une longue lignée de hobereaux et fils d'un juge éminent, il avait commencé des études de droit pour suivre le chemin de son père. Bien vite, il s'était rendu compte qu'il faisait fausse route. Lors d'un séjour à Florence, il décida que l'art serait, dorénavant, sa principale raison de vivre. Il décida aussi qu'écrire (il n'a laissé qu'une œuvre assez mince) l'aiderait à se défendre contre l'arrogance satisfaite régnant alors en Allemagne. Trois choses ont détruit mon pays, ajouta-t-il en dégustant une autre tasse de café : « Luther, Goethe et Bismarck. »

On regarda encore les toiles des Fauves et en se quittant on se promit de se revoir. Sonia visita bientôt la galerie. Bientôt aussi, l'étudiante d'art de Montparnasse demeurée très « jeune fille bien élevée » et le hobereau devenu un bohème sans rien perdre de ses bonnes manières, en vinrent à s'appeler par leurs prénoms. Wilhelm — Willy dans l'intimité — expliqua à Sonia que si sa famille n'avait plus une grande situation financière (malgré les deux ou trois châteaux qu'elle possédait encore), lui n'avait que peu de choses ou rien car son père lui avait coupé les vivres. Une affaire, ici ou là, lui permettait de faire vivoter sa petite boutique. Grâce aussi à ce qu'il était trop bien élevé pour vanter lui-même : son flair très sûr, il découvrait de loin en loin une véritable œuvre d'art chez un brocanteur ou un chiffonnier. Le tableau vendu, il n'hésitait pas, avec l'insouciance d'un vrai bohème, à goûter aux plaisirs de l'existence onéreuse.

On ne sait pas s'il avait récemment fait un coup quand, un soir d'avril, il emmena Sonia dîner dans un des restaurants de la partie tranquille et boisée (elle l'est toujours) des Champs-Élysées, près de la Concorde. Ce ne fut pas chez Ledoyen, fondé pendant la Révolution et où les montagnards tenaient leurs conciliabules en déjeunant entre deux séances de la Convention. Depuis, c'était devenu une maison chic à l'excellente cuisine — moins telle pourtant que Les Ambassadeurs, choisi par Willy.

Sonia avait, pour l'occasion, fait l'emplette d'une robe claire qu'elle portait avec des gants blancs et un chapeau dont, en arrivant, elle leva la voilette en gros grain. Wilhelm était connu dans la maison. Quand il commanda du champagne, on lui apporta une bouteille de Moët 1894. « L'année de mes vingt ans », dit-il à Sonia et elle sut ainsi qu'il avait onze ans de plus qu'elle. La conversation fut amusante, ce qui n'est pas pour étonner car Gertrude Stein, qui n'était pas l'indulgence même et en avait vu d'autres, créditait Uhde d'un esprit très alerte et très fin.

On continua à se voir, mais bientôt, le temps des vacances de 1906 venu, Sonia partit rejoindre les Terk. L'atmosphère n'était pas meilleure à Pétersbourg. Le tzar n'avait accepté aucune des mesures proposées par la Douma à majorité libérale. Morcellement des grandes propriétés, droits civiques égaux pour tous les orthodoxes comme pour les juifs et les autres minorités religieuses et ethniques, tout avait été refusé et en juillet le tzar avait dissous la Douma. Puis, alors qu'on pensait que les mesures de répression prises n'arrêteraient pas de toute façon les troubles, le tzar décida soudain de permettre de nouvelles élections pour une seconde Douma.

Les Terk étaient pris dans la tourmente de ces jours. Sonia, pour sa part, ne pensait qu'à une chose : une seconde année à Paris. Il y eut alors ces échanges auxquels donnait obligatoirement lieu un tel problème. « Une fille qui n'est pas mariée à vingt et un ans ne se mariera jamais », proclamait l'oncle. « Où en es-tu avec Alexei ? », demandait la tante qui comprit vite que sa nièce n'avait aucune intention conjugale à son égard. Elle le comprit d'autant mieux que Sonia lui parla de Wilhelm sur un ton qui, tout en ne disant rien, permettait d'espérer beaucoup. On reparla d'une grosse dot et de la rente qui la laisserait toujours dépendante des siens. Alors, dit Sonia, je peux retourner un an à Paris ? Comment t'en empêcher répondit l'oncle, du ton plaintif habituel aux parents vaincus.

Sitôt Paris et Montparnasse retrouvés, Sonia vit Uhde. Il l'emmena au Dôme que quelques artistes, des Allemands en particulier, commençaient à fréquenter. Bien des années plus tard, les auteurs de ce livre rendaient parfois visite à Mlle Uhde, la sœur de Wilhelm, qui lui survécut longtemps. Elle avait rejoint son frère à Paris dès 1903. Comme elle montrait une photo où on voit Uhde au Dôme, nous lui demandâmes de nous décrire le café tel qu'il était alors. Elle répondit : « Je passais devant le Dôme, je n'y entrais jamais. Une jeune fille n'allait pas dans de tels endroits à l'époque. »

Sonia, elle, se laissait emmener au Dôme où Uhde aimait retrouver ses amis allemands. Parmi ces derniers, il était surtout lié avec Hans Purmann et avec André Lévy. Tous deux fréquentaient Matisse et se soumettaient à son influence avec ferveur. Comme les autres « habitués des bords de la Sprée », ils écoutaient avec un scepticisme amusé Wilhelm raconter ses découvertes. Parfois, ils étaient pris au piège. L'histoire du tableau acheté chez un brocanteur et reconnu comme sien par Picasso était depuis longtemps connue quand Mlle Uhde lui donna une nouvelle jeunesse en nous la racontant avec son léger accent de la Thuringe.

Son frère avait fait sa trouvaille à Montmartre chez le père Soulié, spécialisé dans le commerce des matelas d'occasion, et qui vendait aussi des tableaux de rapins. Quelques jours plus tard, passant la soirée au Lapin Agile, Uhde engagea la conversation avec un habitué du lieu qu'il ne connaissait que de vue et qui, ce soir-là, était installé à une table voisine de la sienne. Tout occupé encore de sa trouvaille, il raconta à l'inconnu dans quelles circonstances il l'avait dénichée et lui décrivit le tableau dont il n'avait pu déchiffrer la signature. « Il est signé Ruiz Picasso, il est de moi », s'écria son voisin reconnaissant *Le Tub* qu'il avait peint en 1901. Beaucoup plus avant dans la nuit, quand on se résolut à partir, le jeune peintre déclara à son nouvel ami qu'il allait lui faire un pas de conduite. Dès qu'ils furent dehors, Picasso dansa une sorte de gigue et pour pleinement manifester sa joie, il sortit le revolver qu'il avait toujours sur lui alors et tira en l'air.

On connaît plusieurs récits de cette affaire. Ils ne coïncident ni entre eux ni avec celui de Mlle Uhde. Fernande Olivier, qui était alors la compagne de Picasso et dont le témoignage est en général fiable, ne nomme pas Uhde et parle de plusieurs Allemands acclamant le peintre au Lapin Agile avant l'épisode du coup de feu. D'autres versions indiquent que le revolver appartenait à Jarry. C'est en effet possible. Picasso, qui admira toujours Jarry et qui avait avec lui nombre d'amis communs, curieusement ne le rencontra jamais. Pourtant, à la suite d'une des innombrables incartades de l'auteur d'*Ubu*, Apollinaire avait confisqué son revolver et l'avait confié à Picasso. On peut donc penser que c'est de ce browning assez usé que le peintre s'était servi. L'utilisa-t-il en fait à cette occasion ? Dans son livre *Picasso et la tradition française* publié en 1928, Uhde ne dit rien de cet incident.

À peine Sonia revenue à Paris, Wilhelm l'avait amenée rue Notre-Dame-des-Champs pour lui montrer ses nouvelles acquisitions. Aux murs, il y avait des œuvres de Signac et d'Henri Cross tenues pour « avancées » mais qui ne pouvaient, en rien, stimuler les recherches de jeunes comme Braque et Picasso, exposés là aussi. Uhde attira l'attention de la visiteuse sur un tableau qui n'était d'aucun de ces deux-là. « Une jeune fille de votre âge », dit-il en le désignant. Sonia, qui n'aima ni l'esprit ni la facture de la toile, apprit ainsi l'existence de Marie Laurencin avec qui elle aurait longtemps des rapports dépourvus d'aménité. Pour l'heure, Marie vivait chez sa mère et enfreignait rarement la permission de minuit. Cela ne l'empêchait pas de goûter aux plaisirs de la bohème, de jouer avec le cœur de Guillaume Apollinaire et d'exercer sur bien d'autres ce pouvoir de séduction qui ferait d'elle, un jour, une des reines de Paris.

Wilhelm attira aussi l'attention de sa jeune amie sur

deux petits tableaux d'un peintre dont elle connaissait bien le nom depuis qu'elle avait admiré son *Lion ayant faim* au Salon d'Automne de l'année précédente. Devant ces deux toiles, Sonia lui dit à nouveau combien elle était attirée par cet Henri Rousseau au don si particulier d'invention poétique. En entendant cela, Wilhelm rougit de plaisir. Il raffolait de Rousseau et se flattait d'être le premier à avoir compris son grand et singulier talent.

Dans sa ferveur, Uhde bousculait quelque peu la chronologie. Au Salon des Indépendants de 1886, Pissarro avait admiré « la justesse des valeurs et la richesse des tons » de l'envoi de Rousseau. À son retour de Tahiti et avant de repartir vers le Pacifique, Gauguin avait vu des tableaux du Douanier. Il jugeait « inimitables » les noirs de leur auteur. En 1891, Vallotton avait publié dans *La Gazette de Lausanne* un article très élogieux qui, pour être passé inaperçu, n'en existait pas moins. Trois ans plus tard, aux Indépendants de 1894, Alfred Jarry, enthousiasmé par *La Guerre*, en avait parlé dans *L'Art Littéraire* puis dans *Les Essais d'Art Libre*. Jarry, qui dirigeait la belle et éphémère revue *L'Ymagier* avec Rémy de Gourmont, publia dans le numéro de janvier 1895 une saisissante lithographie à la plume inspirée (avec des variantes importantes) de *La Guerre*. En mars, Louis Roy faisait longuement l'éloge du tableau dans *Le Mercure de France*.

Ainsi, d'année en année, quelques bons juges ne se trompaient pas en dépit des rires de la plupart des visiteurs des Salons et des plaisanteries stéréotypées des journalistes. En 1901, Rousseau envoyait aux Indépendants (ce Salon, rappelons-le, ne comportait pas de jury) plusieurs toiles. La plus importante était *Mauvaise Surprise* où on voit une femme sur le point d'être attaquée par un ours que tue un chasseur à l'affût. Vollard, dans ses *Souvenirs d'un marchand de tableaux*, a rapporté ce que lui avait dit Renoir à propos de cette œuvre et des moqueries qu'elle suscitait : « C'est curieux comme ça repousse les gens quand ils trouvent dans une peinture des qualités de peintre. Un qui doit les horripiler par-dessus tout : le Douanier Rousseau ! Cette scène des temps préhistoriques et au beau milieu un chasseur vêtu d'un complet de *La Belle Jardinière* et portant un fusil... Mais, d'abord est-ce qu'on ne peut pas jouir d'une toile avec seulement des couleurs qui s'accordent ? Est-il besoin qu'on comprenne le sujet ? Et quel joli ton cette toile de Rousseau ! Je suis sûr qu'Ingres lui-même n'aurait pas détesté ça[8]. »

On voit que, tout au moins pour les « happy few », la cause était entendue. On peut aussi, en se plongeant dans « les eaux glacées du calcul égoïste », indiquer qu'en 1906 Vollard avait acheté *Le lion ayant faim* pour la somme non négligeable alors de deux cents francs. C'est seulement un an plus tard que Uhde fit la connaissance de Rousseau grâce au jeune Robert Delaunay qui avait été très frappé par les envois du Douanier au 23e Salon des Indépendants.

Divers auteurs ont fait dire à Uhde qu'il avait vendu à la mère du jeune peintre *La Charmeuse de serpents*. L'affaire n'est pas si simple. Très attaché encore à sa mère, pour qui il éprouvait des sentiments ambivalents, Delaunay lui avait présenté le Douanier. Ce dernier, impressionné par le récit qu'elle lui avait fait de son récent voyage en Inde et aussi peut-être par les façons de cette très compétente séductrice, accepta avec joie la commande d'un tableau commémorant ce voyage. On ne sait, en vérité, pas très bien quelle part prit Uhde dans la négociation. Quoi qu'il en fût, c'est à partir de cette année qu'il devint un défenseur passionné de Rousseau à qui il acheta autant de tableaux que ses moyens limités le lui permettaient.

De tout ce qui précède, il ne faudrait pas conclure que Uhde — tard venu — ne joua pas un rôle éminent dans l'action qui devait aboutir à donner à Rousseau son dû de grand peintre. Il ne joua pas ce rôle pour le Douanier seulement. À plus de quatre-vingts ans, Picasso devait raconter à Malraux quel réconfort lui apportaient les visites de Wilhelm au Bateau Lavoir. C'est par Uhde que Picasso allait connaître Rainer Maria Rilke dont la cinquième des *Élégies de Duino* est directement inspirée de la série des *Saltimbanques*. D'une façon générale, Uhde allait jouer un grand rôle dans la diffusion hors de l'étroit marché français de l'œuvre de Picasso, en la vantant (et en la vendant) à des collectionneurs allemands. Uhde prêta, pendant plusieurs années, à Rilke *La Mort d'Arlequin*, le premier tableau qu'il acheta à Picasso. On voit ce que la présence de cette toile chez un écrivain aussi lancé pouvait faire pour la jeune réputation du peintre en Autriche et en Allemagne.

Uhde devait être, en outre, à l'origine d'un événement qui troubla profondément Picasso. Parmi les Allemands du Dôme, il y avait Gustav Wiegels, un aspirant peintre. Homosexuel et drogué, Wiegels était — au mince talent près — assez semblable à ces enfants des rues, volontiers accueillis dans « la bande à Picasso » et qu'on retrouve dans des œuvres de l'Époque Rose. Peu après avoir été présenté à Picasso par Uhde, le jeune artiste vint s'installer au Bateau Lavoir en 1906. Là, il connut Apollinaire et les autres amis du peintre catalan, sans être vraiment des leurs, au témoignage d'André Salmon. Quoi qu'il en soit, deux ans plus tard, las de s'expliquer avec sa conscience malheureuse, il se pendit dans son atelier. Picasso fut d'autant plus frappé par ce suicide qu'il lui rappelait celui de son grand ami Casagemas en 1901. Dans un cas comme dans l'autre, il pouvait s'accuser (ce que nombre de gens ne manquèrent pas de faire à sa place) de n'avoir pas suffisamment prêté attention à de jeunes êtres profondément névrosés, aux yeux desquels il jouissait d'un immense prestige et qui tous deux étaient perdus de drogue. Quelle qu'ait pu être sa part de responsabilité, le fait est que Picasso, depuis lors, n'eut plus jamais recours aux stupéfiants, alors qu'il avait régulièrement fumé l'opium au cours des années précédentes.

Entre ses visites à Picasso, ses rencontres avec les

autres jeunes promis à de brillants lendemains, Wilhelm réservait toujours du temps à Sonia. Ce n'est pourtant pas lui qui la conduisit à une exposition attendue avec impatience par les artistes russes de Montparnasse. Alexeï Smirnov, dont les qualités intellectuelles s'affirmaient au fur et à mesure de ses études universitaires, avait obtenu une bourse pour les poursuivre à Paris. Sonia aimait visiter les musées et les expositions avec ce soupirant discret. C'est tout naturellement avec lui qu'elle alla voir l'Exposition d'art russe organisée dans le cadre du Salon d'Automne de 1906.

Toujours plus entreprenant, Serge de Diaghilev avait obtenu, non sans mal, les contributions financières, les appuis officiels et donc les prêts nécessaires pour présenter la plus importante réunion d'œuvres d'art russes jamais réalisée hors de l'Empire. Le catalogue, de petit format, avait été conçu par Alexandre Benois qui allait bientôt devenir le décorateur de certains des plus célèbres ballets de « Chinchilla ». La couverture illustrée montrait l'aigle emblématique, à deux têtes, entouré d'une couronne inspirée d'une grande broderie qui avait figuré dans une des salles dites du « Kremlin » à l'Exposition universelle de 1900. Il ouvrait sur une liste impressionnante de présidents d'honneur et de membres d'honneur du comité de patronage. Seuls échappaient à ce qualificatif flatteur S.A.I. le grand-duc Vladimir qui ouvrait la liste et Diaghilev qui la fermait avec l'humble titre de commissaire général.

Cette liste n'en témoignait pas moins d'un grand savoir-faire. En effet, bien que connaissant mal encore son Paris, Diaghilev avait obtenu de la comtesse Greffulhe que son nom figurât entre celui de l'ambassadeur de Russie et celui du très rétrograde sous-secrétaire d'État aux Beaux-Arts. Ce dernier, Dujardin-Baumetz, dut en frémir de bonheur. Il connaissait en effet la position de la comtesse dans le monde-monde et le monde de l'art, aussi bien que la connaissent aujourd'hui les lecteurs de Proust.

Sonia, qui ne s'intéressait pas encore à cet aspect des choses, ne fut guère impressionnée par ce qu'elle vit. Elle connaissait les tableaux anciens et modernes présentés (ou leurs frères) par ce qu'elle en avait vu dans les musées et les collections russes. Avec son goût pour le mysticisme somptueux, Diaghilev avait tendu de toile d'or la cimaise où étaient accrochées trente-six icônes, ce qui ne les avantageait pas, selon Alexandre Benois.

Parmi les contemporains, il y avait Elizabeth Krouglikova. Elle montrait un tableau, *Fabrique de pipes en Corse*, quatre croquis et deux eaux-fortes au vernis mou. Rien qui pût surprendre son élève de la Palette. Il y avait aussi Michel Larionov et Gontcharova. Alexeï et Sonia furent éblouis par le brio avec lequel ils exposaient leurs idées « modernistes ». Les six envois de Larionov et les quatre envois de sa compagne ne démentaient pas leurs propos. C'est au cours d'une conversation entre les quatre jeunes gens que Gontcharova tint, sur les sources de son inspiration, les propos cités plus haut. C'est au cours de cette conversation aussi que Sonia ressentit les premiers tressaillements de la jalousie qu'elle allait éprouver toujours à l'égard de sa compatriote.

Le catalogue indiquait « la décoration des salles est faite d'après les dessins de M.L. Bakst, artiste peintre ». Ainsi se manifestait, pour la première fois aux yeux de Sonia, celui qui devait si longtemps régner sur le décor de la vie et, à travers Paul Poiret, sur la mode féminine. C'est essentiellement contre ce décor et cette mode que s'inscrirait en faux le « design » de Sonia.

Une autre manifestation, organisée dans le cadre du Salon d'Automne, devait profondément toucher la jeune femme : la rétrospective Gauguin qui ne comportait pas moins de cent quatre-vingt-treize œuvres réunies par Charles Morice. Dans son introduction, ce dernier citait Strindberg : « Gauguin est le sauvage qui hait une civilisation gênante... celui qui renie et qui brave, préférant voir rouge le ciel que bleu avec la foule. » Morice concluait ces lignes du Suédois par le « on ne sut pas profiter de son génie », de Puvis de Chavannes. Signalons, avant d'aller plus loin, que trois ans après la mort de Gauguin, le collectionneur Gustave Fayet, un ami de Redon, possédait rien moins que vingt-cinq tableaux du maître de Tahiti, autant d'aquarelles, de pastels et de dessins, d'importantes sculptures sur bois, des céramiques et dix lithographies. L'astucieux Vollard n'en avait pas tant : trente-deux numéros au catalogue. Les envois — moins nombreux — d'amis de Gauguin, Schuffenecker, Monfreid et Pacco Durio, complétaient la réunion. Sonia ne fut pas la seule à être impressionnée. Picasso devait être très fortement influencé par ce qu'il avait vu là.

En même temps que Sonia atteignait ses vingt et un ans (la majorité alors), apparaissaient deux tableaux, qui domineraient le siècle. Sonia vit *La Joie de vivre* au Salon des Indépendants. Uhde lui parla, un peu plus tard, de la surprise et de l'inquiétude qu'il avait éprouvées devant *Les Demoiselles d'Avignon* quand, à l'invitation de Picasso, il avait été voir ce tableau rue de Ravignan.

La grande toile de Matisse accélérait et approfondissait le processus de remise en question provoqué chez Sonia par le choc du Salon d'Automne et aussi par ce qu'elle avait pu voir de l'œuvre de Van Gogh. Soixante ans plus tard, elle allait donner un texte autobiographique en forme d'éphéméride pour le catalogue des œuvres d'elle-même et de Robert Delaunay faisant partie de son importante donation aux Musées Nationaux. Dans un bref préambule, parlant de soi à la troisième personne, elle disait : « Dès ses premières réalisations, elle essaya de donner le maximum d'intensité à la couleur. Ses Maîtres spirituels étaient Van Gogh pour l'intensité et Gauguin pour la recherche des surfaces colorées planes. » Elle écrivait ensuite : « *1907*. Sonia Delaunay arrive, dans ses tableaux, à une exaltation de la couleur à l'extrême, avec des aplats complets. Même Matisse n'était pas encore débarrassé du clair-obscur dans ses beaux tableaux de cette époque, et le contour linéaire persiste[9]. »

Déjà la couleur, encore la ligne

Les œuvres de cette année 1907, qu'elles aient été faites à Paris ou en Finlande dans la maison de villégiature familiale, donnent son plein sens à cette affirmation. *Jeune Femme endormie,* tout comme *Jeune Finlandaise* et *Nu jaune* illustrent bien ce que Robert Delaunay a dit des œuvres que peignait alors celle qui allait signer, quelque temps encore, Sonia Terk : « La couleur est encore esclave de la ligne, du clair-obscur traditionnel. Cependant les couleurs sont éclatantes, ont l'aspect d'émaux ou céramiques, de tapis, c'est-à-dire qu'il y a déjà un sens... des surfaces qui se combinent, pourrait-on dire, successivement sur la toile[10]. »

Sonia aspirait à pleins poumons « l'air du temps », ce « plein fauvisme » pour citer encore Robert Delaunay auquel elle apportait sa contribution très personnelle. Outre les œuvres citées plus haut, *Jeune Italienne, Philomène,* et le *Portrait de Tchouiko* en témoignent. Il existe trois ou quatre versions du portrait de Philomène qui travaillait comme couturière chez les Terk et deux versions, également saisissantes, de celui de Tchouiko faites en 1907 et l'année suivante. « Il était vraiment affreux mais des rêves passaient dans ses yeux », devait dire Sonia du poète, un de ses amoureux transis.

Il est à peine besoin d'ajouter que tout cela n'allait pas sans de longs échanges de vues avec celui qu'elle appelait de plus en plus souvent Willy. Vint l'hiver puis, à nouveau, la saison des vacances — la saison des irritantes discussions familiales. Les Terk reprirent leurs objections contre le retour à Paris mais sans la véhémence des étés précédents. Sonia travailla beaucoup et ce qu'Anna et Henri virent de sa nouvelle manière leur montra que leur nièce comptait maintenant parmi les artistes d'avant-garde. Ce n'était pas pour déplaire aux snobs intellectuels qu'ils étaient, même si le portrait de Philomène n'évoquait guère l'image qu'ils avaient de leur fidèle couturière. Sonia obtint facilement l'autorisation de passer encore une année à Paris. Pourtant, elle était assez fine mouche pour sentir que seul un mariage pourrait lui assurer une vie paisible sur les bords de la Seine.

Les vacances finies, elle reprit la vie qui était dorénavant la sienne. Bientôt Uhde lui annonça qu'il allait inclure des œuvres d'elle dans l'exposition qu'il entendait présenter avant la fin de l'année. Outre les trois tableaux signés Sonia Terk, il y aurait cinq Braque, trois Picasso, trois Derain, autant de Dufy, deux Metzinger et dix dessins de Pascin. Sonia attendit le mois d'octobre avec une impatience joyeuse et de l'appréhension. Ses relations avec Uhde devenaient de plus en plus amicales tout en demeurant rigoureusement chastes. Un jour, elle s'enhardit jusqu'à lui demander s'il avait jamais eu une liaison. À cette question embarrassante il répondit qu'il n'avait jamais encore éprouvé des sentiments assez profonds pour s'engager ainsi.

Sonia savait-elle que Uhde était homosexuel ? Aussi naïve qu'elle pouvait être, elle n'ignorait pas sans doute que l'amour physique n'est pas l'apanage seulement des êtres de sexe opposé. Si elle ne l'avait déjà su, ce qu'elle voyait des relations de Willy avec Constant l'aurait édifiée. Quoi qu'il en soit, on ne sait pas qui parla d'abord d'un mariage blanc. Les avantages d'un tel arrangement pour Sonia étaient évidents et Uhde s'engageait fermement à lui rendre sa liberté si elle devenait amoureuse de quelqu'un. Les unions de ce genre étaient d'ailleurs entrées dans les mœurs en Russie, dans celles au moins des révolutionnaires dont le nombre était en progression constante chez les jeunes surtout. « À la jeune fille gagnée à la cause, écrit Leroy-

Beaulieu, on offrait un mari pour lui donner la liberté de la femme mariée... quelquefois c'était un inconnu requis pour la circonstance[11]. » Aux yeux de Sonia, un mariage blanc ne paraissait donc pas comme quelque chose d'une bizarrerie sans précédent. De son côté, Willy, qui ne cachait pas son homosexualité dans le cercle de la bohème, trouvait expédient sans doute de passer pour être « comme tout le monde » dans d'autres milieux. Peut-être songeait-il au milieu familial où il est bien possible qu'on soupçonnait ses goûts. Il était homme à trouver amusant de tempérer la satisfaction des siens, à la nouvelle qu'il s'achetait une conduite en choisissant d'épouser une juive. Toujours est-il qu'aucun de ces derniers n'assista à son mariage. Interrogée quand elle avait quatre-vingt-dix-sept ans (et toute sa tête), Mlle Uhde déclarait n'avoir jamais su que Sonia était juive et avoir appris la nature du mariage dix ans après le divorce seulement.

La décision prise, les deux acolytes jouèrent le grand jeu à l'intention des Terk. Afin d'y bien tenir son rôle, il fallut que Sonia n'eût pas froid aux yeux pour une jeune fille de vingt-trois ans. Elle écrivit à Saint-Pétersbourg et on peut penser que, connaissant bien les faiblesses des Terk, elle ne négligea pas d'évoquer les châteaux de la famille Uhde. Peut-être l'avait-elle déjà fait en parlant de Willy lors de ses séjours de vacances.

Anna vint à Paris pour une cérémonie intime de fiançailles. Le récit qu'en a fait Uhde montre que les vrais parents de Sonia ne jouèrent aucun rôle dans cette affaire : « La mère de ma future épouse ne soupçonnait rien de la conspiration ourdie par deux jeunes gens indépendants. Je l'invitais, elle et sa fille, à un déjeuner de fiançailles dans mon appartement. La cuisine n'étant guère en état, j'avais été chercher avec Constant toutes sortes de choses exquises chez un traiteur : des viandes froides, un homard à la mayonnaise, du foie gras, etc. Ma future épouse et moi-même étions de très bonne humeur, ma belle-mère était émue. Elle nous glissa des bagues aux doigts et nous demanda de nous embrasser. Constant, dans l'embrasure de la porte, en grande tenue de valet de chambre et gants blancs, regardait avec des yeux ébahis[12] ».

Le mariage eut lieu peu après à Londres où, cette fois, Henri et Anna vinrent tous les deux. Pourquoi l'Angleterre ? Sans doute parce que les formalités y sont infiniment plus simples qu'en France. Sonia et Willy en profitèrent pour visiter la National Gallery et la Tate. Le 5 décembre 1908, au bureau des mariages du quartier de Holborn, un clerc unit légalement « Wilhelm Uhde, 35 ans, célibataire, fils de Johaness Uhde, et Sarah Stern, 23 ans, fille de Elie Stern, propriétaire d'usine » (!).

Puis, les Terk rentrèrent à Saint-Pétersbourg et les Uhde dans leur nouvel appartement du 21 quai de la Tournelle. Une fois par mois, Sonia trouvait dans son courrier l'enveloppe d'une banque qu'elle ouvrait sans hâte, sachant bien qu'elle contenait l'avis d'un virement provenant de Russie. Les Terk respectaient scrupuleusement la promesse faite à Sonia. Il allait falloir rien moins qu'une révolution pour que cessent leurs envois.

Le problème du quotidien ainsi résolu, ce que gagnait Wilhelm constituait un supplément bien venu et surtout permettait d'acheter des tableaux. La vie conjugale commençait sous les meilleurs auspices. Sonia et Willy avaient souvent des amis à dîner, les compagnes russes de Montparnasse, les artistes qu'ils aimaient l'un et l'autre. Afin de les recevoir dignement, Sonia avait recours à une excellente cuisinière qui venait en « extra » : la mère de Constant.

Contracter un mariage blanc, avec un homme aimant les garçons, était une chose. Vivre en ménage à trois, avec son jeune et beau valet et observer, sans cesse, la grande attirance sensuelle qui liait les deux hommes, en était une autre. Gertrude Stein, dont on sait combien elle appréciait l'esprit de Willy, a raconté comment il venait régulièrement à ses soirées du samedi flanqué de très grands gaillards blonds. En arrivant, ils claquaient des talons, s'inclinaient, puis demeuraient au garde-à-vous toute la soirée, formant un rideau de fond devant lequel se profilaient les hôtes[13]. » De telles formations paramilitaires n'étaient pas pour étonner à cette époque. Stravinski qualifie de « Garde Suisse homosexuelle » les groupes de jeunes éphèbes dont Diaghilev aimait alors s'entourer.

Un certain samedi, raconte encore Gertrude Stein, Uhde vint avec une jeune femme qu'à la surprise de tous il présenta comme sa fiancée. « Les mœurs de Uhde n'étaient pas ce qu'elles auraient dû être — c'est Miss Stein qui parle ! Sa fiancée avait l'air d'une jeune fille très comme il faut appartenant à un milieu opulent. On sut vite qu'il s'agissait d'un mariage de convenance. Uhde entendait se "respectabiliser", sa fiancée voulait entrer en possession d'un héritage, ce qu'elle ne pouvait faire qu'en se mariant. »

Héritage au lieu de dot... erreur n'est pas compte. Le récit de Gertrude Stein montre bien avec quelle ostentation Uhde affichait ses goûts — du moins dans les cercles « avancés ». Par tout ce que Sonia a dit de sa jeunesse, par son comportement, on sait combien peu elle s'intéressait aux choses du sexe. Elle ne se privait pas, pour autant, de l'amusement du flirt tout en remettant vertement à leur place les soupirants trop entreprenants. De la part d'une jeune fille de ce temps et de ce milieu familial, rien de plus normal. Ce qui est plus révélateur d'une froideur des sens, c'est qu'il en allait toujours ainsi après trois ans passés loin des siens et entourée de compagnons d'étude pour qui la liberté sexuelle allait de pair avec la modernité. Les inhibitions subconscientes jouaient naturellement leur rôle mais en l'absence de toutes données permettant d'apprécier ce rôle, on ne peut aller au-delà de cette pétition de principe.

Il n'est pas interdit, en même temps, d'imaginer que le spectacle donné par les séduisants éphèbes dont un mari « blanc » faisait son ordinaire — et la cohabitation avec l'un d'eux — devait mettre au jour les désirs profondément refoulés jusque-là. Les conditions étaient ainsi créées pour la venue de ce Prince Charmant qui n'apparaît pas seulement dans les contes de fées. C'est à Robert Delaunay qu'allait être dévolu ce rôle. Les liens noués entre ces deux êtres du même âge ne cesseraient qu'à la mort de l'un d'eux. Ils allaient donner le rare exemple d'une communion artistique profonde préservée à travers toutes les vicissitudes de l'existence. Pour bien apprécier la nature de ces liens, il faut — abandonnant Sonia pour un temps voir qui était le jeune Robert et d'où il venait.

VENU DES BEAUX QUARTIERS

On a vu Sonia devenir elle-même en passant par Gradshik, Pétersbourg, Karlsruhe et Paris. L'itinéraire du jeune Parisien Robert fut beaucoup plus simple. Il l'aurait été davantage encore s'il n'avait eu un père indifférent et une mère excentrique qui devaient divorcer bientôt.

Avoir été enlevée à ses parents ne provoqua aucun traumatisme chez la fillette émerveillée par ce que lui faisait découvrir sa famille de substitution. Certes, Sonia adolescente aurait pu éprouver du remords en songeant à la condition des siens. De loin en loin, les visites de ses frères à Pétersbourg venaient lui rappeler ce que cette condition avait d'étriqué et de misérable. Sans plonger dans les eaux troubles de la psychologie des profondeurs, constatons simplement que Sonia, par chance pour son confort, n'était pas faite pour éprouver des sentiments de culpabilité « à la russe ».

Les parents Delaunay, Georges, parti quand son fils avait neuf ans, et Berthe, trop présente ou trop absente au gré de ses humeurs, avaient formé un couple attirant pendant les douze années de leur union (12 novembre 1881- 26 mai 1894). Georges était un homme d'affaires actif et entreprenant, intéressé surtout par le domaine, nouveau encore, des applications de l'électricité. À l'époque du mariage, le bruit avait couru que celle qu'on appelait jusque-là « la belle demoiselle de Rose » était, selon l'euphémisme du temps, dans une situation intéressante. La date de naissance de Robert Victor Félix, déclarée à la mairie du XVIe arrondissement le 12 avril 1885, ne confirme pas cette rumeur.

Quoi qu'il en soit, quand Berthe reprit son nom de jeune fille, elle l'enjoliva du titre de comtesse. Selon le premier biographe de Robert, son ami Gilles de la Tourette[1], les de Rose, originaires de Saint-Symphorien près de Lyon, étaient issus d'une lignée remontant aux Croisades. Le *Grand Armorial de France* ni aucun ouvrage d'héraldique, ne confirment cette affirmation. De toutes manières, Berthe savait bien que son père (négociant selon les documents officiels) ne s'était jamais targué d'être comte. En outre, elle ne pouvait ignorer qu'en vertu de la vieille loi salique, les titres français ne sont pas transmis par les femmes. C'est donc en connaissance de cause qu'elle s'était parée de cette couronne comtale.

Elle savait d'autres choses aussi : d'une part, les messieurs aspirant à lui faire la cour ne songeraient pas à lui contester ce que — à la manière du XVIIIe siècle — on appelait joliment alors un titre de courtoisie. Elle savait aussi que, dans tous les pays, le personnel hôtelier se mettrait en quatre pour Madame la Comtesse. Or, devenue libre, Berthe, qui avait de l'argent, entendait satisfaire sa passion des voyages. Comme Georges Delaunay n'avait guère la fibre paternelle, on confia l'enfant à la sœur aînée de Berthe et à son mari qui étaient sans enfant et avaient, eux, la tête sur les épaules. Damour lui aussi s'occupait activement d'affaires, les siennes portant sur la fourrure et... l'épicerie.

Berthe n'était pas dépourvue de sentiments maternels. À travers les vicissitudes de la vie et au prix de brouilles diverses puis de réconciliations, elle entretint toujours des rapports affectueux avec Robert puis avec Sonia et son petit-fils. Robert, de son côté, devait lui demeurer très attaché, en dépit de l'ambivalence marquant nécessairement les rapports d'un fils avec une mère aussi excentrique. Quand cette dernière, entre deux voyages, reprenait le jeune garçon, elle l'habillait comme une poupée pour l'exhiber aux Champs-Élysées, alors un des lieux de promenade des gens du bel-air. Des années plus tard, Delaunay évoquait encore avec irritation le souvenir de ces détestables sorties.

Avec les Damour, il n'était pas question d'exhibitions mais d'études. La tante Marie et son époux n'en avaient pas, pour autant, une attitude de pions et étaient tout disposés à prendre en compte l'insouciance et l'exubérance juvénile du garçon. Leur compréhension allait être mise à dure épreuve. Dès son entrée au collège, Robert se fit remarquer par son indifférence absolue aux matières enseignées. De Paris, on l'envoya en pension à Sainte-Marie de Bourges. Là non plus on ne voulut pas garder un élève dont la paresse s'affirmait au fur et à mesure qu'il approchait de l'adolescence. Il continua à donner le mauvais exemple aux élèves de plusieurs autres établissements avant de se retrouver au lycée Michelet de Vanves. Un de ses camarades, Robert Rey (il devait devenir directeur des Arts plastiques), a raconté à la Tourette une anecdote significative : « J'avais une sympathie naturelle pour ce grand garçon blond et rose qui manifestait un dédain parfaitement élyséen pour toute culture livresque. Nous avions affaire comme répétiteur à un pion aigri et mesquin qui surveillait étroitement notre travail. Robert avait trouvé un moyen d'une sécurité parfaite pour peindre à loisir pendant ces longues heures d'études forcées. Dans sa case se trouvaient si bien agencés papier et couleurs que, pendant des mois, le cerbère ne s'aperçut de rien. Un jour, cependant, par suite d'une erreur de tactique, les godets, le papier et tout l'appareillage vinrent à tomber avec fracas. Hilarité générale et fureur du pion. Robert ne se troubla pas et, la punition terminée, recommença imperturbablement, mais cette fois-ci avec des pastels durs. Le dessin achevé, il le dissimulait dans un dictionnaire que je lui avais prêté pour cet usage. Ces pastels étaient exécutés sur des feuilles du plus grand format possible et traités instinctivement par couleurs complémentaires[2]. »

Le directeur des Arts plastiques anticipait peut-être un peu en parlant de couleurs complémentaires et de grands formats. Son témoignage montre bien pourtant la passion exclusive que Delaunay éprouvait dès lors pour la peinture. Aussi, il ne fut pas mécontent quand, en désespoir de cause, on l'envoya comme apprenti à l'atelier de décoration théâtrale Ronsin à Belleville. Il allait y rester deux années.

Robert avait alors dix-sept ans, mais il n'avait pas attendu cet âge pour jouer du noir et de la couleur autrement qu'abrité par un pupitre d'école. Les Damour possédaient un domaine à La Ronchère, près de Bourges. Là, en vacances, Robert crayonnait et peignait fougueusement quand il ne se promenait pas parmi les arbres et les plantes pour lesquels il eut, toute sa vie, une passion.

À Paris, l'adolescent aurait sans doute facilement obtenu la permission de suivre des cours d'art en apprenant à brosser des décors. Tel qu'il était, il se serait, au besoin, passé de permission. Pourtant, il ne se sentait pas fait pour fréquenter les Académies comme son oncle précisément qui avait été jadis à l'Atelier de Cormon et ne dédaignait pas de faire, en amateur, une peinture on ne peut plus conventionnelle. On ne vit le jeune homme ni chez Jullian, ni chez Colarossi, ni à la Palette où il aurait pu connaître Sonia.

Robert allait au Louvre mais son esprit aventureux le dirigeait souvent vers les galeries où des marchands montraient les œuvres d'artistes modernes « avancés ». Paris n'en manquait pas à une époque comptant parmi les plus riches en nouveautés fécondes de l'histoire de l'art.

En 1904 — il avait dix neuf ans — et l'année suivante, l'aspirant peintre choisit, pour ses vacances, le petit village breton de Saint-Guénolé. Certaines des toiles qu'il y fit ont été conservées et aussi quelques vues de La Ronchère peintes à la même époque. Les unes et les autres sont toutes imprégnées de l'influence de Monet. Un tableau de 1905, *Les Meules du Berry*, est directement imité de la série des *Meules* (1889-1890) du grand impressionniste. Les œuvres ramenées de Saint-Guénolé, des vues de la côte et des évocations très sensibles de la vie bretonne (*Le Marché*, *Le Retour du bal*) montrent elles aussi l'emprise exercée alors par Monet.

À Saint-Guénolé, Robert fit la connaissance de deux Américains de sa génération et d'un autre que ses camarades et lui tenaient sans doute pour un homme d'âge très mûr. Né en 1871, le sculpteur Victor-David Brenner avait alors trente-trois ans. Il n'a pas laissé grand souvenir, on peut voir pourtant certaines de ses œuvres au Fogg Art Museum de Harvard et au Metropolitan à New York. Sam Halpert (1887-1930) fut un peintre attachant dans une sage lignée impressionniste. Nous le retrouverons car, demeuré toujours lié avec Robert et Sonia, il se trouva mêlé à certains épisodes de la vie de ces derniers. Max Weber (1881-1961) allait compter parmi les élèves de Matisse en 1907 et faire au même moment la connaissance de Picasso. Il était donc bien au courant des diverses tendances de l'art contemporain quand il retourna à New York en décembre 1908. Weber allait longtemps jouer son rôle sur la scène américaine en donnant des œuvres successivement expressionnistes, cubistes, futuristes voire abstraites, pour revenir à une forme personnelle de l'expressionnisme autour de 1930.

Pendant son séjour en France, il était devenu l'ami d'Henri Rousseau rencontré d'abord chez la mère de Robert. Berthe de Rose, qui possédait dès lors *La Charmeuse de serpents*, n'était décidément pas une snob ordinaire. En même temps que les autres amis de son fils, elle n'hésitait pas à recevoir le Douanier dont la présence dans son somptueux salon de l'avenue de l'Alma (aujourd'hui avenue George V) devait avoir un effet perturbant sur les snobs — certifiés bon teint ceux-là — qui peuplaient son salon. Ils savaient, il est vrai, qu'il fallait s'attendre à tout avec Berthe. Ainsi, elle les emmenait rue de Fleurus, chez Gertrude Stein qui, pour notre bonheur, leur a consacré quelques lignes dans *L'Autobiographie d'Alice Toklas* : « Ces vieux vicomtes qui ressemblaient exactement à l'idée que les adolescentes américaines se font de l'air que doit avoir un vieux marquis français. Ils déposaient toujours leur carte de visite et ensuite envoyaient une lettre de remerciements solennelle sans jamais, en aucune façon, laisser voir combien ils avaient dû se sentir peu à leur place. »

Max Weber fit bientôt partie de la petite bande des admirateurs fervents et amusés de Rousseau. À ce titre, ce dernier organisa une soirée d'adieu quand le jeune homme annonça qu'il retournait en Amérique. Robert, bien entendu, Picasso, la belle Fernande Olivier sa maîtresse, Marie Laurencin, Apollinaire et d'autres, parmi lesquels sans doute Sonia et Uhde, assistaient à la fête. Les choses se déroulèrent selon le rite immuable des fêtes dans l'atelier de Rousseau. Lui-même, tout d'abord, joua *La Marseillaise* au violon. Puis ses élèves et les familiers du quartier attaquèrent leur répertoire qui allait du duo de *Norma* à *La Veuve joyeuse*, en passant par *Oublions le passé*, *Tire Ninette*, *En me montrant des roses* et bien d'autres de ces pièces. Elles étaient chantées ou interprétées au violon ou à la flûte au gré des talents de chacun. Aux amateurs de la petite histoire artistique, signalons que la dernière des pièces, citées ici, avait été composée par Paulette Darty, la diva de music-hall, pour qui Satie a fait une valse qui, elle, ne sera pas oubliée de longtemps. Weber, qui avait une jolie voix de ténor, chanta lui aussi à la fête donnée en son honneur.

Cette réunion chaleureuse avait eu lieu le 19 décembre 1908 et deux jours plus tard, Rousseau accompagnait son ami à la gare Saint-Lazare. Là, il lui dit, en guise d'adieu :

« N'oubliez pas la nature, Weber, n'oubliez pas la nature. » Deux ans plus tard, presque jour pour jour, Max Weber apprenait à New York la mort du Douanier. Aussitôt, il organisa dans la galerie de Stieglitz, un des animateurs de l'avant-garde, la première exposition Rousseau en Amérique. Elle était faite des quelques œuvres possédées par Weber qui, dans sa préface au catalogue, se souvenant du cri de Rousseau sur le quai de la gare, écrivait : « Il aimait passionnément la nature et la peignait comme il la voyait. » Max Weber allait prêter ses quelques tableaux du Douanier à l'Armory Show de 1913 et, on va le voir, prendre parti pour Robert Delaunay dans la querelle qui opposa ce dernier aux organisateurs de la célèbre exposition[3].

En choisissant la Bretagne pour ses vacances, Delaunay — pas plus que les amis qu'il allait s'y faire, n'avait songé à Pont-Aven ou au Pouldu. Ses œuvres de l'époque, aussi bien que les leurs, montrent qu'il s'en tenait à la leçon des Impressionnistes qui, trente ans après la première exposition de leur groupe, paraissaient encore difficiles à accepter. Delaunay, pour sa part, allait proclamer ce qui fut toujours son véritable credo : « La peinture est proprement un langage lumineux. » Il ne cessa jamais de revendiquer sa dette à un mouvement dont il disait : « L'Impressionnisme, c'est la naissance de la lumière en peinture. »

Pourtant, à son retour à Paris, il sut voir très vite ce qu'en matière de lumière — mais aussi quant à l'architecture du tableau — les Post-Impressionnistes et les Nabis avaient à lui montrer. Déjà son *Autoportrait à l'estampe japonaise* (1905) indique qu'il était bien fait pour comprendre l'apport de ceux qui étaient venus immédiatement avant lui. Jeune garçon, il avait reçu comme prix scolaire (de dessin — quoi d'autre !) le livre de Louis Gonse sur l'art japonais (1886). Il regardait souvent les illustrations de ce livre et se laissait entraîner par ce que son auteur appelle « le génie artistique de ce peuple qui charme notre imagination ». En disant cela, Gonse n'inventait rien.

On savait bien dès lors (ils ne s'étaient pas fait faute de le proclamer eux-mêmes) ce que les Impressionnistes devaient à l'art japonais. De leur côté, les Esthètes, cette catégorie particulière d'individus « fin de siècle », clamaient, à la suite des Goncourt et de Montesquiou, leur passion pour l'art du Soleil Levant.

C'est dans une large mesure en songeant aux estampes japonaises (Van Gogh en avait organisé une exposition dans un restaurant de Montmartre) que Gauguin en était venu au « Synthétisme ». Sérusier, un de ses disciples de Pont-Aven, devait, on le sait, transmettre ce « synthétisme » à ceux qu'il allait baptiser les Nabis et cela avant même que Gauguin son maître (comme de tant d'autres) en ait tiré pour sa part les conséquences dernières.

Le choix par Robert d'une estampe japonaise n'était sans doute pas dû seulement à un attrait ancien ou au fait qu'il était facile d'avoir recours à une pièce appartenant à sa mère. Il est vraisemblable qu'au printemps de cette année, le jeune homme avait vu la rétrospective Van Gogh au Salon des Indépendants. Elle comportait *L'Autoportrait à l'estampe japonaise* et le *Portrait du Père Tanguy* où l'on voit aussi une estampe nipponne. Le traitement, par Robert, de son propre autoportrait, fait de touches élongées à la manière du grand et pathétique Hollandais, renforce l'hypothèse selon laquelle le jeune homme avait vu cette rétrospective.

Robert habitait alors rue Legendre. Dans un article qu'il lui consacra en 1923, Philippe Soupault juge cette rue de l'élégant quartier Monceau « triste, grise et silencieuse[4] », ce qui paraît bien ressortir d'une licence poétique. Quoi qu'il en soit, le jeune peintre, s'il ne logeait ni à Montmartre ni à Montparnasse, connaissait dès lors plusieurs des artistes de sa génération. Il voyait aussi beaucoup de peinture et mettait à profit ce qu'il entendait et voyait. Fait en 1905-1906, le *Portrait de Mme Carlier* montre que son auteur n'était pas indifférent au message des Nabis.

Amis des Damour, Mme Carlier et son fils, qui étaient « dans la mode » rue de la Paix, possédaient un domaine aux Vaux-de-Cernay près de Paris. C'est très probablement là que Robert peignit le tableau montrant la vieille dame, puis le *Portrait d'Henri Carlier* signé celui-là et daté de 1906. Cette œuvre avec la sûreté de ses touches divisionnistes montre que Robert est devenu maître de sa hardiesse. À partir de 1904, il présente des tableaux au Salon des Indépendants et au Salon d'Automne.

Pourtant, pour son exposition en 1912 à la galerie Barbazanges (avec Marie Laurencin), il ne devait retenir des œuvres de la période antérieure à son service militaire que les portraits des Carlier. Il les jugeait donc dignes de figurer dans une manifestation à propos de laquelle Apollinaire écrirait dans un grand quotidien du soir, *L'Intransigeant* : « Robert Delaunay occupait déjà une place importante parmi les artistes de sa génération. Cette exposition est bien faite pour renforcer la bonne opinion que l'on avait de son art[5]. »

Pour le moment, on n'en était pas là. D'expositions en galeries, Robert s'adonnait au plaisir tonique de suivre les manifestations d'audace artistique qui se succédaient à un rythme qui paraît aujourd'hui confondant. Aux Indépendants de mai 1905 où il exposait rien moins que huit tableaux (une maquette de dessus de cheminée et certains de ses paysages dans la mouvance impressionniste) avait lieu une grande rétrospective Seurat. En même temps, une exposition du pointilliste Henri Edmond Cross était présentée à la galerie Druet, rue Royale. À la rentrée, au Salon d'Automne, retentissait la fanfare des Fauves dont la *Femme au chapeau* de Matisse demeurera toujours l'éclatant symbole.

Entre jeunes gens possédés des mêmes curiosités, on fait vite connaissance. Dans la seconde partie de 1905, Robert se lia avec Jean Metzinger qui, né à Nantes, avait vingt ans à son arrivée à Paris en 1903. Les deux garçons poursuivaient de longs entretiens, rendus plus intéressants encore par la clarté et la précision qui marquèrent toujours l'intelligence de Metzinger. Robert, peu avant leur rencontre, avait lu *Du contraste simultané des couleurs*.

Publié en 1839, cet ouvrage du physicien Eugène Chevreul était devenu un livre clé pour les artistes depuis que sa lecture avait conduit Seurat au pointillisme. Metzinger le connaissait naturellement aussi et on devine quelle stimulante analyse sa forme d'esprit devait lui permettre d'en faire. Il en avait d'ailleurs vite tiré ses propres conclusions comme le montrent ses œuvres du temps.

Robert et lui allaient être très impressionnés, au début de 1907, chez les frères Bernheim, par l'exposition de Cross. Les trente-quatre œuvres présentées là étaient plus intenses en couleur que celles de ses maîtres Seurat et Signac. En effet, Cross usait de pigments brillants qu'il appliquait en grandes touches analogues aux éléments d'une mosaïque.

Metzinger et Delaunay furent très frappés par le message de leur aîné. Une dizaine de tableaux le font bien voir, ceux de ce qu'on a appelé la période post-impressionniste de Delaunay (1906-1907), comme *Paysage nocturne ou le Fiacre* et *Fillette ou le Poète*. Auparavant déjà, les Cross exposés chez Druet avaient frappé les deux amis. *Le Portrait de Jean Metzinger — L'homme à la tulipe* le montre bien. Signé Robert Delaunay, titré et daté mai 1906 sur toute la longueur du revers, il représente le jeune peintre, cigarette au bec, et vu à mi-corps. Il porte un de ces chapeaux dits melon qui n'étaient pas encore devenus le symbole de l'élégance masculine aux courses et, d'une façon quelque peu inattendue, son revers est orné d'une grande tulipe. Une estampe japonaise figure à l'arrière-plan du tableau dont la facture combine des touches assez lâches avec, ailleurs, des touches parallèles plus serrées à la manière de Van Gogh. En bonne amitié (leurs chemins divergeront bientôt), Jean rendit la pareille à Robert, son *Portrait de*

Delaunay montre avec quel esprit de système il poursuivit le travail de mosaïste d'un Signac ou d'un Cross.

Curieusement, on ne sait pas exactement quand, ni par qui, Delaunay fit la connaissance de Henri Rousseau. Ce dernier exposait assidûment aux Indépendants (ce salon ne comportait pas de jury) et à trois reprises (1905, 1906 et 1907), il eut des œuvres acceptées au Salon d'Automne, malgré le mépris que lui vouait Frantz Jourdain, le président du jury. Ses envois étaient immanquablement l'objet de sarcasmes et de plaisanteries faciles de la part des journalistes et des critiques d'art. Pourtant, on l'a vu, les quelques bons esprits, sachant voir le Douanier comme il devait être vu, devenaient plus nombreux de Salon en Salon. Delaunay put être présenté par l'un ou l'autre de ceux-là à Rousseau qui, en artiste anxieux, se tenait souvent à portée de voix des toiles pour entendre les commentaires des visiteurs. Tel qu'on connaît Robert, il était parfaitement capable, d'ailleurs, de se présenter tout seul.

Quoi qu'il ait pu en être du point de départ, la suite s'ordonne sans difficulté. C'est Robert qui emmena le Douanier chez sa mère et c'est à sa demande que Berthe commanda au vieux peintre, fasciné par ses récits de voyage en Inde, un tableau évoquant ces récits. Rousseau se souvint à ce propos de *Au Paradis* de Lévy-Dhurmer vu au Salon de 1897 et de l'album *Bêtes sauvages*, publié par les Galeries Lafayette « avec deux cents illustrations amusantes et un texte instructif », montrant ainsi que le génie prend son bien où il le trouve.

Le jour viendrait où *La Charmeuse de serpents*, grâce à une conspiration dont Robert allait être un des trois complices, serait la première grande œuvre du XXe siècle à entrer au Louvre. Pour l'heure, avenue de l'Alma, elle provoquait l'effarement des vieux marquis et faisait l'enchantement des amis du fils de la maîtresse de maison.

Ce dernier avait son atelier quai du Louvre sous les toits d'un immeuble que sa mère avait brièvement occupé mais à l'étage noble. En partant, elle avait laissé quelques pièces de porcelaine. Certaines apparaissent dans les natures mortes *Vases et Objets*, peintes en 1907 et qui constituent les premières manifestations d'une évolution sensible du jeune peintre. Il ne s'agit plus de pointillisme. Les toiles n'ont pas la richesse ornementale des natures mortes post-impressionnistes. La disposition des objets obéit à une conception spatiale qui vient directement de Cézanne. Il en va de même des tons verts foncés, bleu-vert ou bleus des vases et des objets qui, dans la lumière atténuée de la pièce, créent une harmonie toute cézannienne.

Un rite de passage

Robert allait satisfaire bientôt au rite de passage de tous les jeunes Français : le service militaire. Au début de l'automne 1907, il rejoignit à Laon le 45ᵉ régiment d'infanterie. Robert Lotiron, qui sans être marqué par le Cubisme fut un ami de La Fresnaye, fit lui aussi son service militaire la même année dans ce régiment. Il a raconté qu'il avait de longs entretiens, portant sur Cézanne, avec Robert qui devait rester un an seulement à Laon avant d'être réformé.

Est-ce parce que, dès son arrivée, on avait jugé sa santé fragile qu'il fut chargé, très vite, de la bibliothèque de son régiment ? En tout cas, le cancre de tant de lycées et de collèges allait lire beaucoup pendant cette année-là. Spinoza et les philosophes allemands, a dit Lotiron, ce qui laisse penser qu'il avait affaire à une bibliothèque de caserne d'une richesse inattendue. Peut-être aussi prenait-il des livres à la bibliothèque municipale, connue surtout pour ses manuscrits enluminés, mais où on trouvait également Spinoza, Hegel et Nietzsche. Il lisait en même temps Jules Laforgue, qui demeurera toujours un de ses poètes favoris.

Ce paisible et bref service militaire allait être une étape

de sa vie artistique. C'est alors, en effet, que deux des thèmes majeurs de son œuvre commencent à germer en lui : la ville et les tours. La cathédrale de Laon, où le premier gothique se greffe sur des éléments encore romans, est célèbre. Elle comporte quatre tours d'une grande légèreté et une tour-lanterne carrée recouverte d'une pyramide. Ces tours qui dominent la ville devaient frapper Robert au point que cinq ans plus tard, en 1912, marié et père du petit Charles, il allait retourner à Laon donner de la cathédrale trois huiles et quelques aquarelles. La même année, il ferait aussi des paysages de la ville.

Après l'épisode du service, il ne devait décidément plus revenir à ce qu'on a appelé sa période post-impressionniste. Il allait aussi aborder, peu après son retour à Paris, des thèmes auxquels il n'avait pas songé auparavant : ceux justement des tours et de la ville. Il est intéressant de relever que ces thèmes ne seront pas exprimés d'abord par des souvenirs de Laon. D'emblée il s'attaquera à cette tour Eiffel qui conservera toujours pour lui sa valeur de totem. De même, cette année (1909) apparaîtra le thème urbain avant qu'il en vienne à songer à la petite ville de garnison trois ans plus tard.

Quelqu'un d'autre allait être frappé lui aussi par les tours de Laon et ce serait un peintre qui avait eu avec Robert Delaunay des relations indirectes mais importantes au premier stade de son développement. Max Ernst connaissait l'œuvre du Français. En 1912, invité par Macke, il avait participé au *Erster Herbstsalon* de Berlin où Robert avait envoyé des toiles. Il le connaissait aussi par tout ce que Macke lui disait du sens de son œuvre. Quand Robert et Apollinaire venant de Berlin s'arrêtèrent à Bonn, ils rendirent visite à Macke. Max Ernst se trouvait là. Il but leurs paroles sans oser se mêler à la conversation. Macke un peu plus tard donna une lettre d'introduction, pour Robert Delaunay comme pour d'autres, à Max Ernst quand ce dernier, qui avait vingt-deux ans, vint à Paris au mois d'août de 1913. Timide et parlant à peine le français, Ernst ne remit ces lettres ni à Delaunay ni à quiconque et passa ainsi trois semaines dans un grand état de ravissement solitaire. Dès sa première marche, de la gare du Nord à l'Hôtel des Ducs de Bourgogne rue du Pont-Neuf, il fut transporté par la ville au point, devenu soldat allemand, de voir avant tout dans la guerre un danger pour Paris.

Mobilisé, Ernst devait connaître d'abord une période paisible et agréable. Un de ses supérieurs, qui avait vu des tableaux de lui, le fit attacher à l'état-major de son unité où sa seule tâche était de marquer les positions sur la carte pendant une ou deux heures par jour. Le reste du temps, il pouvait se promener ou peindre dans les villes tranquilles où cet état-major était successivement installé. La quasi-totalité des œuvres qu'il peignait alors a disparu. Il reste du moins une huile datant de 1916 intitulée *Laon* et montrant la cathédrale et ses tours. Par son traitement et sa composition cette huile est l'unique exemple d'une œuvre de Max Ernst présentant un rapport avec Robert Delaunay. *Les Tours de Laon*, le grand tableau de ce dernier (1,62 x 1,30) aujourd'hui au Musée national d'art moderne, avait pu être vu par Ernst à Zurich en 1912, ou à Berlin, au *Sturm*, en janvier de l'année suivante. Ernst qui devait, la guerre finie, séjourner si longtemps en France, n'eut jamais d'autres liens avec Delaunay que cette coïncidence ignorée des deux hommes. Signalons pour clore cette longue parenthèse sur une note morale qu'un des supérieurs du peintre, à la vue d'œuvres qu'il préparait pour le *Sturm*, entra dans une colère épouvantable et le fit affecter à un secteur du front oriental où il paraissait promis à une mort certaine.

En retrouvant le Paris d'octobre 1908, Delaunay retrouva ce qui lui importait vraiment : les musées et surtout les galeries et ceux des Salons annuels où on voyait les tentatives et les réussites, également stimulantes, des peintres avancés au point d'être « en dehors ». Parmi ces galeries il y avait toujours celle de Uhde et le jeune homme y venait souvent. Sur les cimaises, il voyait comme auparavant des Dufy, des Derain, des Vlaminck, des Braque et des Picasso, mais ces deux derniers étaient devenus les Cubistes. Là, il rencontrait aussi Sonia et sans qu'il y eût rien d'autre entre eux que des échanges polis, quelque chose se nouait dont ils allaient avant longtemps prendre conscience.

En attendant l'amour, il y avait des amitiés nouvelles. Par Metzinger, Robert connut Le Fauconnier et Léger. Bientôt les trois hommes allaient avec quelques autres former un groupe éphémère qui, par les moyens amusants que nous verrons, forcerait un Signac, assez mal disposé, à lui concéder l'ensemble de la fameuse salle 41 du Salon des Indépendants de 1911.

Il y avait le travail aussi. Dans l'année qui suivit son retour, Robert peignit beaucoup à Paris ou à Chaville chez les Damour. Quai du Louvre, Robert allait s'attaquer à la série des tableaux montrant l'intérieur de Saint-Séverin. Il y en aurait sept versions avec des modifications mineures. Plus tard, quand à plusieurs reprises il écrira sur son œuvre, il les considérera toujours comme les premières manifestations réellement valables de cette œuvre et le point de départ effectif de son développement.

Au dos d'une photographie de la troisième version (Guggenheim Museum, New York) il a écrit une note qui montre bien ce qu'il en était : « Dans Saint-Séverin, on voit un vouloir de construire, mais la forme est traditionnelle. Les *brisures* apparaissent timidement — la lumière brisant les lignes dans les voûtes et vers le terrain. La couleur est encore *clair-obscur*, malgré le parti pris de ne pas copier objectivement la nature, ce qui fait encore perspectif. Comme chez Cézanne, les contrastes sont binaires et non simultanés. Les réactions de couleurs conduisent à la ligne. La modulation est encore *l'expression classique* dans le sens du métier expressif. Cette toile marque bien *le désir expressif d'une forme nouvelle* mais n'y aboutit pas[6]. »

Le peintre conclut cette note de 1938 par ces mots : « grande influence sur *l'Expressionnisme*, sur le film "Caligari", le théâtre russe ».

Robert Delaunay fut toujours soucieux au plus haut point d'affirmer la part lui revenant dans l'art de son temps et l'influence qu'il exerça. Son rôle capital dans la naissance et l'affirmation de la peinture abstraite en fait un des grands inventeurs de l'art de ce siècle. En s'attribuant en outre une influence sur l'expressionnisme, le cinéma allemand des années vingt et le théâtre de Meyerhold, il donnait la mesure de son orgueil. Gertrude Stein a raconté comment, en voyant des toiles de Picasso chez elle, il demandait quand elles avaient été peintes. Le temps d'un bref calcul mental et il affirmait : « Je ferai beaucoup mieux quand j'aurai son âge. »

Outre la série des *Saint-Séverin*, Robert donna, en 1909, d'autres œuvres appelées à marquer dans son développement. Au début de l'été, il peignit les versions de *La Flèche de Notre-Dame* (au caractère encore cézannien), puis *Le Dirigeable et la Tour*. Il devait conserver toujours une carte postale montrant le dirigeable *République* à l'atterrissage. Les choses dans ce domaine allaient tout aussi vite qu'en art. Le « plus lourd que l'air » était déjà là et Delaunay bientôt donnerait pleinement son dû à l'aéroplane, le symbole par excellence du Moderne dont le culte paraissait alors si exaltant. Le mois d'août venu, il partit à Chaville. Là, il fit une quinzaine d'études ou de tableaux de fleurs : *Amaryllis*, *Bégonias jaunes*, *Rose Trémière rouge*, etc. Exprimant son amour inné des formes naturelles, ces œuvres montrent l'évolution survenue. Les contours soigneusement marqués de chaque fleur épanouie, des boutons, des tiges et des feuilles, font ressortir le caractère propre de chacune d'entre elles. Rousseau est passé par là.

Comme tant de jeunes, Robert tirait parti des uns et des autres pour, à travers eux, aller vers son expression propre. Comme tant de jeunes aussi, il faisait appel à ce modèle toujours disponible : soi-même. Nous connaissons l'*Autoportrait à l'estampe japonaise*, il en peignit d'autres, moins réussis à cette époque. Vers 1906, il fit de lui-même un superbe portrait proche des Fauves par ses harmonies. Trois ans plus tard, Robert allait donner son chef-d'œuvre dans ce domaine. Il fait penser à certains portraits de Cézanne (celui de Gustave Geffroy par exemple) ou de Picasso immédiatement avant le cubisme. À ce titre, il allait d'ailleurs figurer à l'exposition du Cubisme au Musée d'art moderne en 1953. Une autre version du tableau a figuré également dans plusieurs expositions consacrées au Cubisme.

Amants heureux amants

Delaunay ne peignit plus d'autoportrait. De son vivant il refusa toujours d'exposer ceux qu'il avait faits. En les voyant aujourd'hui, on imagine sans peine l'attrait physique qu'il put exercer sur Sonia. Elle fut toujours d'une profonde discrétion à ce sujet. On sait néanmoins par leur correspondance quasi quotidienne (elle a été conservée) qu'ils étaient devenus amants depuis avril 1909. L'arrêt du tramway Louvre-Versailles était le point le plus fréquent de leurs rendez-vous quotidiens. Quand ils ne grimpaient pas les escaliers menant à l'atelier de Robert, ils allaient au musée Guimet ou, plus près, au Louvre, dont la salle des arts mésopotamiens ne cessait de les attirer.

Le début de l'été apporta une séparation. Sonia dut accompagner sa tante en Italie. Robert, pour qui Paris se trouvait ainsi dépeuplé, alla abriter sa mélancolie dans la Drôme. Vint le mois d'août. Sonia, revenue en France, s'installa dans une pension de famille de Chaville, toute proche de la Villa des Frênes où était Robert chez les Damour. On ignore si Uhde était là aussi et donc ce que pouvaient être les nuits des deux amants. Quoi qu'il en fût, rentrée à Paris le 8 septembre, Sonia annonça aussitôt qu'elle avait pris la décision de divorcer. Dans *Von Bismarck zu Picasso*, ses mémoires, Uhde a noté : « Après un an notre mariage prit fin. Un de mes amis estimait qu'il rendrait ma femme heureuse d'une manière plus accomplie que moi. Je n'eus pas l'idée de m'opposer à leur bel avenir. »

La vie des deux jeunes gens prit alors la coloration particulière qu'ont celles des nouveaux couples qui se découvrent réellement l'un l'autre tout en devant affronter les ennuyeuses discussions financières et les confrontations d'avocats encombrant tous les divorces. Il faut rendre cette justice à Wilhelm Uhde qu'il fit de son mieux pour rendre la séparation facile. Il prit tous les torts à sa charge. Les conseillers juridiques des deux parties mirent au point ces échanges de lettres stéréotypées écrites non pour tromper les représentants de la loi, mais pour leur fournir le prétexte de faire rapidement ce qu'on attend d'eux. Wilhelm écrit à une fausse maîtresse : « Mon amour adorée... mon aversion s'agrandit de jour en jour envers cette femme si volumineuse qui m'a été donnée par un hasard ridicule. » Pour sa part, la maîtresse répond « ... je suis à toi mon Guillaume et je t'embrasse follement », tandis que Sonia agrémentait sa lettre de rupture d'un : « J'ai des preuves. On ne laisse pas traîner des lettres adressées en poste restante sur la table. »

Il n'en fallait pas plus, le jugement de divorce fut rendu par le tribunal civil le 28 février 1910 et transcrit le 11 août, à la mairie du Ve arrondissement en ces termes : « L'adultère du sieur Uhde, qui ne comparaît pas, quoique touché par la procédure, est suffisamment établi quant au présent rapprochement d'une lettre galante... adressée par lui aux initiales B.E. cent trois poste restante bureau sept avec un fragment de lettre adressée à "Mon Guillaume" par une femme qui signe Berthe, Guillaume étant la forme française du prénom de Uhde qui est Wilhelm... le fait constitue à l'égard de la dame Uhde l'injure grave de nature à justifier sa demande. »

Il n'avait fallu que près d'un an — un laps de temps très bref à l'époque — pour aboutir à cette transcription qui permettait enfin à Sonia d'épouser Robert. Fallait-il encore laisser passer le « délai de vacuité » de trois mois imposé par la loi. Le mariage eut lieu le 15 novembre 1910. Les Terk ne vinrent pas à Paris mais Sonia continua à toucher très régulièrement les revenus des immeubles qu'ils avaient achetés pour elle à Saint-Pétersbourg. L'épineuse question des règlements financiers ne souleva, semble-t-il, aucun problème entre les anciens époux. Sonia, devenue pour l'occasion « Chère Madame », est informée par Wilhelm des meubles qu'il emporte et pour lesquels il va envoyer la somme convenue. Il énumère aussi les tableaux qu'il a pris. On en compte une cinquantaine : neuf toiles de Picasso et deux dessins, quatre Braque, deux Rousseau, trois Redon mais aussi vingt Herbin, des Puy et trois Flandrin. Wilhelm précise qu'il laisse à Sonia « un petit Rousseau et les deux ou trois peintures qui se trouvent dans votre chambre ». Puis il conclut la lettre aussi solennellement qu'elle avait commencé par « Acceptez, chère Madame, mes saluts sincères ».

Un des auteurs de ce livre se souvient que Sonia Delaunay, devenue très âgée, avait retenu, vers deux heures du matin sur son palier, un groupe d'amis beaucoup plus fatigués qu'elle. Elle racontait comment elle était venue avec Robert en fiacre et suivie d'une petite voiture de déménagement, prendre chez Uhde absent de Paris d'autres tableaux. « Après tout, ils avaient été achetés avec mon argent », expliquait-elle en ponctuant sa remarque d'un clin d'œil narquois inoubliable.

Pendant la procédure de divorce, son avocat avait conseillé à Sonia de s'éloigner de Paris. Elle pourrait ainsi vivre avec Robert en risquant moins de susciter des ragots, mal venus d'autant que Wilhelm avait pris tous les torts à sa charge. Robert l'emmena près de Nantua, à La Cluse, dont on lui avait dit que c'était un paradis de fleurs et d'oiseaux. Là, elle se sentit bientôt souffrante au point de devoir garder le lit. Robert, pendant ce temps, courait les environs et ramenait des oiseaux. Il savait les soigner tout en se montrant totalement incapable — comme il le serait toujours — de s'occuper de la malade. Le médecin du cru parla de scarlatine et un léger mieux survenant, les deux jeunes gens revinrent à Paris. Le docteur, aussitôt appelé, confirma le diagnostic de scarlatine. En même temps, il apprit à Sonia qu'elle était enceinte, ce qu'une autre qu'elle aurait sans doute constaté toute seule.

En attendant la venue de l'enfant, on chercha un appartement où les deux pourraient avoir leur atelier. On le trouva 3 rue des Grands-Augustins qui deviendrait un haut lieu de rencontre des peintres et des poètes. Pour le moment, la grande crue de la Seine avait inondé les rues voisines des quais et il fallait une barque à fond plat pour arriver jusqu'au nouveau domicile. Tout cela n'empêchait pas de créer. La communion dans le travail avait commencé. Elle ne s'achèverait qu'avec la mort. Pendant les deux premières années de leur union, Sonia peignit peu. Elle installait l'appartement et pensait à la naissance prochaine.

Tout ce que Robert réalisa pendant ces mois, comme tout ce qu'il donnerait par la suite, le fut dans ce climat de complicité artistique profonde que seule pouvait créer Sonia, subjuguée comme lui par la lumière et par la couleur. Les premières phases de leur vie conjugale devaient se dérouler au son d'une orchestration fulgurante. Depuis l'Impressionnisme, les étapes de la révolution esthétique avaient été franchies à un rythme haletant et on en était maintenant à ces années 1909-1914 cruciales pour l'art de notre siècle. Les « ismes » précédents étaient encore réprouvés — de l'Impressionnisme qui avait trente-cinq ans bien sonnés au Fauvisme qui n'en avait guère que cinq et suscitait la fureur.

De ce qu'on a dit jusqu'ici, on a pu tirer l'impression

que l'art vivant, s'il n'était accepté, suscitait une curiosité bienveillante. En réalité, la curiosité n'était pas toujours telle et la malveillance quasi générale. Le député Marcel Sembat (il léguerait de très beaux tableaux au musée de Grenoble) créa une sensation en 1911 quand, au cours d'un débat sur le budget des Beaux-Arts, il prit la défense du Cubisme que venait d'attaquer grossièrement un parlementaire.

En 1913, *La Gazette des Beaux-Arts*, la meilleure publication spécialisée de l'époque, disait des Fauves : « Le visiteur est si bien habitué à leurs rugissements qu'il les entend à peine et, si leur langage n'est pas beaucoup plus intelligible que jadis, du moins a-t-il cessé d'être stupéfiant. »

Les jeunes artistes — les créateurs — ont absorbé quant à eux ces hardiesses qui irritent et voient plus loin. Les noms en ismes qui désignent les nouveaux mouvements ont été donnés par dérision comme le Cubisme ou sont invention de poètes comme l'Orphisme. Guillaume Apollinaire, son parrain, tirait une grande partie de ses minces ressources des piges rapportées par les comptes rendus artistiques qu'il faisait régulièrement dans la grande presse. Cette partie mineure de son œuvre est devenue, avec le temps, un très précieux Baedeker de la scène artistique du début du siècle. Elle a été publiée intégralement il y a peu, aussi nous y aurons recours souvent.

En parcourant ces textes, on se rend bien compte de ce qu'était l'atmosphère d'une époque où l'art — l'art conventionnel — tenait, dans la vie bourgeoise, une place dont on oublie trop à quel point elle était importante. Les mariages chez les gens « bien » commençaient très souvent par la rencontre « fortuite » de deux familles à un vernissage de Salon officiel.

Apollinaire dans *L'Intransigeant* (1er mai 1912) décrivait ainsi le vernissage du Salon des Artistes français : « Vernissage ! ce nom évoquait autrefois des échelles, des pinceaux plats, de jolies modèles admirant leur propre image en tenant un bouquet de muguet à la main... et des discussions passionnées des peintres devant ce qu'ils appelaient les grandes machines. C'est depuis quelques années un rendez-vous élégant du Tout-Paris. Il en fut de même aujourd'hui et la société fut encore plus choisie que de coutume parce que toutes les entrées étaient payantes mais, malgré le temps frais et incertain, non moins nombreuse parce que la recette sera consacrée à l'aviation militaire. »

Apollinaire énumérait les noms de quelques visiteurs et on constate que tout le gratin était là avec des écrivains et des acteurs célèbres. Des tableaux il avait à dire : «... M. Lucas Robiquet a peint une Hollande très vraie avec des couleurs vives... M. Loir Luigi s'est intéressé cette année au carnaval parisien... M. Lapeyre précise avec talent de quelle façon les femmes spartiates se crêpaient le chignon[7] », etc.

Toute cette bourgeoisie petite et grande qui venait jusque du fond de la province afin de visiter ces Salons n'était pas d'humeur à s'en laisser conter. Aussi Apollinaire parlant de la peinture vivante — dans *L'Intransigeant* encore, le 14 février 1911 — pouvait écrire : «... mais comment expliquer ces choses dans un journal à une époque où, dans tous les palais de Paris triomphent les plus médiocres peintures tandis que les Indépendants, victimes de haines trop explicables, poursuivis par tous les ânes de l'univers, ne trouvent pas un asile[8] ? » L'asile finissait toujours par être trouvé et notons en passant que, pour le plus grand quotidien du soir de l'époque, la liberté d'expression n'était pas un vain mot.

Robert pour sa part, dans son langage heurté, parfois incorrect (le mauvais élève !), mais très vivant dira toujours ce qu'il voudra dire. Il a beaucoup écrit s'il n'a rien achevé. Dans les pages qui demeurent, on trouve des analyses pertinentes de la démarche de Sonia comme de la sienne propre. Il ne ménage pas non plus les commentaires acides sur ses contemporains.

Changer la peinture

Pour l'heure dans le nouvel appartement, Sonia et lui-même relisent Chevreul. D'autres l'ont fait, depuis Seurat, et le font encore, mais ils sauront, eux, le lire comme il ne l'avait pas été jusque-là et ouvriront ainsi une nouvelle voie à la peinture. L'auteur de *La Grande Jatte* trouva sa source d'inspiration dans la science de son époque. Outre Chevreul, il avait étudié, entre autres, *La Théorie scientifique des couleurs* (1881) du physicien américain Odgen Reed et discuté avec le brillant et paradoxal Charles Henry qui, en 1885, avait publié son *Introduction à une Esthétique scientifique*.

Les Delaunay n'iront pas si loin. Ils connaîtront pourtant bien la théorie des Contrastes simultanés et sentiront instinctivement que, comme l'a dit Bernard Dorival, « l'analyse de Chevreul ne convenait pas bien à la couleur-lumière et qu'il leur fallait la rectifier s'ils voulaient conférer à leurs toiles l'éclat même de cette couleur. Or c'était là toute leur ambition ». Dans une lettre à Franz Marc, 11 janvier 1913, Robert écrit : « Cette voix de la lumière n'est-ce pas le dessin, c'est-à-dire la ligne ? et quand la lumière s'exprime librement, tout se colore. La peinture est proprement un langage lumineux. » Elle l'est d'autant plus pour Robert et Sonia, remarque Dorival citant cette lettre, « que dès 1912, ils n'hésitent plus à se passer de la ligne[9] ».

Beaucoup plus tard, en 1952, Sonia elle-même a admirablement défini leur démarche : « Si nous fûmes amenés à une nouvelle conception de la peinture, ce ne fut pas par un raisonnement philosophique mais par l'observation de la lumière. La brisure des objets et des formes par la lumière et la naissance de plans colorés amenait une nouvelle structure du tableau. Ainsi le lien avec la peinture ancienne est définitivement rompu : la couleur est libérée, elle n'est plus un élément qui sert à décrire un sujet, elle prend sa vie propre et devient elle-même sujet[10]. »

Cette conquête méthodique à partir d'une intuition partagée est le fait de deux peintres dont le sens visuel très aigu perçoit avec une finesse extrême les vibrations lumineuses. Il reste que leur démarche prend place dans un temps où la lumière est un attribut majeur de la modernité si chère au jeune couple. Plus l'éclairage d'une ville est intense et plus elle est dans le siècle. Avec l'avion viennent les projecteurs qui triomphent du ciel nocturne. Sans monter si haut, une foire n'est réussie que si elle est égayée par d'innombrables globes électriques aux couleurs vives. Dès 1906, Robert envoie au Salon d'Automne un *Manège électrique*. La toile qu'il intitule aussi *Manège de cochons* est refusée par le jury du Salon. Détruite, il en reprendra le sujet en 1913 puis en 1922.

La Flèche de Notre-Dame est bientôt remplacée par la tour Eiffel qui n'apparaît encore qu'au second plan dans le tableau du dirigeable. Débutant en 1909, la série des *Tours* marquera l'œuvre de Robert. Une première étude porte en haut à gauche « Exposition universelle 1889. La Tour à l'univers s'adresse. » C'est ce qu'avait aussi senti Gauguin en la voyant s'élever. C'est littéralement vrai maintenant qu'elle sert d'émetteur de télégraphie sans fil. À droite est écrit : « Mouvement-profondeur 1909 France Russie. »

On a beaucoup disserté sur cette inscription et certains en ont donné une interprétation psychanalytique, d'autant plus justifiée selon eux que le tableau constitua le cadeau de fiançailles de Robert à Sonia qui ne s'en séparera jamais. La Tour est évidemment un symbole phallique, le mouvement-profondeur est bien franco-russe puisqu'il évoque la vie intime des deux jeunes gens. Sans pousser plus loin ce jeu de salon, on peut se souvenir que le couple formé avec Sonia avait triomphé de la fausse union avec Uhde l'Allemand. Rappelons aussi qu'on était au temps de la grande Alliance franco-russe et que Robert fut toujours très chauvin sans pour autant donner à ses sentiments la sanction d'un engagement guerrier.

De 1909 à 1911, Robert peindra sept *Tours* avant d'en donner trois encore l'année suivante et de reprendre plusieurs fois ce thème dans les années vingt et trente. En outre la silhouette de la Tour apparaît dans d'autres œuvres, celles de la série des *Fenêtres* en particulier. Pendant les années 1910 et 1911, le monument d'Eiffel ne cessa d'occuper l'esprit de Delaunay.

Sept versions de cette *Tour* d'abord ? Dans le chapitre d'*Aujourd'hui* consacré au travail de Robert sur cet objet de leur passion commune, Blaise Cendrars a écrit : « Cette année-là 1911, je crois qu'il fit cinquante et une toiles de la tour Eiffel avant d'arriver à un résultat. » Cendrars voyait grand, même en tenant compte des études à l'aquarelle, on n'arrive aucunement à ce chiffre. Ce qui importe vraiment, c'est que Cendrars a été le témoin du travail de Delaunay et qu'il en a admirablement parlé. Le poète était alors dans une chambre d'hôtel à Saint-Cloud après un accident d'auto. Il voyait de sa fenêtre « la tour Eiffel comme une carafe d'eau claire ». Delaunay venait presque tous les jours à son chevet. « Il était toujours hanté par la Tour et la vue que l'on avait de ma fenêtre l'attirait beaucoup... C'est ainsi que j'ai pu assister à un drame, inoubliable : la lutte d'un artiste avec un sujet tellement nouveau qu'il ne savait comment l'empoigner, le maîtriser. Je n'ai jamais vu un homme lutter et se défendre autant sauf peut-être les blessés à mort que l'on abandonnait sur les champs de bataille et qui après deux, trois jours d'efforts surhumains finissaient par se taire et rentraient dans la nuit. Mais lui, Delaunay, resta vainqueur. »

Cendrars poursuit : « ... Dès que je pus sortir, j'accompagnais Delaunay voir la Tour. Aucune formule d'art connue jusqu'à ce jour ne pouvait avoir la prétention de résoudre plastiquement le cas de la tour Eiffel... la Tour se dressait au-dessus de Paris, fine comme une épingle à chapeau. Quand nous nous éloignions d'elle, elle dominait

Paris, raide et perpendiculaire ; quand nous nous approchions, elle s'inclinait et se penchait au-dessus de nous. Vue de la première plate-forme, elle se tirebouchonnait et vue du sommet, elle s'affaissait sur elle-même, les jambes affaissées, le cou rentré... Nous avons essayé tous les points de vues, nous l'avons regardée sous tous ses angles, sous toutes ses faces... et ses milliers de tonnes de fer, ses trente-cinq millions de boulons, ses trois cents mètres de hauteur de poutres et de poutrelles enchevêtrées, ses quatre arcs de cent mètres d'envergure, toute cette masse vertigineuse faisait la coquette avec nous[11]. »

Puis Blaise Cendrars évoque ses jeux de séductrice, souple et rieuse, boudeuse, rêche, disgracieuse par mauvais temps. Il parle aussi du flot des visiteurs, des amoureux contemplant Paris de son sommet, du rôle qu'elle jouait pour la toute nouvelle T.S.F. « Autant de points de vue pour traiter le cas de la tour Eiffel. Mais Delaunay voulait l'interpréter plastiquement. Enfin il y réussit... Il désarticula la Tour pour la faire entrer dans son cadre, il la tronqua et l'inclina pour lui donner ses trois cents mètres de vertige, il adopta dix points de vue, quinze perspectives, telle partie est vue d'en bas, telle autre d'en haut, les maisons qui l'entourent sont prises de droite, de gauche, à vol d'oiseau, terre à terre. »

On a longuement cité Cendrars parce qu'il n'arrive pas souvent qu'un poète soit témoin d'une gestation picturale à travers toutes ses étapes. Cette citation montre très bien aussi ce que peut être l'apport d'un poète à la critique d'art. Kahnweiler, le marchand défenseur des Cubistes, estimait — et on voit pourquoi — qu'Apollinaire n'entendait rien à la peinture. Picasso ne partageait pas son opinion car il sentait très bien que l'intuition du poète de *Zone* lui permettait d'atteindre au cœur de son art.

Quand Robert désarticule la Tour, il a vingt-cinq ans, l'âge des grandes amitiés complices. Il connaît déjà bien

Metzinger et vaguement Gleizes mais à l'automne de 1910, autour de lui-même et de ces deux-là un groupe va se former. Dans *Souvenirs, le cubisme*, un livre resté inédit Gleizes écrit : « ... à partir de ce moment, octobre 1910, nous nous découvrîmes sérieusement les uns les autres... On se réunissait chez Le Fauconnier rue Visconti et à La Closerie des Lilas : Metzinger, Robert et Sonia Delaunay, Fernand Léger, Jean Marchand, Paul Fort, Jules Romains, Castiaux, Jouve, Arcos, Mercereau, Apollinaire, Allard, Salmon. » Les peintres décidèrent qu'ils montreraient leurs œuvres ensemble au Salon des Indépendants de 1911 et choisirent un nom : le groupe de La Closerie des Lilas. Ils firent imprimer une liste de candidats et organisèrent une élection (Metzinger obtint 500 voix sur 350 électeurs) et en un mot firent tant de bruit que le très réticent Signac attribua la fameuse salle 41 à ce pseudo « groupe de La Closerie des Lilas ». Ce salon où était aussi un superbe Matisse, *Madame Matisse à la mantille* (salle 27) présenta une rétrospective du Douanier Rousseau mort l'année précédente.

Apollinaire parla longuement de cette rétrospective mais son attention se porta surtout sur la salle 41. Dans *L'Intransigeant* du 21 avril — *L'Intran*, comme on l'appelait —, il écrivait : « Elle est la plus intéressante du Salon avec la salle 43 (La Fresnaye, Segonzac, etc.). C'est sans doute pour cela que presque tous mes confrères, les écrivains d'art, les négligent. On y trouve cependant avec plus de force que partout ailleurs, et non seulement aux Indépendants mais sans doute dans le monde entier, la marque de l'époque... On dira plus tard l'influence qu'ont eue les œuvres de Picasso dans le développement d'un art aussi neuf. Mais les influences que l'on pourrait retrouver en remontant jusqu'aux plus nobles époques de l'art en France et en Italie n'enlèvent rien au mérite des peintres nouveaux. Parmi les mieux doués de ces artistes, on doit saluer Robert Delaunay dont le talent robuste a de la grandeur et de la richesse. L'exubérance qu'il manifeste garantit son avenir... Sa *Tour Eiffel* a de la puissance dramatique et son métier est déjà très sûr. » Puis Apollinaire parlait de Metzinger « ici le seul adepte du cubisme proprement dit », des paysages « à grands plans, à teintes délicates d'Albert Gleizes » et après avoir rendu son amoureux hommage habituel à Marie Laurencin, il disait de Léger : « M. Fernand Léger a encore l'accent le moins humain de cette salle. Son art est difficile. Il crée, si l'on ose dire, la peinture cylindrique et n'a point évité de donner à sa composition une sauvage apparence de pneumatiques entassés[12]. » Malgré cette réserve, Gleizes pourra bien dire fièrement dans son petit livre : « Du jour au lendemain, nous étions devenus célèbres. »

Un relais de l'avant-garde

On voyait Gleizes, ceux de La Closerie et bien d'autres aux réunions que Sonia et Robert organisaient chaque dimanche rue des Grands-Augustins. Venaient là Lotiron, le camarade du service militaire, La Fresnaye, Chagall, Léger et aussi Serge Férat avec la baronne d'Oettingen dont on sait qu'elle était sa maîtresse mais dont on ignore, à ce jour, si elle était ou non sa sœur. Les deux, quoi qu'il en soit, allaient subventionner *Les Soirées de Paris*, l'éclatante revue d'Apollinaire. Ce dernier était un hôte fréquent et on voyait aussi Jules Romains avec qui l'auteur d'*Alcools* entretenait des rapports amicaux. On ne se souvient plus guère aujourd'hui que le romancier des *Hommes de bonne volonté* fut un poète qu'on voyait aux soirées du Douanier Rousseau. Il fut aussi, avec Vildrac et Barzun, un des apôtres de l'Unanimisme au phalanstère de l'Abbaye de

Créteil où il écrivit les poèmes de *La Vie unanime*. De son côté, Barzun se faisait le doctrinaire assez confus d'un simultanéisme de nature à déplaire aux Delaunay qui avaient leurs idées sur l'emploi de ce mot et allaient le faire savoir.

Pendant quatre ans, l'assez petit appartement encombré de meubles Empire et dont Sonia avait tendu les murs de calicot blanc fut un des grands relais de l'Europe. Les amis russes de Sonia, comme Smirnov et Tchouiko, venaient là quand ils étaient à Paris et racontaient, à Moscou et à Saint-Pétersbourg, leurs conversations avec les maîtres de maison. D'autres étaient là aussi, l'Italien Canudo qui allait faire bientôt tant de bruit avec sa revue *Montjoie*, Le Fauconnier et Alexandre Mercereau, bien connu en Russie où il avait organisé une exposition de la jeune peinture française. Pour sa part, Élisabeth Epstein, la vieille amie de Sonia en rapports étroits avec Kandinsky et les gens du Blaue Reiter, leur rapportait ce qu'on avait à dire rue des Grands-Augustins. Tout le monde était là... presque tout le monde. Picasso ne venait pas mais son ami le mathématicien Princet était un assidu.

Un visiteur qui eût été un hôte privilégié ne vint jamais, hélas. Depuis l'hiver de 1910, Rousseau souffrait d'un phlegmon à la jambe qu'il ne soignait pas. Il travaillait beaucoup, car les commandes étaient venues, mais la souffrance le forçait à s'étendre souvent sur son canapé — le canapé du *Rêve*. Un jour, il vint voir les Delaunay. Il boitait bas et se plaignait beaucoup de sa jambe.

> Des plaies sur les jambes
> Tu m'as montré ces trous sanglants
> Quand nous prenions un quinquina
> Au bar des Iles Marquises rue de la Gaieté
> Un matin doux de verduresse

allait écrire Guillaume Apollinaire en 1914[13].

Transporté à l'hôpital Necker dans les derniers jours d'août, Rousseau fit aussitôt appeler Uhde qui devait raconter : « ... Ne pouvant plus prendre de nourriture, il a encore la force de parler de sa dernière œuvre inachevée et de regretter le retard dont, par sa maladie, souffre la commande[14]. » Robert vint aussi et promit de lui envoyer Léonie. Cette vendeuse de *L'Économie ménagère* eut toujours une attitude révoltante à l'égard de son naïf amoureux dont elle profitait sans vergogne. Elle ne vint naturellement pas. Bientôt, Rousseau commença à délirer. Il entendait la musique des Anges et au ménage Quéval, ses propriétaires, qui se tinrent à ses côtés jusqu'à la fin, il demandait « Mais pourquoi Robert a-t-il cassé la tour Eiffel ? »

La gangrène avait envahi sa jambe, il fallut l'opérer. Le 2 septembre il mourut d'une embolie. Le surlendemain, après un bref service funèbre, il était enterré au cimetière de Bagneux dans la fosse commune. Sept personnes étaient là : trois membres de la famille, Quéval, Guillaume Apollinaire, Delaunay et Paul Signac, en sa qualité de président du Salon des Indépendants. En 1912, les Delaunay, Uhde et Armand Quéval organisèrent une souscription qui permit d'acheter une concession de trente ans à Bagneux. Il y eut soixante-quinze souscripteurs dont Marie Laurencin, Kahnweiler, Picasso, Dufy, Gleizes, Metzinger et naturellement les Delaunay. Robert avait acheté dix tableaux à la fille de Rousseau. Il en vendit deux pour mieux répondre à cette demande d'argent. Souscripteur lui aussi, Apollinaire écrivit la fameuse épitaphe qui fut gravée sur la pierre tombale par Brancusi et Ortiz de Zarate :

Gentil Rousseau tu nous entends
Delaunay sa femme monsieur Quéval et moi
Laisse passer nos bagages en franchise à la porte du ciel
Nous t'apporterons des pinceaux des couleurs et des toiles
Afin que tes loisirs sacrés dans la lumière Réelle
Tu les consacres à peindre comme tu tiras mon portrait.

La face des étoiles

En 1947, la sépulture fut transportée à Laval, la ville natale du Douanier, où se trouve maintenant la plaque tombale sans doute la plus inattendue et la plus touchante du siècle.

Berthe, pour sa part, n'était heureusement pas empêchée de venir aux réunions du dimanche par son état de santé. On ne la voyait pourtant pas souvent. Ses relations avec Sonia furent difficiles d'emblée et demeurèrent telles jusqu'à la fin sans aller jamais jusqu'à la rupture. Robert éprouvait — à sa manière — un attachement filial profond pour cette mère erratique mais possessive. Berthe fut toujours — à sa manière aussi — une grand-mère attentive et dévouée. Sonia trouvait que ses hommes n'en demandaient pas tant. Elle éprouvait, à l'égard de Berthe, la classique jalousie des belles-filles que son propre caractère et le comportement de Berthe rendaient parfois d'autant plus aiguë.

La comtesse ne voyageait plus guère, son train de vie avait changé. L'argent n'était plus là. Lors du mariage, pour n'être pas en reste avec les Terk, elle avait annoncé qu'elle ferait une rente mensuelle de mille francs (or) au jeune ménage. Très vite il n'en fut plus question et bientôt elle ne cessa d'emprunter de petites sommes à ses enfants. Hors d'état de les rembourser, elle s'acquittait, quand la dette devenait trop importante, en leur remettant un de ces meubles Empire qui encombraient leur appartement ou telle autre pièce de valeur. C'est ainsi qu'à une date qu'on ne connaît pas exactement, *La Charmeuse de serpents* apparut sur les murs du ménage.

Dans la minutieuse comptabilité domestique que Sonia allait tenir, sa vie durant, chaque emprunt était scrupuleusement noté. Il n'en faut pas conclure que l'argent était une cause de tension. Sonia n'avait pas un caractère intéressé. Les sordides discussions financières agrémentant la vie de tant de familles leur furent épargnées. Brodeuse habile, Berthe admirait ce que Sonia savait faire dans ce domaine. Quand les choses devinrent difficiles pour toute la famille, elle aida de son mieux sa bru dans le métier de créatrice de tissus, de modéliste et de décoratrice grâce auquel au prix de son œuvre de peintre, Sonia parvint à faire vivre les siens.

C'est justement de tissus que, pour l'heure, il était question rue des Grands-Augustins. En 1909 déjà, Sonia avait montré son intérêt pour l'emploi des textiles en exécutant sur canevas une broderie de feuillages qui n'est pas sans faire penser aux natures mortes de Robert. Maintenant, il fallait une couverture pour le berceau du petit Charles. Dans sa tendresse maternelle Sonia pensa que personne ne pourrait la faire mieux qu'elle-même. Elle utilisa des fragments de tissus et de fourrures pour réaliser ce qu'on n'appelait pas encore un patchwork.

La couverture du bébé était en fait très différente des travaux des Indiens d'Amérique et annonçait les réalisations des années suivantes. Sonia, plus tard, devait dire ce qu'il en était : « Vers 1911, j'eus l'idée de faire pour mon fils qui venait de naître une couverture composée de bouts de tissus comme celles que j'avais vues chez les paysans russes. Quand elle fut achevée, la disposition des fragments d'étoffe m'a paru relever de la conception cubiste et nous essayâmes alors d'appliquer le procédé à d'autres objets et à des tableaux[15]. »

Sonia emploie le mot cubiste qui est le grand mot-tiroir de l'époque. Apollinaire le met, si on peut dire, à toutes les sauces. Le sens du mot est rendu plus extensible aussi par les qualificatifs dont on l'accompagne pour désigner, à juste titre, les formes successives que le démiurge Picasso lui fait traverser d'une main ferme : cubisme hermétique, cubisme synthétique, etc. Reste que Sonia sait parfaitement ce qu'elle veut dire par ce mot. « Les cubistes brisent la vision de l'objet en voulant la saisir de tous les côtés », notera-t-elle ailleurs et cette vision « de tous les côtés », elle entend la pousser plus loin et par d'autres moyens qu'eux. Le chromatisme volontairement éteint de Picasso et de Braque n'est pas l'affaire de Sonia ni de Robert.

C'est grâce aux couleurs vives, poussées à leur intensité maximum, qu'ils veulent atteindre à la représentation simultanée. Ils sont pleinement conscients de la hardiesse et de la nouveauté de l'entreprise. Se souvenant peut-être de ses lectures de Laon, Robert se parera du titre « Delaunay le Simultané » comme son philosophe allemand favori s'était dit « Nietzsche l'Antéchrist ».

« Le Simultané » n'entend absolument pas ce mot comme le fait Barzun. De La Closerie des Lilas, au Dôme déjà et au Napolitain encore, chez Mme d'Oettingen boulevard Berthier ou rue des Grands-Augustins, quand on se sent en humeur de parler esthétique, on discute ferme à propos de ce mot obstinément revendiqué comme sien par Barzun. Apôtre de l'Unanimisme, ce dernier inventera aussi le Dramatisme avant de sombrer dans un oubli mérité.

Dans une des nombreuses notes faites en vue d'ouvrages qu'il ne compléta jamais, Robert a rapporté comment Barzun vint un dimanche soir chez lui. « Il se déclara enchanté de *La Tour* qu'il rattacha au Dramatisme. » Il annonça aussi la publication prochaine d'une brochure sur l'art moderne où serait développée sa théorie du Dramatisme. Quand parut la brochure on constata qu'il n'était plus question de Dramatisme. La plaquette était intitulée *Voix, chant et rythme simultané* à la fureur de Robert. Pour lui, « le livre n'était pas simultané du tout, M. Barzun enregistrant et exploitant un mot qu'il n'avait pas compris[16] ». Si les Delaunay furent irrités par cet incident mineur, c'est qu'ils ne voulaient pas voir altéré le sens d'un terme si propre à définir l'essence même de leur art.

Depuis la couverture d'enfant, modèle de tous les objets simultanés qui vont suivre, Sonia et Robert sont entrés de plain-pied dans cette période où, devenant vraiment eux-mêmes, ils vont beaucoup apporter aux autres.

Avec son esprit investigateur et précis, Félix Fénéon demanda tout naturellement des éclaircissements à ces artistes qui interprétaient les leçons de Chevreul autrement que l'avait fait Seurat dont il avait été le premier champion. D'une note que lui écrivait Robert en 1913, on peut extraire ces lignes : « Le contraste n'est pas un noir et blanc, au contraire (une dissemblance), le contraste est une ressemblance. L'art d'aujourd'hui est l'art de la profondeur. Le mot simultané est un terme de métier. Delaunay l'emploie quand il travaille avec tout : port, maison, homme, femme, joujou, œil, fenêtre, livre... "Le simultané" est une technique. Le contraste simultané est le perfectionnement le plus nouveau de ce métier, de cette technique. Le contraste simultané c'est de la profondeur vue[17]. »

Fénéon était passé par le Symbolisme et savait donc bien déchiffrer un style obscur. Il ne semble pourtant pas qu'il ait jamais répondu. La correspondance entre les deux hommes fut surtout faite de quelques échanges de lettres provoquées par des offres d'achat de tableaux du Douanier. Elles émanaient de clients de la galerie Bernheim et Fénéon, son directeur, se contentait de les transmettre. Il ne semble pas que ces demandes aient jamais abouti à une transaction. Fénéon dirigeait *Le Bulletin de la vie artistique*, une petite feuille bimensuelle publiée par les Bernheim à laquelle il avait su donner une très grande qualité. Dans le numéro du 15 avril 1922, il y avait un extrait de *Une visite à l'Exposition de 1889*, la pièce du Douanier. Ce court fragment était suivi de ces lignes : « ... remercions le peintre Robert Delaunay qui, de retour à Paris, a eu l'obligeance de nous communiquer le précieux manuscrit autographe de son ami Henri Rousseau. On en trouvera un jour le texte complet dans un volume que préparent les éditions du Sans-Pareil[18]. »

À la mort de Rousseau, sa fille avait demandé à Robert de faire de mémoire en s'aidant d'une photographie le portrait à l'huile maintenant au musée de Laval. À cette occasion, elle lui remit les manuscrits de *Une visite à l'Exposition* et de *La Revanche d'une orpheline russe*. Quand Robert disparut, Sonia offrit les deux pièces encore inédites (le Sans-Pareil n'avait pas donné suite au projet) à Tristan Tzara qui les fit publier.

Le 22 avril 1923, Félix Fénéon envoyait cette lettre à Robert :

« *Cher Monsieur,*
Sous pli postal recommandé, je vous renvoie le manuscrit de votre Henri Rousseau.
La maison Bernheim-Jeune renonce à le publier. Je vous dois à ce sujet une explication, et la voici, avec une franchise que vous voudrez bien excuser.
Si riche que soit, au moins sur certains points, sa documentation, on considère, à tort ou à raison, que l'ouvrage, dans son état actuel, ne servirait ni la réputation de Rousseau, ni la vôtre. Il semble en effet que sa coordination et sa rédaction soient restées à l'état rudimentaire, en d'autres termes que, s'il y a là des éléments essentiels d'un livre excellent, ce livre, loin d'être réalisé, est à peine commencé.
Il peut fort bien se faire que cette opinion soit erronée, et qu'un autre éditeur en ait une différente.
Je vous le souhaite, et vous prie d'agréer mes cordialités les meilleures[19]. »

Fénéon, on le voit, ne s'embarrassait pas de périphrases. Lucide comme il était, il avait dû voir très vite que Delaunay souffrait d'une incapacité congénitale à traiter avec cohérence des sujets qu'il connaissait le mieux et qui lui tenaient le plus à cœur.

Vers la conquête de l'Allemagne

À défaut de Fénéon, d'autres hommes de plume — Cendrars et Apollinaire en particulier — traiteraient longuement de la notion de simultanéité. Très vite, en effet, l'attention allait être attirée sur les Delaunay et pas à Paris seulement. Le « Groupe de La Closerie des Lilas » n'avait connu l'existence qu'au fond de quelques verres d'anisette ou de quinquina. Mais le bruit de la salle 41 avait été répercuté jusqu'en Allemagne par Élisabeth Epstein. Elle avait envoyé des photographies de quelques tableaux de Robert à Kandinsky et, les ayant vues, ce dernier avait aussitôt écrit à leur auteur.

Kandinsky préparait alors avec Franz Marc la première exposition du groupe du Blaue Reiter. Il demanda sa participation à Robert qui se trouva être ainsi un des deux seuls invités français. L'autre était Rousseau dont Kandinsky disait alors qu'il montrait la voie vers un nouveau réalisme. Avec les envois des deux Français on voyait ceux de Jawlensky, Gabriele Münter, Kubin, Klee, Macke, Marc et Élisabeth Epstein qui avait envoyé son *Autoportrait*.

L'exposition fut inaugurée à Munich le 18 décembre 1911. Deux jours après, Kandinsky écrivait à Robert : « En hâte ! Votre *Saint-Séverin* est vendu. Un bon commencement. » Il ne croyait pas si bien dire. Plus tard dans la même journée, Jawlensky acheta *La Ville nº 1* et peu après, le collectionneur Bernard Köhler, conseillé par son neveu August Macke, faisait l'acquisition d'une *Tour Eiffel* aujourd'hui détruite et qui fut reproduite dans l'Almanach du Blaue Reiter. La seule œuvre invendue des quatre envoyées par Delaunay fut une étude pour *La Ville nº 2*. D'une façon générale, l'accueil fut extrêmement favorable. On imagine la joie et la fierté de l'auteur, encore obscur, de ces toiles.

Ce succès allait avoir pour Robert et Sonia des conséquences dont ils ne pouvaient pas alors saisir l'importance.

Il régnait à Munich et dans d'autres villes allemandes la même effervescence qu'à Paris. En 1905, le mouvement *Die Brücke* (Le Pont) avait été fondé à Dresde. Ceux qui s'en réclamaient, comme Kirchner et Schmidt-Rottluff, étaient influencés par Gauguin, Van Gogh et Munch, le très grand artiste norvégien. Le mouvement était parent des Fauves avec une tendance nettement plus marquée à l'expressionnisme.

L'autre groupe à l'esprit novateur, *Die Blaue Reiter* (Le Cavalier Bleu) fut fondé à Munich vers la fin de 1911. Sa première manifestation fut celle à laquelle avait été invité Robert. Le Cavalier Bleu ne venait pas de rien et allait devoir beaucoup au talent, à la grande intelligence et à l'énergie de Kandinsky. Arrivé de Russie en 1896, il avait rejoint en 1901 le mouvement d'avant-garde La Phalange. Ce groupe était d'esprit Jugendstil (Art Nouveau) et Kandinsky n'échappa pas complètement à cette manière. En 1905, il vint à Paris, exposa au Salon d'Automne et passa l'année suivante à Sèvres. À Munich, à Paris et au cours de nombreux autres voyages, Kandinsky avait tout vu. Il fut d'abord influencé par l'art populaire russe, puis proche des Fauves pendant une courte période. Il devint pleinement lui-même en 1909 avec les *Impressions* dans lesquelles la valeur de la couleur dépasse déjà celle de l'objet et où la surface plane remplace l'espace. L'année suivante, 1910, il passe à l'abstraction.

Avec lui au Cavalier Bleu il y avait Jawlensky et Gabriele Münter qui n'iraient pas aussi loin que lui dans ce sens. Il y avait aussi August Macke qui, à partir de 1912, devait se sentir très proche de Delaunay et Franz Marc, peintre mais aussi théoricien, qui s'intéressa vivement aux idées de Robert. Klee, encore à la recherche de lui-même, suivait tout cela avec passion.

Kandinsky était profondément impressionné par les théories de Rudolf Steiner. Il annotait soigneusement les écrits du théosophe dont l'enseignement est sous-jacent à ses créations picturales. Très différent, par là, des mouvements parisiens, le Cavalier Bleu proclamait que l'art est porteur d'un message sur les fins dernières de l'homme. Kandinsky fut toujours pénétré de cette conviction. Elle était partagée par Marc et August Macke, l'un et l'autre, on le sait, tués à la guerre, et par Jawlensky.

« J'aime beaucoup vos tableaux, écrivait Marc à Delaunay en décembre 1912, mais je ne crois pas que vos idées philosophiques et historiques soient valables et nécessaires à votre développement ni à celui des autres... certainement pas pour le mien propre. » À quoi Delaunay répondait : « Vous faites des méditations philosophiques sur des questions métier, vous dites aimer mes œuvres. Mes œuvres sont le résultat de mes efforts dans le métier qui doivent mener vers la pureté... Je n'ai pas de philosophie. Comment peut-on concevoir des moyens pour élaborer un travail ou une méthode qui datent du Moyen Âge avec des œuvres du XXe siècle ? »

En avril 1913, Delaunay dans une autre lettre à Marc écrivait : « Pour l'art, pour le progrès de l'art, j'estime qu'aucun mysticisme n'est nécessaire, ni chrétien, ni juif, ou aucun autre. Ce qui fait que mon art est différent des quelques œuvres que j'ai vues dans votre pays, c'est cet enthousiasme ou plutôt cette griserie mystique auxquels les jeunes Allemands, même les plus intéressants, sont sujets et qui paralysent leur élan vital. » Jawlensky poursuivit toute sa vie son inlassable quête d'une représentation de l'invisible. Il correspondait avec son aîné, le père Willibrod Verkade, qui, avant d'entrer dans les ordres, avait été auprès de Sérusier, de Bonnard et de Vuillard un des membres du groupe Nabi. En 1938, il lui écrivait : « ... l'artiste doit exprimer dans son art, par l'intermédiaire des formes et des couleurs, ce qu'est pour lui le divin. C'est pour cela que l'œuvre d'art est un Dieu perceptible et l'art une nostalgie de Dieu. »

Robert et Sonia n'étaient décidément pas de tempérament à suivre l'Évangile de leurs amis allemands. Tchouiko, cet amoureux transi devenu comme Smirnov un ami fervent, écrivait en 1909 à Sonia qu'il était plongé dans la lecture de Steiner et d'Annie Bessant. En même temps, il remerciait son amie qui lui avait envoyé Faublas et le douzième volume des *Mémoires* de Casanova.

La volonté d'abstraction de Sonia et de Robert, cette idée que le contraste simultané des couleurs est « la profondeur vue » était pourtant bien faite pour frapper les tenants du Cavalier Bleu. D'entrée de jeu, les relations (entre inconnus encore) avaient été chaleureuses. En post-scriptum au billet hâtif annonçant la vente des tableaux, Kandinsky avait ajouté (en français) : « les artistes participant à l'exposition du Chevalier Bleu [sic] m'ont prié de vous adresser leurs salutations cordiales. Nous sommes bien contents de vous avoir parmi nous ».

Les toiles qu'avait envoyées Robert n'étaient encore que des promesses. Il travaillait maintenant à des œuvres qui allaient provoquer encore bien davantage l'admiration des gens du Cavalier Bleu. En 1910, il avait commencé *La Ville de Paris*, un très grand tableau (2,70 m × 4,60 m) titré, signé et daté sur la toile 1910-11-12. Ce tableau (maintenant au Musée national d'art moderne Centre Pompidou) provoqua l'enthousiasme d'Apollinaire qui, rendant compte du Salon d'Automne, écrivait dans *L'Intransigeant* le 19 mars : « ... le tableau de Delaunay est le plus important de ce Salon. *La Ville de Paris* est plus qu'une manifestation artistique. Ce tableau marque l'avènement d'une conception d'art perdue peut-être depuis les grands peintres italiens. Et s'il résume tout l'effort du peintre qui l'a composé, il résume aussi et sans aucun appareil scientifique tout l'effort de la peinture moderne... Tout ce que l'on pourra trouver pour l'amoindrir n'ira pas à l'encontre de cette vérité : c'est un tableau, un vrai tableau et il y a longtemps qu'on n'en avait vu[20]. »

Sans entrer dans une étude détaillée de la genèse du

tableau, on peut indiquer que les Trois Grâces, au centre de la toile, trouvent leur source dans une fresque de Pompéi dont les Delaunay possédaient une photo encadrée. Le pont, le quai et le bateau en bas à gauche, viennent de deux tableaux de Rousseau qui appartenaient alors à Robert et à Sonia : *Un petit paysage de 1909* (Washington, Phillips Memorial Gallery) et le célèbre *Moi-même portrait-paysage*. Le réalisme de cette partie de *La Ville de Paris* tient à ce que son auteur avait repris, sans presque le modifier, le tableau de Rousseau maintenant à Prague.

Kandinsky, devenu dès lors très ami avec Robert, qui lui avait fait connaître Apollinaire, exposait aussi à ce Salon. « Ses *Improvisations*, disait le poète, ne sont pas sans intérêt car elles représentent à peu près seules l'influence de Matisse. Mais Kandinsky pousse à l'extrême la théorie de Matisse sur l'obéissance à l'instinct et il n'obéit plus qu'au hasard » (*L'Intransigeant*, 25 mars) — ce qui n'était pas si mal juger le Kandinsky d'alors[21].

Il est intéressant de relever qu'Apollinaire avait fait précéder son compte rendu de la manifestation par ces lignes : « [...] Je puis dire que depuis sept ans j'ai énoncé sur l'art contemporain dans diverses publications et dans les colonnes de ce journal des vérités que nul autre que moi n'aurait osé écrire.

[...] Mes flammes ont encore allumé d'autres flambeaux. Je ne suis plus seul aujourd'hui à défendre les disciplines des jeunes écoles françaises. »

Cinq collectionneurs

Ainsi les choses avaient évolué ! Moins sans doute que voulait le dire le poète. Le public dans son ensemble demeurait très en arrière de la main. Les mieux disposés n'étaient — à de rares exceptions près — nullement en humeur de procéder à des achats. Une importante fraction de la bourgeoisie allemande de l'époque était, au contraire, beaucoup plus ouverte aux recherches hardies. Les ventes des tableaux de Robert à la première exposition du Cavalier Bleu le montrent bien. Pourtant là comme ailleurs, les choses allaient lentement. Dans le monde entier il n'y avait que cinq grands collectionneurs d'art vivant avant la Première Guerre mondiale : deux Russes, Chtchoukine et Morosov, un Tchèque (alors Autrichien), Vicenc Kramar, l'Américain Arensberg, le Français Dutilleul et... pas d'Allemand.

Outre Dutilleul, il y avait en France quelques personnes qui à une moindre échelle n'hésitaient pas à sanctionner leur intérêt par un achat. Gustave Fayet, de Béziers, qui constituait une admirable collection de Redon, avait acheté des Gauguin à Vollard et lui avait aussi acheté un Picasso. D'autres avaient fait de même.

C'étaient il est vrai des œuvres des périodes bleu ou rose. Vollard, qui avait donné en 1901 sa première exposition parisienne à Picasso, cessa de le suivre quand il entra dans sa période cubiste. Il ne voulait pas continuer à s'occuper d'un artiste devenu « invendable ». Un certain temps de dèche allait s'ensuivre mais Picasso serait bientôt approché par le marchand enthousiaste et intrépide qui hâterait son succès : Kahnweiler. À l'abri du besoin, les Delaunay, dans cette période où ils se cherchaient encore, ne se souciaient pas de traiter avec un marchand. Uhde avait des œuvres de Sonia mais les relations des deux n'étaient pas de peintre à directeur de galerie.

Un courant d'affaires ne s'en développait pas moins. Daniel-Henry Kahnweiler était aussi actif que l'avait été le premier des Durand-Ruel sous le Second Empire. Ce dernier, il est vrai, ne s'occupait pas encore des Impressionnistes mais des peintres sages de Barbizon qu'il montrait dans toute l'Europe. Comme lui — mais pour montrer Picasso et les cubistes — Kahnweiler avait constitué un réseau européen. « J'avais organisé déjà des dizaines d'expositions avant la Première Guerre mondiale », devait-il dire à l'un de nous bien des années plus tard.

Kahnweiler n'avait qu'une petite galerie parisienne, rue Vignon. La maison Bernheim & Cie en avait trois, rue Richepanse, boulevard de la Madeleine et avenue de l'Opéra. Les frères Bernheim montraient surtout les Post-Impressionnistes mais, en février 1912, ils organisèrent la première exposition des Futuristes et en novembre, une exposition Rousseau dont le catalogue comportait une préface de Wilhelm Uhde.

Cette année 1912 fut, avec l'année suivante, un moment crucial de l'art de ce siècle. Un peu partout des groupes se formèrent, des revues apparurent (de quels faibles tirages !). Des rencontres se firent, des expositions décisives eurent lieu et les peintres donnèrent certaines de leurs œuvres majeures. Pour aucun d'eux, l'année ne fut aussi importante que pour les Delaunay. La couverture était toujours sur le petit lit de Charles (elle est maintenant au Centre Pompidou) mais Sonia, enhardie par cette expérience heureuse, abordait l'abstraction avec ses *Contrastes simultanés* avant de faire retentir, l'année suivante, le coup de gong de *La Prose du Transsibérien*, avec Blaise Cendrars.

Robert, lui, revient une dernière fois à la grande *Ville de Paris* qui sera en février au Salon d'Automne. Il travaille à la série des *Fenêtres*. Il entreprend aussi celle des *Formes circulaires*. Avant d'aller plus loin, indiquons que cette année-là, il peindra, de la très figurative *Cathédrale de Laon* aux *Fenêtres*, plus de cinquante tableaux — certains terminés l'année suivante — ce qui montre quelle fièvre créatrice s'était emparée de lui.

Dans une de ses Notes rédigées peu avant la Seconde Guerre il a parlé (et cette fois clairement) de cette période capitale de son développement : « À ce moment vers 1912-1913, j'eus l'idée d'une peinture qui ne tiendrait techniquement que de la couleur, des contrastes de couleurs mais se développant dans le temps et se percevant simultanément d'un seul coup. J'employais le mot scientifique de Chevreul les *Contrastes simultanés*. Je jouais avec les couleurs comme on pourrait s'exprimer en musique par la fugue des phrases colorées fuguées... Je les appelais les *Fenêtres* — la série des *Fenêtres*[22]. »

En début d'année (18 février-13 mars) eut lieu à la galerie Barbazanges cette exposition pour laquelle il n'avait retenu de ses premières œuvres que les portraits Carlier. Parmi ses œuvres « néo-impressionnistes » un peu plus tardives il y avait trois tableaux dont le *Portrait de M. W.H.* (Uhde). En tout, on comptait quarante et un tableaux et dessins dont un *Saint-Séverin*, *La Ville n° 1*, *La Ville n° 2*, *La Route de Laon* (étude), les *Tours de Notre-Dame*, *La Tour* et la toute récente *Fenêtre sur la ville*.

Un mathématicien comme on en voit peu

L'auteur de la préface était Maurice Princet, le familier des réunions Delaunay du dimanche. Il faut présenter au lecteur ce pittoresque personnage qui joua un rôle important dans le monde de l'avant-garde et qui est tout à fait oublié aujourd'hui.

Membre éminent de l'Institut des Actuaires de France, ce mathématicien fut aussi un membre à part entière de « la bande à Picasso ». Il participait avec entrain aux mauvaises blagues de ses amis. Celle par exemple qui leur faisait écrire sur les murs de Montmartre « Matisse rend fou » — « Matisse est plus dangereux que l'alcool ». Le plaisir fut à son comble quand on sut que l'auteur de *La Joie de vivre*, toujours très soucieux de ce que pensaient de lui ses cadets, menait une enquête discrète pour savoir quelles mains pouvaient bien écrire cela sur les murs.

Princet participa à bien d'autres équipées car il était apparu très tôt sur la Butte. Fernande Olivier, la maîtresse de Picasso au Bateau-Lavoir, le disait « amer, le mince visage dévoré par une barbe rousse et ne proférant jamais rien que des remarques malveillantes ». Il était l'amant d'Alice qu'il avait connue adolescente. Fille d'ouvrier, elle avait, selon Gertrude Stein, « les pouces brutaux caractéristiques des travailleurs ». Alice était belle et infidèle aussi. Picasso, qui fut brièvement son amant, l'appelait la Vierge. Il a laissé d'elle un attirant portrait à la sépia qui n'infirme ni ne confirme ce jugement. En 1905, Princet épousa Alice qu'il connaissait depuis sept ans. Mal lui en prit. Quelques mois plus tard, elle le quitta pour Derain avec qui elle se maria en 1907 et cette fois pour très longtemps.

Princet, surnommé « le mathématicien du Cubisme » dans les milieux de l'avant-garde, laissait complaisamment se répandre la légende selon laquelle son influence avait été à l'origine de ce mouvement. De leurs côtés, Braque et Picasso affirmèrent toujours hautement qu'ils n'avaient à aucun moment été intéressés par les idées de l'actuaire. Princet partagea, en tout cas, les rêves de Picasso, de Fernande Olivier et de bien d'autres avec qui il fumait l'opium.

Dans le *Manuscrit trouvé dans un chapeau*, André Salmon a décrit les différentes fumeries de Montmartre. On fumait aussi et souvent dans l'atelier du Bateau-Lavoir — jusqu'au suicide du jeune et pathétique Wiegels. Le choc fut tel, a dit Fernande Olivier, « que personne ne fuma plus une seule pipe d'opium ». Par personne, Fernande entend Picasso et elle-même, ce qui laisse dans l'incertitude quant à Princet qui ne se référait sans doute pas à ces pratiques chez les Delaunay. Robert et Sonia n'avaient, des paradis artificiels, d'autres connaissances que livresques.

Princet les voyait régulièrement et quand eux ou lui n'étaient pas parisiens, il écrivait souvent. Pour raconter son séjour à Milan où il est en mission, il maquille l'en-tête du papier à lettres du Marina Grand Hôtel qui devient le Marinetti Grand Hôtel. Il va voir *La Traviata*. « L'héroïne ressemblait à Mme Curie comme une goutte d'eau distillée ressemble à une autre goutte d'eau distillée. Le ténor était exactement Picasso. Quant au père, il ne ressemblait qu'aux momies égyptiennes, peut-être à Le Fauconnier mais avec des favoris... Picasso et Mme Curie furent parfaitement ridicules... Enfin Mme Curie se laissa glisser dans la mort[23]. »

De retour en France, Princet est retenu à la campagne par une blessure : « [...] aux environs de Dreux, un charretier qu'on doublait a lancé au conducteur de l'auto un énorme bâton, qui, manquant son but, m'a atteint à la lèvre supérieure ». Convalescent, il lit *Paris-Journal* et relève qu'on y dit « Juan Gris a la plus jolie femme de Paris ! Il vaut mieux lire cela qu'être aveugle mais que va dire Fernande ? » — Nous n'en saurons jamais rien !

En remerciant de « l'aimable carte de Sonia » l'invitant à Chaville, Princet annonce qu'il viendra la semaine prochaine et poursuit : « Je suis allé voir, en sa villa d'Auteuil, le poète érudit Guillaume Apollinaire. Je n'ai vu que le minois chiffonné de sa concierge. Des cartes jonchaient la table, j'ai regardé du coin de l'œil et j'ai vu les noms des plus fameux artistes de notre époque ; cela ne m'a pas consolé de la défection du Maître. Cette fois je suis bien décidé à n'y retourner jamais[24]. »

Peut-être, le maître vint-il jusqu'à lui. En tout cas, on a un billet de Princet s'invitant à déjeuner rue des Grands-Augustins avant de mener Robert chez Fénéon pour une rencontre organisée par Apollinaire. À ce billet près aucune trace ne subsiste de cette rencontre.

C'est d'une autre initiative du poète qu'il est question dans une longue et importante lettre qu'il faut reproduire intégralement ici. Princet malheureusement l'avait, à sa manière, simplement datée du jour de la semaine, en l'espèce un samedi :

« Cher Ami,
Il est entendu avec Apollinaire que je dois écrire cin-

quante ou soixante pages sur Seurat. Je voudrais bien te voir avant de tracer définitivement le plan de ce travail.

Voici en deux mots comment j'entends le développement de cet intéressant sujet.

Exposé des sympathies qui nous rattachent (*toi* et *moi*) directement à lui — par-dessus l'exubérance infinie et qui n'aboutit à rien des Impressionnistes et la tristesse définitive des Cubistes en effleurant d'un doigt léger les néo-impressionnistes et Gauguin. Je voudrais montrer que tu as seul continué l'œuvre de Seurat en extrayant tout ce qui était vraiment la substance de son idée, se servir de la lumière pour éclairer la couleur mais sans viser à l'effet étrange, au résultat inattendu qui doit frapper d'étonnement les yeux inhabitués à regarder. La ligne n'existe guère ou plutôt n'est que l'intersection des volumes influencés par leurs trois qualités principales 1° dimensions proportionnelles 2° couleur 3° ton.

Il faudra que nous causions sérieusement et que tu me montres tes derniers travaux. J'ai sérieusement envie de montrer à ces pauvres jeunes gens (dont certains sont très gentils) qu'ils sont menés à l'abîme par les perfides conseils d'Apollinaire et les mauvais exemples de Picasso.

Bien entendu, tout cela entre nous[25]. »

Ces pages sur Seurat étaient-elles destinées aux *Soirées de Paris* fondées avec André Billy, en février 1912, par le « perfide donneur de conseils » ? Aussi ami et admirateur qu'il fut de Robert et de Sonia, Apollinaire ne se souciait pas de désobliger gravement Picasso et les siens en publiant une telle prise de position par « le mathématicien des Cubistes ». On voit bien, en même temps, pourquoi Robert avait demandé à Princet de préfacer le catalogue de l'exposition à la galerie Barbazanges, et pourquoi il n'y a pas la moindre allusion à cette préface dans le compte rendu enthousiaste qu'Apollinaire publia sur cette exposition.

La préface de Princet montre, mieux que ses lettres,

qu'il savait écrire le français quand il voulait s'en donner la peine. L'intérêt principal de ce texte tient au fait que le mathématicien qu'il est, le faiseur de théories sur l'art et la science, voit très clairement ce qu'il y a d'instinctif et de spontané chez Robert. Il le loue aussi d'avoir du métier. « Tous les artistes ont du talent, peu l'ignorent, beaucoup se complaisent à cette évidence. C'est de ce perpétuel contentement de soi-même que sont nées tant d'œuvres charmantes et nulles... Robert Delaunay a compris dès ses débuts cette nécessité de condenser en une équation complète les dons que la nature lui a dévolus... Le métier tant négligé, aussi bien par les représentants de la tradition que par les indépendants révolutionnaires lui apparaît comme le véritable travail de l'artiste. Nos sensations naissent en dépit de nous... C'est une vaine préoccupation que de chercher à les provoquer artificiellement. Il faut les systématiser en notre cerveau, les dépouiller du brouillard qui les enveloppe pour les montrer dans leur claire logique à ceux qui viennent les admirer.

« Mais, diront quelques-uns, c'est un peintre raisonneur, un de ceux trop nombreux qui oublient leur art pour se perdre en systèmes, se dépenser en théories savantes tandis que la toile demeure abandonnée au chevalet. Non, si Delaunay discute, argumente, compare et déduit c'est toujours la palette en main. Ses raisonnements ne sont pas une délicieuse acrobatie de paradoxes ingénieux ; ses réflexions ne le conduisent ni aux formules mathématiques, ni aux mystiques symboles de la Kabbale ; elles l'orientent simplement et naturellement vers des réalités picturales, couleurs et lignes...

« L'un des premiers dans cette jeune école qui étonna si fort les sots et suscita tant de sarcasmes et de colères, il a su dégager des conceptions purement théoriques et pour la plupart étrangères à la peinture, des résultats artistiques... Aussi peu littérateur que mathématicien, il entend demeurer peintre...

« Passionnément épris de modernité sans professer néanmoins à l'égard du Louvre et des musées les opinions subversives des futuristes, il a choisi pendant longtemps la tour Eiffel comme sujet de ses études ; son instinct l'avertit avant tout raisonnement qu'il devait trouver là l'explication de notre avenir architectural. »

Dans son développement sur la tour Eiffel que nous abrégeons ici, Princet constate (en 1912) qu'elle paraît encore ridicule à certains. « Comme toutes les œuvres architecturales, dit-il, elle est le fruit de formules algébriques et de calculs abstraits sur la résistance des matériaux. C'est à ces abstractions que nous devons également cette merveille de grâce souple et solide, le pont Alexandre[26]. » Aujourd'hui, les derniers adversaires de la Tour sont morts depuis longtemps. Le pont Alexandre III apparaît, à la fois, comme un témoignage assez lourd de l'urbanisme Belle Époque et un rappel de l'Alliance franco-russe.

Mlle Laurencin figurait au catalogue Barbazanges comme « invitée par M. Robert Delaunay ». Elle n'avait envoyé qu'un petit nombre d'œuvres récentes. C'est à Fernand Fleuret qu'on doit la préface consacrée à cet envoi. Il y insiste sur l'analogie de l'esprit de Marie Laurencin avec celui de la Renaissance française. Apollinaire (il cataloguait alors avec Fleuret les livres de l'Enfer de la Bibliothèque nationale) insista lui aussi sur ce point dans l'article qu'il consacra aux expositions jointes de sa maîtresse et d'un grand ami (*L'Intransigeant*, 5 mars) : « Quand Mlle Laurencin peint, disait-il en conclusion, j'imagine que les Grâces et les Muses se tiennent près d'elle pour l'inspirer. » Fort élogieux le texte consacré à Delaunay se terminait par cette réserve : « Dommage que la plupart des grandes toiles de Robert Delaunay, volontairement ou non, soient inachevées. » Parmi ces inachevées on ne comptait guère que *L'Étude pour le portrait de Guillaume Apollinaire*, qui hélas ne fut jamais terminée.

Ne durant que jusqu'à la mi-mars, l'exposition Barbazanges n'avait guère empêché les Delaunay de travailler. Robert revint une dernière fois sur la grande *Ville de Paris* qui devait être livrée aux Indépendants en février. Il continuait aussi la série des *Fenêtres* dont l'importance allait être reconnue avant la fin de l'année et commençait la série des *Formes circulaires*.

Sonia atteignait le stade des *Contrastes simultanés* dont Robert devait dire dans ses notes de 1938 : « Dans les tableaux de Sonia de cette époque, vous voyez les premiers éléments colorés, dits contrastes simultanés, qui sont la base et l'essence même de cet art neuf de la couleur. C'est la couleur seule qui, par son organisation, sa dimension, ses rapports distribués sur la surface de la toile ou des tissus ou des meubles — en général de l'espace — ... détermine les rythmes des formes ; et ces formes sont comme des architectures de couleur qui jouent à la manière de la fugue[27]. »

Vladivostok et retour

L'art appliqué était alors pour Sonia un champ d'explorations fertiles. En 1909 et 1910, elle avait fait des essais de reliures. L'année suivante, elle exécutait une reliure en papiers collés pour *Puissance de Paris* de Jules Romains. Elle en faisait une autre, comportant le même jeu de plans colorés découpés, pour *L'Hérésiarque & C*^{ie} d'Apollinaire, candidat malheureux au prix Goncourt. Cet échec n'était que le moindre de ses malheurs. Dans les mois suivants, il allait être ridiculement soupçonné de complicité dans le vol de *La Joconde* (la police était alors obsédée par ce vol) et incarcéré quelques jours à la Santé. Marie Laurencin, qui se dégageait de plus en plus de lui, ne lui avait guère apporté de réconfort dans cette affaire.

Après leur rupture définitive, Apollinaire quitta Auteuil et loua un petit appartement boulevard Saint-Germain. En attendant de pouvoir emménager et se sentant très seul, il séjourna brièvement chez Serge Férat et la baronne d'Oettingen, puis accepta l'offre des Delaunay qui l'installèrent rue des Grands-Augustins. Il y passa les deux derniers mois de l'année plongé dans l'atmosphère de travail de Robert et de Sonia. Il put voir ainsi cette dernière travailler à un coffret de bois peint à l'huile qu'elle faisait dans l'intention de créer des objets d'usage domestique d'un style résolument moderne.

Quand son appartement fut prêt, Apollinaire décida d'y réunir ses amis tous les mercredis soir. C'est à une de ces réunions que Robert et Sonia rencontreront Blaise Cendrars. Ce garçon de vingt-cinq ans a parcouru une bonne partie de la planète mais ne connaît encore presque personne parmi les intellectuels parisiens. Quelque temps auparavant, il a déposé chez Apollinaire *Les Pâques* que, désargenté, il a plus ou moins imprimé lui-même dans une imprimerie anarchiste clandestine. Sans peut-être avoir lu le poème, Apollinaire avait convié son auteur à venir aux mercredis. Sonia a raconté ce qui s'ensuivit : « Je vis, à un des mercredis d'Apollinaire, assis sur son grand divan, un petit jeune homme frêle et blond, qu'il nous présenta comme Blaise Cendrars. On dut sympathiser car le lendemain, Cendrars était chez nous et nous apportait une petite plaquette qui s'appelait : *Les Pâques*... Je lus ce poème la première et le passai à Delaunay, enthousiasmée par le souffle nouveau qui s'en dégageait.

« Le poème fut relié par moi-même, précieusement, avec une peau de chamois sur laquelle je plaquai des motifs de papier collés. À l'intérieur, je fis de même, avec de grands carrés de papier de couleur. C'était ma réponse plastique à la beauté du poème à partir duquel datait notre amitié avec Cendrars.

« Tout cela se passait au début de 1913 [...] deux mois plus tard Cendrars apporta son poème du *Transsibérien et de la Petite Jehanne de France* et, comme il venait d'hériter d'une tante, il mit toute la somme reçue dans l'édition de ce poème. Nous décidâmes de le faire dépliant sur deux mètres, un motif coloré accompagnant le texte. Je m'inspirai du texte pour une harmonie de couleurs qui se déroulait parallèlement au beau poème. Les lettres d'impression furent choisies par nous, de différents types de grandeurs, choses qui étaient révolutionnaires pour l'époque. Le fond du texte était coloré pour s'harmoniser avec l'illustration. Je composai un bulletin, exécuté aussi au pochoir, où fond et lettres s'harmonisaient en contrastes simultanés. »

Le livre constitué de quatre feuilles collées les unes aux autres se présente comme un dépliant. Il devait se voir et se lire verticalement, il pouvait se suspendre comme un tableau, mais aussi se réduire à la dimension d'un volume ordinaire en se pliant à la chinoise comme les cartes touristiques, il s'insérait alors dans une couverture en parchemin peinte au pochoir. La feuille dépliée est longue de deux mètres. On pense à un tirage de cent cinquante exemplaires qui mis bout à bout auraient la hauteur de la tour Eiffel.

La Prose du Transsibérien et de la petite Jehanne de France est le récit d'un voyage de Blaise avec une jeune prostituée. « En ce temps-là j'étais en mon adolescence. » À Kharkov, la petite Jehanne demande : « Dis Blaise, sommes-nous loin de Montmartre ? » Le rêve et la réalité se chevauchent, l'écriture passe de la tendresse au réalisme dru :

« Jeanne JEANNETTE Ninette ninon nichon
Mimi mamour ma poupoule mon Pérou
Dodo dondon
Carotte ma crotte
Chouchou p'tit cœur
Cocotte
Chérie p'tit-péché mignon
Concon
Coucou
Elle dort
....

Bâle-Tombouctou
J'ai aussi joué aux courses à Auteuil et à Longchamp
Paris-New York
Maintenant, j'ai fait courir tous les trains tout le long de ma
[vie
Madrid-Stockholm. »

Pour savoir combien de souscriptions on pourrait obtenir (et si on atteindrait la hauteur de la Tour) Sonia fit donc un prospectus. Il définit très clairement ce que veulent les auteurs : pas d'illustration mais représentation synchrone, peinture simultanée-texte. Au verso on proclame l'originalité de cette création : le premier Livre simultané. Largement diffusé, ce prospectus n'allait pas permettre d'atteindre la hauteur de la Tour. Soixante-deux exemplaires, dit-on, furent vendus, mais il provoqua une vive curiosité un peu partout en Europe. L'ouvrage annoncé renforçait encore l'intérêt pour la notion de simultanéité. Le livre lui-même fut d'ailleurs montré (sinon vendu) dans beaucoup de villes européennes et à New York.

Les controverses rebondirent. Barzun, se poussant du col à son habitude, revendiquait encore l'invention d'une poésie simultanée. En octobre un tract dactylographié était distribué : *La poésie simultanée honorée d'un nouveau plagiat métèque*. Barzun s'en prit à Cendrars qui le descendit en flammes. Les disputes continuèrent. C'est seulement en juin 1914 que Guillaume Apollinaire allait mettre un point final à la controverse. Ce serait par le poids de son argumentation et... parce qu'une guerre que personne ne prévoyait allait survenir six semaines plus tard. Dans son texte Apollinaire indiquait qu'il avait lui-même tenté, dans certaines de ses œuvres, « d'habituer l'esprit à concevoir un poème simultanément comme une scène de la vie ».

« C'est, ajoutait-il, Blaise Cendrars et Mme Delaunay-Terk qui ont fait une première tentative de simultanéité écrite où des contrastes de couleurs habituaient l'œil à lire d'un seul regard l'ensemble d'un poème, comme un chef d'orchestre lit d'un seul coup les notes superposées dans la partition, comme on voit d'un seul coup les éléments plastiques et imprimés d'une affiche[28]. »

L'affiche murale combine l'image au texte. Faite pour transmettre un message au passant pressé, elle doit lui en assurer une vision simultanée. C'était bien de nature à intéresser Sonia. À partir de la fin de 1912, elle fit pendant quelque temps des projets d'affiche : *Michelin*, *Printemps*, *Zénith*, *Dubonnet*. Les recherches faites ont montré qu'aucun de ces projets ne fut jamais proposé aux établissements en question. Sonia savait peut-être combien les annonceurs se montraient réticents à l'égard de toute nouveauté. Yvette Guilbert détestait l'affiche que Toulouse-Lautrec avait faite pour elle, celle qu'il avait conçue pour le passage de Bruant aux Ambassadeurs avait été refusée par le directeur de l'établissement. Bruant — une vedette — le menaça de résilier son contrat et commanda cinquante mille affiches dont furent couverts les murs de la capitale. L'affiche de Bonnard pour *France-Champagne* avait été à peine montrée et Sadda Yacco, un moment la coqueluche de Paris, avait refusé le projet que lui avait soumis Picasso.

Pourtant, aussi rétrograde qu'est parfois la clientèle publicitaire, l'affiche est un des attributs majeurs de la modernité. C'était une raison de plus pour attirer Sonia qui ne se souciait nullement de vendre mais d'explorer un chemin menant à de stimulantes découvertes.

Faisons un flash-back, comme commençaient à dire alors les professionnels du cinématographe. Kandinsky avait envoyé *Über des Geistige in der Kunst* (Du spirituel dans l'art) en 1911 à Delaunay. Je ne peux pas le lire, répondit Robert dans sa chaleureuse lettre de remerciements ajoutant qu'il le lirait dès qu'on pourrait lui en faire une traduction. Quelques fragments furent traduits pour lui par Élisabeth Epstein, mais ils ne l'étaient pas encore totalement quand il commença la série des *Fenêtres*, dont la tendance à l'abstraction ne doit donc rien à la lecture de ce livre imprégné du message de Steiner si étranger à Robert et Sonia. Ils avaient vu les envois de Kandinsky aux Indépendants. Apollinaire, on s'en souvient, avait relevé le rôle que l'automatisme et le hasard avaient joué dans leur création. Au contraire, l'œuvre de Delaunay — née de ce « génie intuitif » qui impressionnait tant Gleizes — sera toujours une conquête raisonnée.

Les démarches de Kandinsky et des Delaunay, dont les motivations étaient si différentes, n'en tendaient pas moins au même but. Au printemps de 1912, Robert écrivit à son ami de Munich pour lui dire combien ses propres démarches lui paraissent proches de celles de son correspondant : « C'est cette recherche de la peinture pure qui est le problème du moment présent. Je ne connais pas de peintres à Paris qui recherchent réellement ce monde idéal. Le groupe cubiste dont vous parlez n'expérimente qu'avec la ligne, donnant à la couleur une place secondaire et pas une place constructive[29]. »

L'été venu, Sonia et Robert, emmenant le petit Charles, s'installèrent dans la vallée de Chevreuse où les Damour avaient une nouvelle propriété, La Madeleine. Robert y travailla avec acharnement aux *Fenêtres*, ses « tentatives » du moment comme il les avait appelées dans sa lettre à Kandinsky. En même temps, il se livrait à des recherches expérimentales. Blaise Cendrars, qui vint un moment rejoindre ses amis, a dit ce qu'elles étaient :

« Il s'enferma dans une chambre noire, dont il cloua les volets. Ayant préparé sa toile et broyé les couleurs, il pratiqua avec un vilebrequin un petit trou dans le volet. Un rayon de soleil filtra dans la chambre noire et il se mit à le peindre, à l'étudier, à le décomposer, à l'analyser dans ses éléments de forme et de couleur. Sans le savoir il s'adonnait à l'analyse spectrale. Il travailla ainsi durant des mois, étudiant la lumière solaire pure, atteignant des sources d'émotion en dehors de tout sujet. Puis il élargit un peu le trou du volet et il se mit à peindre le jeu des couleurs sur une matière transparente et fragile comme la vitre. Reflets, micassures ; ses petites toiles prenaient un aspect synthétique de joyaux et Delaunay faisait entrer dans les couleurs qu'il broyait des pierres précieuses, avant tout, comme Fra Angelico, du lapis-lazuli pulvérisé. Bientôt le trou pratiqué dans les volets devint si grand que Delaunay ouvrit complètement les vantaux et qu'il laissa pénétrer dans la chambre toute la large lumière du jour. Les toiles de cette époque, qui sont déjà un peu plus grandes de format, représentent des fenêtres fermées où la lumière se joue dans les vitres et dans les rideaux de mousseline blanche. Enfin, il tira les rideaux et ouvrit la fenêtre : on voit un trou béant lumineux et le toit de la maison d'en face à contre-jour dur et solide, une première forme mastoc, angulaire, inclinée... de plus en plus Delaunay est attiré par ce qui se passe là, dehors, et les jeux infimes qu'il a étudiés dans un rayon de soleil, il les retrouve, gigantesques, énormes dans l'océan de lumière qui s'abat sur Paris[30]. » Peu d'artistes ont connu la bonne fortune d'avoir un tel témoin de leur travail.

Il fallait se hâter car une nouvelle échéance attendait Robert ; en janvier 1913, ses œuvres allaient être montrées à nouveau en Allemagne. Cette fois, ce serait à Berlin et dans une exposition consacrée à lui seul. En attendant, des choses importantes avaient lieu à Paris.

Le Cubisme demeurait le terme de référence obligé. Le mot-tiroir était maintenant grand ouvert, de nouvelles étiquettes étaient apparues : cubisme scientifique, physique, intellectuel. Apollinaire, le grand spécialiste des « appellations contrôlées », inventait l'Orphisme qui allait connaître une brève fortune. Des jeunes peintres apparaissaient, qui seraient un certain temps, au moins, groupés avec les Delaunay sous ce vocable.

Au Salon d'Automne de 1912 un peintre, qui lui avait déjà dépassé quarante ans, exposa deux tableaux appelés à marquer dans l'histoire de l'abstraction : *Amorpha Fugue à deux couleurs* et *Amorpha. Chromatismes chauds*. Né en

Bohême (1871) et donc alors autrichien mais se sentant intensément tchèque, Kupka, après des études à Prague et à Vienne, était venu à Paris où, sans cesser de peindre, il poursuivit des études scientifiques. Travaillant à un tableau en 1908, il constata que le Fauvisme, dont il se réclamait alors, ne permettait pas l'évocation du mouvement telle qu'il la concevait.

Sa poursuite d'une solution nouvelle le conduisit à une analyse linéaire du mouvement, puis à l'analyse de la couleur et des relations spatiales. En cela il était, à la suite de ses études à la Sorbonne, très marqué par la pensée de Bergson. L'enseignement du philosophe français, dont on a du mal aujourd'hui à mesurer l'impact qu'il avait à l'époque, devait également influencer les premiers futuristes. Bergson avançait que le mouvement du corps humain reproduit le mouvement de l'univers.

Kupka réalisa ce qu'il appelait « l'interpénétration atmosphérique » par des rythmes circulaires abstraits. Restait à distribuer la couleur de ces derniers. Au cours de ces recherches, les rapports de la couleur et du mouvement devaient tout naturellement soulever le problème d'une autre équivalence, celle de la couleur et du son reconnus aussi — on va le voir — par Kandinsky et par Schönberg. Il en résulta les *Amorpha* saluées par Apollinaire comme de remarquables témoignages de l'Orphisme. L'accueil fait à ces œuvres au Salon fut pourtant résolument négatif. Dans une interview au *New York Times*, en octobre 1912, Kupka déclarait : « Devenir conscient de l'emploi des moyens picturaux sans l'esclavage du descriptif en peinture est devenu le but de mes efforts. Je suis persuadé que si une ou deux générations de peintres procèdent ainsi, l'art ne peut qu'y gagner. »

La Section d'Or — le Futurisme

Plusieurs artistes se retrouvaient le dimanche à Courbevoie chez Gleizes. Bientôt, ils changèrent de lieu de rencontre. Tout près de là, à Puteaux, l'atelier de Jacques

Villon était sensiblement plus grand et ils décidèrent de s'y réunir chaque lundi. Là se retrouvaient Gleizes et Metzinger (ils venaient de publier le premier livre consacré au Cubisme qui allait être bientôt traduit et publié en Russie et en Angleterre), Léger, Marie Laurencin, Kupka qui avait connu Jacques Villon quand l'un et l'autre collaboraient à un hebdomadaire illustré. On voyait aussi Robert Delaunay avec Le Fauconnier, Picabia et les deux frères du maître des lieux : Marcel Duchamp et Duchamp-Villon, le très intéressant sculpteur qui allait mourir en 1918 d'une typhoïde contractée au front. L'écrivain Roger Allard, qui jouait alors un certain rôle comme défenseur de la nouvelle peinture et bien entendu Apollinaire étaient souvent là.

Ces artistes se demandaient si un nouvel idéal de la forme ne pouvait être défini. Ils reprochaient au Cubisme son caractère statique et entendaient exprimer le dynamisme de la vie même. Contrairement aux Cubistes ils s'orientaient vers l'abstraction. Ils placèrent leur mouvement sous le signe de l'ancienne mesure de la beauté : la Section d'Or. En octobre 1912, ils organisèrent une exposition dans le hall d'un magasin de meubles de la rue La Boétie.

Delaunay n'y participa pas. Il sympathisait avec le groupe mais était beaucoup trop individualiste pour aller plus loin. De plus, il n'était pas sans se rendre compte des divergences, des contradictions même entre les recherches des uns et des autres. Ces contradictions étaient si évidentes qu'Apollinaire, plutôt que de faire un compte rendu de la manifestation, imagina, pour *L'Intransigeant,* une amusante conversation entre quelques jeunes femmes « averties » qui s'étaient glissées dans la salle d'exposition pendant l'accrochage. Louise « qui se flatte de comprendre le Cubisme » usait finalement contre Marcelle, son adversaire la plus acharnée, de cet argument décisif : « Le grec est aussi incompréhensible pour toi que ce tableau. Il y a cependant des gens qui entendent le grec comme je comprends ces tableaux[31]. » Bien d'autres gens que ces petites jeunes femmes allaient parler de la Section d'Or. L'exposition fut un événement mais un événement sans lendemain. Kupka, Gleizes, Marcel Duchamp, Marie Laurencin, Picabia n'étaient pas faits pour rester longtemps ensemble.

Une autre exposition fit parler cette année-là les jeunes femmes « averties ». La première exposition des Futuristes avait eu lieu, on l'a dit, chez les Bernheim (rue Richepanse) en février. Le mouvement s'était déjà signalé en France, trois ans auparavant, par le manifeste de Marinetti publié dans *Le Figaro* (20 février 1909). Né en 1876, Tommaso Marinetti, qui avait connu les Symbolistes, ne manquait pas de talent. C'était surtout un bateleur de génie dont on a pu dire qu'il était à lui tout seul une compagnie théâtrale. Peut-être est-ce la passion de la grandiloquence qui allait en faire un disciple enthousiaste de Mussolini. À soixante-cinq ans, il alla combattre avec les miliciens fascistes sur le front russe. Réformé pour faiblesse cardiaque, il mourut d'une syncope à Bellagio.

Pour l'heure, il clamait dans *Le Figaro* : « Une voiture de courses est plus belle que la *Victoire de Samothrace*... La guerre est la seule hygiène du monde... Il faut démolir les musées, les bibliothèques et cultiver le mépris des femmes. » Est-ce à cause de cette dernière affirmation que le *Manifeste* n'eut guère d'effet en France ? À Milan, Marinetti n'eut pas de mal à convaincre des artistes comme Carlo Carra, Boccioni et Russolo que le Futurisme les concernait aussi. En avril 1910, ils publièrent le *Manifeste technique de la peinture futuriste* dont la rédaction fut en partie assurée par une nouvelle recrue, Gino Severini. Parisien depuis quelques années il avait voulu attirer au mouvement Modigliani qui refusa. Un autre jeune Italien, Giacomo Balla, rejoignit le groupe de sa propre initiative. Il allait s'imposer par ses recherches sur le mouvement dont le fameux *Dynamisme d'un chien en laisse* où le mouvement est décomposé non sans humour et le *Rythme d'un violoniste* (1912) sont de bons exemples.

Peu après la sortie du *Manifeste*, Boccioni, Carra et Russolo vinrent à Paris. Par Severini ils rencontrèrent Picasso, Braque et Archipenko. Le choc fut grand. Sans changer leur orientation (les principes en avaient été formulés une fois pour toutes) ils pensèrent qu'il fallait travailler encore avant d'affronter Paris. Pourtant l'exposition fut ouverte, comme prévu, le 12 février. En dépit des formules choc de la préface du catalogue et de l'effet produit par quelques œuvres en particulier *La Danse du Pan pan au Monico* de Severini, l'exposition n'eut pas le retentissement qu'annoncèrent en Italie et ailleurs les Futuristes, ces maîtres en publicité.

Un an plus tard, une polémique mettrait aux prises Boccioni, un des plus intéressants d'entre eux, Apollinaire et Delaunay. Un refroidissement passager allait s'ensuivre entre les deux Français. Jusque-là étroitement unis, ils participaient aux événements de cette année faste de l'avant-garde.

Le 18 mars 1911, Apollinaire notait : « Robert Delaunay a commencé aujourd'hui mon portrait. » C'était le tableau qu'un an plus tard chez Barbazanges, il regrettait de voir encore inachevé. Au moment de l'exposition, ses relations avec Marie Laurencin étaient déjà devenues difficiles. Sans y faire allusion, le poète écrivait à Robert le 3 mars : « Je ne pense qu'à une chose, cher ami, que je suis la tristesse même, mais non la pauvre et vilaine tristesse qui assombrit tout. La mienne brille comme une étoile. Elle illumine le chemin de l'art à travers l'effroyable nuit de la vie. »

Quand il écrivait cela, Apollinaire n'avait pas connu encore l'absurde épreuve de la prison. On imagine quel réconfort ce dut être pour lui que de se retrouver auprès de ses amis alors en pleine fougue créatrice.

UNE RÉVOLUTION DU REGARD

> Nous empruntons cette formule à Alain Jouffroy qui en a fait le titre de son remarquable ouvrage (Gallimard, 1985) consacré aux sources vives de l'art de ce siècle.

Robert Delaunay disait : « Il a fallu un Apollinaire pour déceler en 1912 les premiers pas, la première cellule de cet art neuf dont il a magistralement fait des définitions fondamentales entre l'ancienne peinture et celle qui venait, définitions ayant encore *toute leur valeur*[1]. »

Cette observation est intéressante. Le monde des Delaunay était comme inaccessible à l'époque. Robert et Sonia exploraient des régions qui n'avaient alors de réalité que pour eux-mêmes. C'est, notons-le, à cette époque, de 1912 à 1914, qu'ils connurent leur plus exaltante période d'enthousiasme créateur.

Gilles de la Tourette tenait de Sonia qu'à Louveciennes en 1912, Robert « se plaisait souvent à étudier la lune et le soleil, la lumière du ciel, ses passages de clarté dans les nuages, bref l'éclat et les interprétations de la lumière céleste, son passage sur les astres aussi bien la nuit que le jour ».

Robert commence alors la série des *Formes circulaires*. Douze peintures à l'huile, une aquarelle. Sujet, le soleil et la lune. En avril 1913, il écrit : « En ce moment je peins le soleil qui n'est que peinture. » En juin, il écrit à Macke : « Je suis maintenant à la campagne et je travaille avec acharnement... mon dernier tableau est le *soleil*. Il brille de plus en plus fort à mesure que j'y travaille. À partir de maintenant, toutes mes synchromies naîtront de ce mouvement. Les *Fenêtres* ont été au point de départ[2]. »

Le soleil et la lune sont des formes circulaires ; Delaunay les casse et les divise en champs de couleur différents, arcs de cercle, cercles concentriques. Bien que basées sur l'observation du réel, ces compositions sont beaucoup moins descriptives que les œuvres précédentes du peintre. Robert dira : « Le dynamisme des contrastes de couleurs où l'élément linéaire n'est plus, c'est la forme même issue des contrastes en vibration simultanée des couleurs qui est le sujet — la forme mobile totale — non descriptive ni analytique. »

Seuls les gens de Munich surent d'abord accommoder leur vision à celle des deux explorateurs. En avril 1912, le jeune Paul Klee vint à Paris avec sa femme. Arrivés le 2 du mois, ils consacrèrent dix jours à un tourisme échevelé qui les conduisit de l'Opéra à Tabarin et du Louvre au Bal Bullier en passant par le Salon des Indépendants. Le 12, sur les conseils de Kandinsky, Klee vint voir les Delaunay et cette visite (il alla aussi voir Kahnweiler et les Bernheim) fut la plus mémorable du voyage.

L'exposition du Blaue Reiter avait porté ses fruits. Après Klee, Marc et Macke vinrent en octobre à Paris rendre visite aux Delaunay. La série des *Fenêtres* était déjà avancée et Robert l'amena de La Madeleine pour cette visite qui renforça les liens noués à Munich l'année précédente. Macke et lui-même correspondaient dès lors. La plupart de leurs lettres traitent de questions d'art. Ainsi, en avril 1912, Delaunay encourageait Macke à développer sa sensibilité, « le fond de nous-mêmes, notre vie en un mot ». D'autres lettres apportent des renseignements sur les ventes que Delaunay réalisait en Allemagne grâce à ses amis. Il écrivait à Bernard Köhler, le 21 mars 1912, au sujet de *La Tour* : « J'ai fait ce tableau dans un moment où j'avais de grandes préoccupations esthétiques et non encore de plénitude ; mes moyens me manquant, ce que j'ai mis plusieurs années à trouver, il se trouve que le style du moment s'en ressentit et a donné cet air dramatique et puissant cependant[3]. » Dans une lettre du 12 mars 1913, Macke lui demandait d'estimer au plus juste prix, pour son oncle Köhler, trois tableaux de la série des *Fenêtres*. On apprend ainsi que l'un de ces tableaux était estimé trois mille marks (or).

De son côté Franz Marc correspondait avec Robert. Le 18 octobre 1912 il lui demandait : « Quant au tableau de Rousseau, en savez-vous le prix ? Est-ce cher ? C'est pour *moi* que je le demande. » On ne sait ce qu'il advint de cette question mais, trois mois plus tard (le 11 janvier), Robert Delaunay écrivait à Marc pour lui dire combien il appréciait ses œuvres et celles de ses amis : « L'ensemble des jeunes que j'ai vu m'a donné cette belle assurance, ce bel élan vers la vraie peinture et dans cette tendance je n'y ai pas vu d'exception : cette ardeur vers la Vie, la lumière, la couleur, voilà les impressions simultanées que j'ai gardées et qui me donnent confiance[4]. »

Macke et Marc à qui il restait si peu de temps à vivre (l'un, Macke, allait être tué dès septembre 1914, l'autre, en 1916 à Verdun) furent, chacun selon sa sensibilité propre, très marqués par Delaunay. Ils comptèrent parmi ses plus ardents propagandistes, au moment où Sonia pouvait dire que « la vision » de Robert choquait et irritait toujours les amateurs parisiens.

Dans l'Europe du Nord et de l'Est, au contraire, on regardait les œuvres du jeune peintre avec sympathie. La première exposition du Cavalier Bleu alla de Munich à Cologne, puis à Berlin. Delaunay avait remplacé par de nouvelles toiles les tableaux vendus. Kandinsky l'engagea à participer à l'exposition du Valet de Carreau à Moscou. Deux de ses œuvres sont portées en effet au catalogue, mais il semble que celles-ci n'aient pas été envoyées.

En mai 1912 paraissait l'Almanach du *Blaue Reiter*,

après un an de préparation. C'était l'organe d'un groupe d'amis mais ses prises de position esthétiques, intellectuelles et morales étaient essentiellement celles de Kandinsky et dans une moindre mesure de Marc, qui sut être un très diligent rédacteur en chef. On sait ce qu'étaient les idées de Kandinsky et de ses compagnons sur les rapports de la peinture et de la musique. La livraison présentait des partitions de Alban Berg, de Webern et de Arnold Schönberg dont les œuvres allaient exercer une influence capitale sur la musique du XXe siècle. La participation de Schönberg — un souvenir d'adolescence pour Sonia — n'allait pas, on va le voir, s'arrêter là.

Auparavant examinons ce que fut cette première (et unique) livraison de l'Almanach. Dans une lettre à Marc, au début de la préparation de l'Almanach, Kandinsky avait écrit : « Nous placerons une figure égyptienne à côté d'un petit enfant doué pour le dessin, une peinture chinoise à côté d'un Douanier Rousseau, une image populaire en regard d'un Picasso et ainsi de suite. » Une très grande place allait être faite aux œuvres des cultures de l'Afrique, du Mexique et de l'Océanie.

À de rares exceptions près, tous les peintres contemporains intéressants, de Picasso et Matisse à Kokoschka, Vlaminck ou Nolde, étaient représentés par une reproduction ou étaient au moins mentionnés. De tous, Delaunay fut le seul à qui fut consacrée une étude. Due à un ami du groupe Erwin von Busse, elle était intitulée *Les Moyens de composition de Robert Delaunay*. « La forme, écrivait-il, est pour nous un secret car elle est l'expression de forces mystérieuses. C'est seulement à travers elles que nous soupçonnons les forces secrètes, le "Dieu invisible". » On voit quelles pensées inspirait aux gens du Cavalier Bleu — ces spiritualistes — l'œuvre de Delaunay, moins porté qu'eux à la méditation transcendante.

On a pu appeler l'Almanach « Le Nouveau Testament

de l'Art ». Il fut en tout cas un ouvrage de référence très important dans le monde germanique et slave, avec les conséquences qu'on imagine pour le nom de Delaunay.

En juillet 1912, quatre tableaux de Robert furent montrés au Moderner Bund de Zurich. Participaient entre autres à cette exposition, Kandinsky, Klee, Marc, Matisse et Arp, un des fondateurs du Moderner Bund. Au moment où on organisait cette manifestation, Delaunay entra en correspondance avec ce dernier et ce devait être le début de la très longue amitié des deux hommes.

En août 1912, Paul Klee consacra un important article à l'exposition du Bund dans la revue suisse *Die Alpen*. Traitant du problème posé par la transformation de la nature qu'opéraient les Cubistes, il écrivait : « Cette inconsistance a particulièrement préoccupé Delaunay, un des plus brillants artistes de notre temps. Il a résolu le problème en créant un type de tableau indépendant qui mène son existence propre sans emprunter ses motifs à la nature. C'est une création plastique vivante qui est à peu près aussi différente d'un motif de tapis que peut l'être une fugue de Bach. »

Delaunay lui-même, évoquant *Les Fenêtres*, compare ce premier « germe de la couleur pour la couleur... à la première émotion musicale apportée par Bach : les fugues, les phases de la couleur ». Ces mots, écrits dans les années trente par le peintre méditant sur les étapes de sa recherche, montrent bien pourquoi c'est en Allemagne que la véritable signification de cette étape fut immédiatement comprise.

Les peintres et les sculpteurs français d'avant-garde ne se sentaient nullement liés par des préoccupations communes avec les musiciens de leur temps. Au Blaue Reiter, au Sturm, au contraire, peintres et musiciens étaient unis par des affinités profondes. Arnold Schönberg n'avait pas dix ans quand il se livra à ses premiers essais de composition. En même temps, il était très attiré par la peinture. Après avoir assisté à un concert de Schönberg en janvier 1911, Kandinsky écrivit au musicien avec qui ses rapports allaient devenir vite très étroits. Peu après, préparant l'Almanach du Blaue Reiter, il déclarait : « Le *premier numéro sans Schönberg* ! il n'en est pas question. » Quand, en 1912, Alban Berg et Anton Webern firent paraître un hommage à leur maître, Kandinsky y participa avec un article intitulé *Les Travaux de Schönberg* où il disait notamment que leur qualité artistique tient au fait que l'auteur « cherche *seulement* à fixer sa sensation subjective en employant *seulement* les moyens qui lui paraissent indispensables sur le moment... La peinture de Schönberg, j'aimerais l'appeler la peinture du *seulement* ». Le musicien ayant fait paraître son *Traité d'harmonie* à la fin de 1911, le peintre, qui avait pris conscience des analogies existant entre les harmonies picturales et musicales, pensa à rédiger un Traité d'harmonie de la peinture.

Un autre groupe, berlinois celui-là, allait porter plus haut encore la réputation de Robert et de Sonia. Plutôt que d'un groupe, il s'agissait de l'entreprise d'un homme : Herwarth Walden qui exerça sur *Le Sturm* une autorité sans partage. Fondée en 1910, la revue s'ouvrit aussitôt aux artistes contemporains. Quand, un an plus tard, les gens de Die Brücke vinrent le rejoindre, *Le Sturm* était déjà un centre artistique, musical et littéraire de premier ordre. À côté d'Allemands comme Alfred Döblin et Adolf Loos, on publiait Rimbaud, des contributions importantes de Cendrars ou d'Apollinaire et un article de Fernand Léger, *Les Origines de la peinture contemporaine*. Walden tenait à donner à la revue un caractère international et faisait une grande place à la France. De mai 1913 à la déclaration de guerre, Paris fut indiqué à côté de Berlin comme lieu de publication.

Le Sturm parut jusqu'en 1932. Après le choc de la Première Guerre mondiale, Herwarth Walden s'engagea résolument dans la politique. Idéaliste de gauche, il crut trouver, à l'arrivée de Hitler au pouvoir, un asile à Moscou. Arrêté par les services de Staline en 1941, il disparut.

Le Sturm disposait d'une galerie d'exposition. On y montra des œuvres de Franz Marc, Gino Severini, et d'autres dont Delaunay, avant d'y organiser en janvier 1913 la grande exposition de ce dernier. L'automne précédent, Marc avait écrit à Robert qu'impressionné par ce qu'il avait vu au Cavalier Bleu, Walden voulait présenter à Berlin un certain nombre de ses œuvres. Dès la première exposition au *Sturm* (mars 1912), on put voir une étude pour *La Tour* et une encre de chine *La Tour et la Roue*, qui fut achetée par Walden. À la deuxième exposition qui dura de mars à mai, il y avait *La Tour*, encore, *La Ville n° 1* prêtée par Jawlensky et *La Ville n° 2*.

Pour la grande exposition de janvier 1913, qui allait tant faire parler, Robert envoya dix-neuf tableaux, dont douze *Fenêtres*. Avec elles il y avait, entre autres, deux *Tours*, *Les Trois Grâces* (esquisse pour *La Ville de Paris*), *Les Tours de Laon* et *La Ville n° 2*.

Il y avait aussi la première version de *L'Équipe de Cardiff* (1,96 m x 1,33 m, aujourd'hui au musée d'Eindhoven). Le sport, élément majeur de la modernité, faisait ainsi son apparition dans l'œuvre de Robert. Hormis Rousseau (qui ne cessa de penser à des thèmes modernes avant tout le monde), personne n'avait encore représenté le rugby, jeu d'équipe particulièrement spectaculaire. Peinte en 1908, la toile de Rousseau montre deux joueurs en pleine action. Delaunay la connaissait, quand une photographie dans un hebdomadaire lui donna l'idée de faire *L'Équipe de Cardiff*. Peut-être est-ce l'œuvre du vieux maître qui l'encouragea à rendre son tableau immédiatement lisible, tout en étant loin de n'être que cela.

La légende de la photo parue dans cet hebdomadaire indique qu'il s'agit d'un match disputé à Paris au Sporting Club universitaire. Sur cette photographie en très mauvais état, on distingue encore les traits de crayon esquissant la

Grande Roue, élément (aujourd'hui disparu) de la modernité, que le peintre allait inclure dans le tableau. Le groupe, avec un des joueurs sautant en l'air pour attraper le ballon, est un épisode typique d'une partie de rugby, mais les membres du club universitaire auraient fait long feu devant l'équipe de Cardiff. Pour donner à la modernité son dû, il fallait la faire bénéficier du prestige qu'avait la plus redoutable équipe anglaise du moment. On allait beaucoup parler du tableau mais c'est sa grande version, présentée six mois plus tard, en mars 1913, aux Indépendants puis au Herbstsalon, qui devait attirer surtout l'attention.

Delaunay fit faire à Paris, non pas un catalogue, mais une luxueuse brochure commémorant l'exposition. Onze de ses *Fenêtres* y étaient reproduites dont une en couleurs. Elles étaient précédées du poème *Les Fenêtres*, qu'Apollinaire plaça toujours très haut dans son œuvre. Pour André Billy, ce poème-conversation était dû pour une bonne part à la collaboration impromptue d'Apollinaire, de Dupuy et de lui-même au bar du Crucifix. Les Delaunay affirmèrent toujours que le poème avait été écrit chez eux et en donnaient pour preuve certaines des allusions qui y étaient faites. Les deux versions ne sont pas contradictoires. Le poème a fort bien pu être ébauché à une table de bar puis repris et terminé rue des Grands-Augustins[5].

Victoire à Berlin

Delaunay avait demandé à Walden qu'Apollinaire prenne la parole lors de l'exposition. Les deux hommes arrivèrent à Berlin le 13 janvier et le 18, le poète donna sa conférence sur *La Peinture moderne* qu'il avait rédigée quand il habitait chez ses amis. Elle fut publiée dans le *Sturm* le mois suivant. Robert concluait la lettre, déjà citée, à Marc par ces mots : « À Berlin je ne me suis pas senti comme un étranger... Berlin est lumineux. » On ne sait pas grand-chose de ce séjour, qui dura une semaine, sinon qu'il eut avec Walden des conversations d'où allait sortir la plus marquante manifestation du *Sturm*. Il écrivit aussi à Kandinsky une lettre qui est importante car il y formulait ses objections concernant le style géométrique.

Grand hôtel Bellevue und Tiergarten Hotel

« Mais sachez que je ne suis pas un empêcheur de danser en rond. J'aime beaucoup la danse dans la lumière et même l'esprit qui s'en dégage, car j'aime le mouvement synchronique qui est *la représentation de l'universel drame*. Je ne cherche pas en dehors de cela de l'essentiel, *du représentatif*...

« Vous me parlez géométrie, je ne vois pas la géométrie. Si vous me disiez une seule chose relative au mouvement représentatif... Votre idée fixe est de partir de la forme — c'est très cubiste — mais votre droit n'est pas de dire que je ne représente pas les objets. J'emploie, sans doute, les moyens, les dons de ma sensibilité, et je vous assure que je ne les emprunte à *aucune géométrie*, car ma croyance est toute autre...

« Ce n'est pas à moi de parler de ma croyance, puisque j'en fais la représentation. Mes ouvrages communiquent à la *Vision* des hommes, femmes et enfants, puisque nous regardons si facilement jusqu'aux astres.

« Rousseau, mon vieil ami, n'a-t-il pas dans la *Charmeuse*, selon sa volonté, distribué les étoiles dans le ciel !

Nous voyons jusqu'aux étoiles. Nous pouvons voir tout *l'Univers simultanique*. Loin de moi tout autre simulacre[6]. »

De Berlin, les tableaux de Robert furent envoyés au Gereonsklub de Cologne par Walden qui en avait distrait certains pour les faire figurer dans une exposition à Budapest. Le 21 janvier, sur le chemin du retour, Delaunay et Apollinaire s'arrêtèrent à Bonn pour voir Macke. C'est à cette rencontre que Max Ernst assista en spectateur muet.

Le projet dont Walden avait parlé à Robert était le Erster Herbstsalon (il n'y en eut pas d'autres). Inauguré le 20 septembre 1913, il allait être accompagné d'une exposition Rousseau et montrerait quatre cents œuvres représentant toutes les tendances avancées des arts plastiques. En même temps, paraîtrait l'Album du *Sturm* avec les *Rückbliecke* (Regards sur le passé) de Kandinsky.

La préparation de l'exposition fut longue. Marc, Macke et d'autres, aidèrent Walden de leur mieux. Après les conversations de Berlin, Robert et Walden s'écrivirent beaucoup, jusqu'à l'arrivée du directeur du *Sturm* et de sa femme le 22 mars. Ils venaient choisir, avec l'aide de Robert, des œuvres pour le Herbstsalon : « Là, nous rencontrâmes à nouveau Apollinaire et fîmes la connaissance de Canudo et de Blaise Cendrars. Chez Robert Delaunay et sa femme Sonia, il y avait les plus magnifiques Rousseau que j'ai jamais vus en un seul endroit — leur petite salle à manger. Nous rencontrâmes aussi Juan Gris, Fernand Léger et Marc Chagall. Ce jeune homme avec d'étranges yeux clairs et les cheveux frisés est admiré par ses amis parisiens qui le tiennent pour un prodige, ce qu'il est après tout[7]. »

Le ton des lettres de Walden très chaleureux au début le devint de moins en moins au fur et à mesure qu'on se rapprochait de l'exposition. Walden avait demandé leur participation à certains Parisiens, sans demander l'avis des Delaunay, et ce n'est pas le genre de choses que les artistes prennent à la légère. Il y eut aussi du tiraillement au sujet des prix et des délais de paiement. Walden, fatigué par la difficile préparation de l'exposition, les nerfs à vif, devint furieux quand Delaunay, malgré les rappels réitérés, envoya très tard la liste de ses tableaux et leurs photographies pour le catalogue.

Les choses devinrent graves quand on apprit que les tableaux eux-mêmes n'avaient pas été envoyés à la date voulue. Walden postait des lettres express auxquelles Robert répondait par des cartes postales. Elles arrivaient avec de gros retards parce qu'il s'obstinait à les envoyer à de fausses adresses malgré les objurgations répétées de Walden. Quand, à la toute dernière minute, les tableaux arrivèrent enfin, Marc, Macke et Arp, qui étaient là, furent enthousiasmés en les voyant à leur sortie des caisses.

La lettre envoyée à Kandinsky de l'hôtel Bellevue est rédigée dans cette manière heurtée si particulière à Delaunay. Son style est beaucoup plus simple dans deux textes écrits pour le *Sturm*. Le premier, publié en décembre 1912, fut remis à Apollinaire qui, sous le titre *Réalité, Peinture pure* donna une transcription simplifiée des idées de son ami. En même temps que dans le *Sturm*, elle était publiée dans *Les Soirées de Paris*. La traduction allemande donne une version quelque peu différente de l'introduction, de la conclusion et aussi des citations de Delaunay. Une troisième version, proche de celle du *Sturm*, a été publiée par Pierre Francastel. Elle reproduit un texte ronéotypé par Delaunay sur un manuscrit d'Apollinaire. Nous ne procédons pas à l'examen de ces différences, car dans un autre texte dont nous allons parler plus bas, le peintre exprime lui-même très clairement ses idées avec beaucoup de force.

Apollinaire l'avait fait précéder de souvenirs sur le *Commencement du Cubisme* où il évoque avec bonheur ses premiers contacts avec Picasso. Dans *Réalités, Peinture pure*, il expose les idées de Robert et conclut : « L'artiste s'est trop longtemps efforcé vers la mort, en accouplant les éléments stériles de l'art, il est temps qu'il arrive à l'harmonie, fécondité, trinité, simultanéité. Et Delaunay y est parvenu, non seulement par la parole mais aussi par ses œuvres.

Peinture pure, réalité[8]. »

Ces idées Delaunay les avait énoncées dans *La*

Lumière, un texte écrit à La Madeleine pendant l'été et l'automne de 1912. Fait de phrases concises et claires qui se succèdent au rythme d'un poème, c'est un texte dont on a pu dire qu'il est « une source d'idées essentielles de la peinture moderne ». Pour sa publication dans le *Sturm,* en janvier 1913, il fut traduit par Paul Klee. Ce n'était pas un mince travail. L'écriture de Delaunay ne facilitait pas les choses. Quand il reçut un second manuscrit supposé plus lisible, Klee répondit : « J'ai reçu votre second manuscrit, mais avant que je puisse le lire, il faut qu'il soit déchiffré. J'ai fait treize notes et je vous demande de bien vouloir écrire ces treize mots plus clairement. »

Tout fut finalement prêt à temps. Robert et Sonia arrivèrent quelques jours avant le vernissage. Parents attentifs, ils n'avaient pas voulu laisser le petit Charles derrière eux. On peut penser qu'ils s'étaient fait accompagner aussi d'une servante. Apollinaire et Cendrars, arrivés peu avant, les accompagnèrent à l'hôtel élégant où Robert avait déjà séjourné. Les Allemands faisaient bien les choses.

Pour autant, tous et parmi eux beaucoup de Berlinois n'aimaient pas la peinture moderne. Peu d'années auparavant, Guillaume II avait répondu aux souhaits de ceux-là en privant de ses fonctions Hugo von Tschudi, le remarquable directeur de la National Galerie. Les Bavarois, profitant du peu d'autonomie qui leur était reconnue encore, avaient aussitôt placé Tschudi à la tête de la Pinacothèque de Munich. On ne voyait pas d'un très bon œil non plus la part faite aux artistes français par Walden. Il n'en avait qu'un plus grand mérite à leur réserver une si belle place dans une grande exposition internationale comme le Herbstsalon. Il avait réservé la place d'honneur au Douanier Rousseau dont on pouvait voir vingt et un tableaux et un dessin à la plume.

Le but de Walden était que les quatre cents œuvres présentées au Salon constituent une représentation complète des tendances diverses de l'art vivant. Il était bien cela mais il n'était pas complet puisque Matisse, Picasso, Derain, n'y figuraient pas. Chagall « aux étranges yeux clairs » avait, lui, été invité, et il eut là sa première exposition publique. Gleizes devait envoyer son assez triste *Joueurs de football*, Léger et Kandinsky figuraient avec plusieurs œuvres. Certains envois dont celui de Picabia étaient faits de toiles « orphiques » ce qui allait faire dire à Apollinaire dans *Les Soirées de Paris* (15 novembre) : « C'est là une exposition historique et si l'orphisme s'est révélé la première fois aux Indépendants quelques semaines plus tôt, c'est ici le premier Salon de l'orphisme. »

Les futuristes étaient là aussi et leur présence allait provoquer la querelle entre Apollinaire et Delaunay, dont il va falloir que nous rendions compte, au risque de troubler les lecteurs sensibles, par le récit d'une dispute entre deux très grands amis. Robert était représenté par rien moins que vingt tableaux — la plus importante participation avec le Douanier. Sonia montrait pour la première fois ses reliures et ses objets usuels. Cette première fut un coup d'éclat. Ces objets « simultanés » étaient : *Halo profondeur* (lampe et abat-jour) — *Profondeur Mouvement* (rideaux) — *Voir Mouvement couleurs profondeur* (coussin) — *Lune absinthe* (coupe) — *Eau Vin* (coupe) — *Vin* (coupe). Pour Apollinaire, « cette ivresse de la couleur simultanée, si elle est une des tendances neuves de la peinture, est encore la tendance la plus neuve et peut-être la plus intéressante de l'art décoratif. Il nous manque encore une architecture polychrome. Celle des Grecs l'était[9] ». Ces pièces malheureusement n'existent plus et on ne conserve aucune des études qu'elle put faire en vue de leur réalisation.

Hermès Trismegiste en son Pimandre

Robert avait envoyé plusieurs *Formes circulaires* dont les deux remarquables versions de *Formes circulaires Soleil-Lune*. L'une de format rectangulaire (Stedelijk Museum,

Amsterdam), l'autre circulaire (Museum of Modern Art, New York). Plusieurs titres de Robert n'étaient pas moins inattendus (mais plus longs) que ceux de Sonia : *Contraste simultané mouvement de couleur profondeur prisme soleil* ou encore *Paris New York Berlin Moscou la Tour simultané, crayons de couleurs la représentation pour le livre des couleurs de la Tour de la Tour simultanée à Tout*. Le mot simultané figurait dans presque tous. Or, depuis le Salon des Indépendants (mars), Guillaume Apollinaire proclamait que le simultané était l'attribut majeur de l'Orphisme. Celui qui se proclamait Delaunay le Simultané devait donc être le représentant majeur de ce mouvement. Dans son compte rendu du Salon (*L'Intransigeant* 25 mars) le poète écrivait : « On a déjà beaucoup parlé de l'Orphisme. C'est la première fois que cette tendance se manifeste. Elle réunit des peintres de caractère assez différent qui tous, dans leurs recherches, sont arrivés à une vision plus intérieure, plus populaire, plus poétique de l'univers et de la vie. Cette tendance n'est pas une invention subite ; elle est l'évolution lente et logique de l'impressionnisme, du divisionnisme, de l'école des fauves et du cubisme. Le mot seul est nouveau[10]. »

En écrivant « On a déjà beaucoup parlé de l'Orphisme », Apollinaire savait, en propagandiste avisé, que c'était une bonne manière de lancer ce mot « orphisme » qu'il avait utilisé, un an plus tôt, à la Section d'Or, sans susciter d'écho particulier. Il est en tout cas certain qu'Apollinaire fut toujours sous le charme du héros antique. Dans *Le Bestiaire* qu'il fit avec Dufy, quatre de ses trente quatrains sont placés sous le signe d'Orphée et c'est l'un d'eux qui ouvre le petit recueil :

« Elle est la Voix que la lumière fit entendre
Et dont parle Hermès Trismégiste en son Pimandre. »

En commentant ce poème destiné à célébrer Dufy, Apollinaire écrit : « Cette voix de la lumière, n'est-ce pas le dessin c'est-à-dire la ligne ? Et quand la lumière s'exprime pleinement tout se colore la peinture est proprement un langage lumineux. » Plus tard, traitant de la lumière dans une de ses notes de travail, Delaunay rappellera ce vers.

Apollinaire eut toujours le souci de constituer un front unique des artistes avancés contre les attaques des passéistes particulièrement forts en France. Le mot cubisme avait fait fortune, tant valait grouper sous ce vocable l'ensemble des novateurs tout en glorifiant ainsi le génie de son ami Picasso. Ce ne pouvait être fait qu'en négligeant les différences, voire les contradictions, entre les uns et les autres. Il fallait créer des subdivisions au fur et à mesure qu'apparaissaient de nouvelles tendances. Cet art de la couleur, qui de plus en plus s'affirmait, comment mieux le désigner qu'en le plaçant sous le signe d'Orphée, qui avait su faire chanter la couleur et la lumière.

Au Herbstsalon, « le premier Salon de l'Orphisme », Delaunay avait fait figurer dans ses vingt envois *Le Manège de cochons* que nous allons retrouver bientôt et *L'Équipe de Cardiff (3ᵉ représentation)* qui avait été si remarquée aux Indépendants. Beaucoup plus grande que les autres versions, cette toile, datée 1912-13, mesure 3,26 m x 2,08 m. Apollinaire en avait dit lors du Salon que c'était une toile très moderne : « Rien de successif dans cette peinture ; chaque ton appelle et laisse s'illuminer toutes les autres couleurs du prisme. C'est de la simultanéité. Peinture suggestive qui agit sur nous à la façon de la nature et de la poésie. La lumière est ici dans toute sa vérité[11]. »

Tous ne pensaient pas la même chose. Delaunay avait envoyé des photographies de cette grande version à Marc et à Macke. Sans se prononcer ce dernier envoya un mot aimable. « La photographie de votre nouveau tableau m'a fait très plaisir. Je l'ai longtemps gardée accrochée au mur de notre chambre. » Marc, ce qui n'est pas fait pour étonner, se montra au contraire très sévère : « S'il s'agit d'un de vos plus récents tableaux, alors je dois avouer que je ne m'attendais pas à une évolution diamétralement opposée de votre style. C'est en fait de l'Impressionnisme, un instantané photographique du mouvement... La seule chose qui m'a frappé à propos de ce tableau est qu'il est très Parisien, très Français, mais il est très éloigné de mes idées. Le tableau que j'ai vu l'automne dernier dans votre atelier, le tableau long avec la vue tripartite, m'avait intéressé beaucoup plus. » Delaunay allait faire appel à son autosatisfaction habituelle pour se défendre : « Avec ce tableau qui est le sujet le plus parfait et le plus beau qui soit, je me suis surpassé... C'est le plus important, le plus nouveau thème de tableau dans mon art et en même temps le plus représentatif par son exécution[12]. » Remarquons en passant que le jugement de ses deux amis était porté à la vue de photographies noires.

En même temps que ses tableaux, Robert avait envoyé trois sculptures. On n'en connaît qu'une et seulement par une photographie : *Cheval Prisme Soleil Lune*. Les deux autres mentionnées au catalogue du Herbstsalon et aussi dans le compte rendu d'Apollinaire ne sont connues que par leurs titres : *Parisienne prisme électrique* et *Oiseau prisme du matin*. Les trois figurent sous la mention *Première présentation des prismes, Sculpture simultanée*. On peut disserter à l'infini sur leur aspect en se référant à la grande huile *Femme à l'ombrelle* ou *La Parisienne*, qui pourrait en avoir été le modèle peint. Quoi qu'il en soit, le cheval de bois, stylisé comme un jouet d'enfant, est peint à l'huile en couleurs contrastées et se détache contre un « disque simultané ».

Plus tard, Robert réalisa que ce disque, fait sans doute sans penser à la sculpture, et placé ensuite derrière celle-ci, était sa première œuvre véritablement non objective. L'historienne d'art américaine Sherry Buckberrough pense que Robert réalisa probablement plusieurs de ces disques à l'époque[13]. L'un d'eux a souvent été considéré comme la première œuvre vraiment abstraite jamais peinte. On disait cela car on croyait que ce disque datait de 1912. Il semble pourtant qu'il soit quelque peu postérieur. Dans ce cas ce serait Kandinsky qui serait le premier créateur d'un tableau abstrait. Quoi qu'il en soit des assez vaines querelles autour des questions d'antériorité, dont certains spécialistes se régalent, reportons-nous à ce que Robert avait à dire de la question. Dans les fragments rédigés pour les *Entretiens* qu'il eut en 1938-1939 avec un groupe d'amis et d'élèves, il raconte :

« Un jour, vers 1913, j'abordai le problème de l'essence même de la peinture. J'abordai la technique même de la couleur. On a appelé cette époque : peinture pure, et c'est alors que je faisais les expériences du *Disque simultané*.

« Ce disque primitif fut une toile peinte où les couleurs, opposées les unes aux autres, n'avaient de signification que celle de ce qui était visible ; en vérité, des couleurs, par contrastes, mises circulairement et opposées les unes aux autres... Un jour j'ai appelé cette expérience le "coup de poing". Autour, en formes toujours circulaires, j'ai mis d'autres contrastes, opposés les uns aux autres toujours et aussi, simultanément à l'ensemble de la toile, c'est-à-dire à la totalité des couleurs. Vous voyez ; totalité, ensemble de couleurs, opposées les unes en complémentaires, les autres, au centre, en dissonance...

« J'emploie un mot musical. L'expérience était concluante. Plus de compotier, plus de tour Eiffel, plus de rues, plus de vues extérieures, mais j'étais pris pour un fou ; mes amis me regardaient d'un sale œil, j'avais beau leur crier : j'ai trouvé ! ça tourne ! Eux, ils se détournaient de moi[14]. »

Ils se détournaient de bien d'autres choses aussi. L'année où s'affirmait la peinture pure, était créé *Le Sacre du printemps* au nouveau théâtre des Champs-Élysées. En cette *annus mirabilis*, le Cubisme atteignait un nouveau sommet, Proust publiait (à compte d'auteur) *Du côté de chez Swann*, Alain Fournier *Le Grand Meaulnes*, Apollinaire

Alcools, Gide terminait *Les Caves du Vatican* et, tandis que Satie se remettait à la composition, Valéry recommençait à écrire.

Nous avons dit qu'en même temps que ses tableaux, Robert avait envoyé au Herbstsalon trois sculptures. En cette matière, ses idées — appelées à se nuancer par la suite — étaient très précises. Il disait : « *Il n'y a pas de sculptures à notre époque et il ne peut y en avoir* car l'art monumental est mort et la sculpture a trouvé sa construction dans le monumental. L'unité monumentale aboutit dans les dernières constructions en fer qui sont les seuls efforts vraiment neufs de notre art[15]. »

Les sculptures envoyées à Berlin avaient été faites l'été précédent à la suggestion d'Apollinaire. Le point de vue intransigeant exprimé par Delaunay était sans doute dû à l'agacement éprouvé par le peintre. *Le Cheval* avait été le point de départ de son différend avec Boccioni, différend auquel Apollinaire se trouverait mêlé et qui devait assombrir les relations des deux amis.

La querelle commença en fait après l'exposition et se prolongea jusqu'à la fin de l'hiver suivant. En novembre dans *Les Soirées de Paris*, Apollinaire déclarait que Delaunay avait emprunté le mot simultanéité au vocabulaire des Futuristes. Au cours des mois précédents, le poète d'*Alcools* s'était rapproché d'eux après s'en être longtemps beaucoup moqué. En juillet, il avait été jusqu'à publier l'extravagant manifeste-synthèse de l'ANTITRADITION FUTURISTE auquel lui-même et Marinetti travaillaient depuis un certain temps déjà.

On a voulu voir dans le comportement d'Apollinaire l'effet de la jalousie qu'il avait ressentie en constatant l'admiration amicale que les Delaunay vouaient dorénavant à Cendrars. C'est possible. Encore ne faut-il pas oublier l'impérieux besoin qu'avait Apollinaire d'être tenu pour l'indépassable champion de la modernité. Quoi qu'il en soit, Boccioni se référant avec emphase à l'article des *Soi-*

rées de Paris déclara dans le *Sturm* que l'influence des Futuristes sur les artistes français et en particulier Delaunay était évidente et avait été proclamée par « notre ami et allié Apollinaire ». Il se disait en même temps l'auteur de la première sculpture simultanée qu'il avait présentée lors de son exposition à la galerie La Boétie au mois de juin. C'était oublier qu'être toujours en avance d'une idée était indispensable au bien-être d'Apollinaire. En rendant compte de l'exposition du *Sturm*, il écrivait en décembre dans *Les Soirées de Paris* : « L'idée, due à l'auteur, avait été communiquée à Delaunay, Gleizes, Léger, Duchamp-Villon, Marcel Duchamp, quelques mois avant l'exposition de Boccioni. Il s'agissait d'organiser une exposition de sculptures nouvelles avant tout le monde. L'auteur est heureux que quelqu'un l'ait enfin compris. » Le souci du poète était moins de rendre justice à son ami qu'à soi-même.

Robert se chargea de la chose en publiant dans le *Sturm* du même mois (janvier 1914) un article où se trouvait cité le texte d'Apollinaire. Cette mise au point avait détendu l'atmosphère entre les deux hommes. En mars 1914, la querelle allait rebondir. En rendant compte dans *L'Intransigeant* du Salon des Indépendants (3 mars), Apollinaire faisait un grand éloge de *L'Hommage à Blériot* et disait du style de Delaunay qu'il était un « futurisme tournoyant ». Le surlendemain, *L'Intransigeant* publiait une lettre de Delaunay s'élevant contre l'erreur sciemment commise à nouveau par Apollinaire et niant catégoriquement qu'il pût y avoir un lien quelconque entre lui-même et les Futuristes. Deux jours après, Carra, Papini et Soffici mettaient Delaunay au défi de prouver que ses travaux avaient précédé les leurs et ajoutaient que le rayonnement du Futurisme partout dans le monde était tel qu'il assurait à leurs œuvres une universalité à laquelle il ne pouvait pas prétendre. Delaunay se désintéressa de la chose qui, comme le Futurisme lui-même, allait être oubliée avant longtemps.

« À la fin tu es las de ce monde ancien »

Si Walden s'était tant plaint des inquiétants retards, c'est que les grands travailleurs qu'étaient Sonia et Robert ne travaillaient pas tout le temps. Sonia a raconté d'une façon très vivante ses promenades sentimentales avec Robert dans Paris à la fin de 1912 et comment certaines transformations dans la ville influencèrent leur évolution artistique : « Autour de la fontaine Saint-Michel, la municipalité parisienne avait remplacé les becs de gaz par des ampoules électriques. Bras dessus bras dessous, nous entrions dans l'ère de la lumière. Le Boul'Mich, grande voie vers un monde nouveau, nous fascinait. Les halos faisaient tourner et vibrer les couleurs et les ombres comme si des objets inconnus dansaient dans le ciel et faisaient signe à notre folie[16]. » Les halos des globes électriques du Boul'Mich allaient inspirer la série des *Prismes Électriques* (1912-1914) de Sonia.

Elle fit sur des papiers de fortune de nombreux dessins aux crayons de couleurs et au pastel portant sur des mouvements de foule et les halos lumineux de globes électriques. Ce sont des études poussées de juxtaposition des surfaces colorées. Elles devaient aboutir à la grande composition des *Prismes Électriques* exposée au Salon des Indépendants de 1914, aujourd'hui au Centre Pompidou. En faisant certaines de ces études, Sonia avait en vue aussi la création de ses robes simultanées auxquelles elle pensait depuis 1912.

En même temps Cendrars, leur compagnon de promenade souvent, écrivait dans son poème *Contraste* :

Et les chapeaux des femmes qui passent sont des comètes
Dans l'incendie du soir
... Il pleut des globes électriques
...
Tout est halo
Profondeur...

Ces halos allaient être représentés sous forme de disques, dans *Le Manège électrique* ou *Manège de cochons*. Delaunay, dans un moment de douces illusions, avait envoyé ce tableau peint en 1912 au très réactionnaire Salon des Artistes français. Le jury bien entendu le refusa. Exposé au *Sturm*, Delaunay peu après le détruisit. Il avait aussi détruit auparavant une première version refusée au Salon d'Automne en 1906. En 1922, il devait reprendre ce thème auquel il a expliqué son attachement : « Prisme électrique ; dissonances et concordance de couleurs ; une orchestration mouvementée voulant obtenir un grand éclat ; inspiré d'une vision de foire populaire voulant donner un rythme violent comme en musique les nègres l'ont réalisé par instinct[17]. »

Les soirées des Grands-Augustins étaient de plus en plus courues. À côté des plus anciens amis, on voyait Cendrars, Chagall, les Américains Bruce et Frost, les Russes Jacouloff et Rossiné. Peu soucieux de nationalité, Arthur Cravan se trouvait souvent là aussi. Tous les jeudis, la plupart d'entre eux allaient au Bal Bullier bien fait pour accueillir cette joyeuse équipe dont Apollinaire avec ses trente-trois ans était le doyen. Bullier avait été un bal d'étudiants, de permissionnaires et de midinettes. Bien d'autres y venaient. Des gens du monde et des bourgeois en rupture de ban, ces jeunes femmes, qu'on ne qualifiait plus maintenant d'hétaïres ou d'horizontales mais de poules. Des demi-mondaines aussi, avec qui aucune poule fût-elle de luxe ne pouvait rivaliser, et, bien entendu, des écrivains et des artistes.

L'époque était au tango, nouvel attribut de la modernité. Un des tableaux les plus remarqués au Salon des Artistes français de 1913 était *La Leçon de Tango* d'Albert Guillaume qui se prenait pour le Hogarth français et n'était finalement que le satiriste mou d'une bourgeoisie contente d'elle-même. « Cette année, lit-on dans le mensuel *La Vie heureuse*, ce ne sont que leçons de tango, thés-tango, conférences tango, tango-exhibitions, champagne tango, surprises-tango, tango dans l'intimité, tango dans la charité, etc. » Ajoutons que, de juin à septembre, un Train Tango circula sur la ligne Paris-Deauville.

Il n'allait pas rouler longtemps l'année suivante. Pourtant aux dires d'Apollinaire, « 1914 commença dans une gaieté folle. La danse était à la mode, on dansait partout... Tout naturellement les bals de l'Opéra avaient ressuscité. Et la plaisanterie grivoise du premier bal qui eut lieu, où chaque femme recevait une boîte fermée à clef, tandis que chaque homme recevait une clef, à charge pour lui de trouver la serrure de sa clef, parut d'excellent augure pour la gaieté générale[18]. »

L'engouement pour le tango était tel que le Pape ne pouvait le traiter comme n'importe quel exemple banal de la décadence des mœurs. Avant de le condamner, il invita un couple (marié) de l'aristocratie romaine à venir le danser pour lui seul dans un salon du Vatican. Sa musique lascive était reproduite par un phonographe.

Sonia, pas plus que ses amis, ne se préoccupaient des avis de l'Église sur ce point. Elle se souciait beaucoup au contraire d'atteindre l'essence de la vie moderne dont un des signes était les nouvelles danses. Les jeux de rythme de son grand tableau *Le Bal Bullier* rappellent ceux de *La Prose du Transsibérien*. En même temps, elle donnait une esquisse très poussée, *Tango Magic City*, où le mot Magic et les lettres Ci sont intégrés dans une courbe colorée entourant un couple aux corps intimement unis dans les mouvements du tango. Blaise Cendrars a raconté comment Arthur Cravan (il n'en resterait pas là) faisait équipe avec lui-même et Robert Delaunay quand ils allaient danser le tango au Bal Bullier en chaussettes de couleurs désassorties : « Robert arborant un smoking mi-parti rouge et vert, Arthur des chemises noires, le plastron découpé d'ajours laissant voir des tatouages sanglants et des inscriptions obscènes à même la peau, les pans qu'il laissait flotter embrenés de taches de couleur fraîche (avant d'aller au bal Cravan s'asseyait régulièrement sur la palette de Delaunay, ce qui faisait hurler Robert à cause du prix du lapis-lazuli et gâcha plus qu'une fois nos soirées !), et moi des cravates de Chicago plus corrosives que la *tomato sauce* et les *pickles* américains et plus criardes que le plumage d'un perroquet, cette bigarrure d'arlequin orphique pour faire scandale mais aussi pour faire la pige aux Futuristes de Marinetti, dont le délégué permanent à Paris, Gino Severini, télégraphiait chaque soir à Milan le détail de notre toilette, et ces nouvelles s'irradiaient jusqu'à influencer le rayonnisme de Larionov et Gontcharova et cela se savait et s'imitait jusque chez les Futuristes de Moscou, la célèbre chemise jaune de chrome de Maïakovski était le dernier écho à la mode de nos folles nuitées[19]. »

D'autres échos plus forts allaient atteindre les musées d'aujourd'hui et sont promis à ceux des musées du temps à venir. Le *Tango au Bal Bullier* de Sonia fut exposé au *Sturm* et est aujourd'hui au Centre Pompidou. Renoir, dans *Le Moulin de la Galette*, montre dans la lumière impressionniste ce qui aurait pu être la joyeuse kermesse d'un tableau flamand. Degas choisit l'attitude qui lui paraît synthétiser au mieux les mouvements de la danseuse. Sonia veut reproduire la vision immédiate qui confond le décor et les attitudes des couples de danseurs en plans superposés. Les robes simultanées auxquelles elle pensait depuis quelque temps prenaient forme. Sonia, si frappée par les danses de Bullier et de Magic City, veut que les robes dansent aussi. « Les vêtements, même ceux du dimanche, étaient monotones et ennuyeux. Nous voulions en finir avec ce sentiment général de tristesse. C'était à nous de trouver un moyen de le faire. Je portais mes premières robes simultanées moi-même. » Blaise Cendrars a raconté la robe simultanée que mit un soir la jeune femme pour aller au Bal Bullier avec Robert et lui-même : « ... ce n'était plus un morceau d'étoffe drapé selon la mode courante mais un composé vu d'ensemble comme un objet, comme une peinture pour ainsi dire vivante, une sculpture sur des formes vivantes ». Émerveillé il devait écrire pour Sonia un poème :

[...]
Les couleurs déshabillent
Sur la robe elle a un corps
[...]
Le ventre a un disque qui bouge
La double coque des seins passe sous le pont des arcs-en-ciel
[...]
Il y a dans la traîne la bête tous les yeux toutes les fanfares
                        [tous les habitués du Bal Bullier.

Robert a dit lui aussi de ces robes qu'elles étaient « une peinture pour ainsi dire vivante, une sculpture sur des formes vivantes ». Dans les années qui allaient suivre Sonia créerait bien d'autres robes. Nous verrons que dans ce domaine elle fut toujours en avance sur son temps.

Si la modernité en matière de sorties nocturnes était de danser au son d'un bandonéon dans l'épaisse fumée du tabac, une autre manifestation beaucoup plus grisante de l'esprit nouveau était la conquête de l'air. Certes, depuis la fin du XVIIIe siècle le rêve d'Icare avait été réalisé, mais dans quelles conditions précaires ! Le plus lourd que l'air allait réussir tout ce que les montgolfières puis les ballons n'avaient pu faire.

Robert se passionnait pour ces machines triomphant de la pesanteur. Blaise Cendrars a raconté que Delaunay lui avait fait connaître Émile Borel, le remarquable mathématicien dont les travaux sur le calcul des probabilités et ses applications à l'aviation le fascinaient. Cendrars apporte aussi une contribution peu connue à la biographie de son ami qui montre bien l'intérêt que ce dernier portait au « plus lourd que l'air ». Robert aurait travaillé un moment dans une usine d'aéroplanes à Chartres. Il avait conservé des relations avec les directeurs de l'établissement et leur avait présenté Blaise. Ce dernier put connaître ainsi les ateliers et se familiariser avec la propulsion des machines volantes, la dynamique de l'hélice, les angles de tangage en fonction de la vitesse et bien d'autres mystères[20]. Ni Sonia, ni aucun des amis de Robert autre que Cendrars n'ont jamais parlé de ce séjour en usine ni de ses rencontres avec l'éminent mathématicien. Toujours est-il que Sonia et Robert se rendaient souvent à l'aérodrome de Buc où ils assistaient aux fascinants envols des aéroplanes et à leurs angoissants vols d'approche. Louis Blériot avait traversé la Manche sur son monoplan en juillet 1909. En octobre de la même année, Apollinaire pouvait dire « de même que l'on avait promené une œuvre de Cimabue, notre siècle a vu promener triomphalement pour être mené aux Arts et Métiers, l'aéroplane de Blériot tout chargé d'humanité, d'efforts millénaires, d'art nécessaire ».

Aucun autre exploit aéronautique n'aurait le même retentissement jusqu'à celui de Lindbergh que Robert irait accueillir avec son fils Charles au milieu d'une foule hurlante. En 1912 la traversée de la Manche valait d'être célébrée par un tableau digne de l'exploit et Delaunay se sentait homme à le peindre. Il y a quatre versions de *L'Hommage à Blériot*. Toutes sont de 1914 : une aquarelle sur carton, une esquisse (huile sur toile), une version signée et datée au revers (maintenant au musée de Grenoble) et la version beaucoup plus grande, un carré de 2,50 m x 2,50 m (musée de Bâle). Ce tableau peint à la colle sur toile est titré et signé en bas sur toute la largeur : « *premiers disques solaire simultané forme* » ; *au grand constructeur Blériot 1914 DELAUNAY*. L'audacieux avionneur et pilote semble n'avoir jamais vu le tableau. En février, alors que l'œuvre terminée allait bientôt partir pour les Indépendants, Delaunay écrivit à Blériot en l'invitant à venir le voir dans son atelier. Quand le directeur de la firme d'aviation lui fit savoir le 5 mars que M. Blériot ferait son possible pour trouver le temps nécessaire à cette visite, le Salon était ouvert. Blériot n'y alla pas et ne vint jamais chez les Delaunay. Le peintre devait dire du tableau :

Disque solaire simultané. Formes.
Création du disque constructif.
Feu d'artifice solaire.
Profondeur et vie du soleil.
Mobilité constructive du spectacle solaire ; éclosion, feu,
                                      [évolution des avions.
Tout est rondeurs, soleil, terre, horizons, plénitude de vie
intense, de poésie que l'on ne peut faire verbale — Un
                [Rimbaldisme. Le moteur dans le tableau.
Force solaire et force de la terre.

    Pour cette autobiographie critique qui devait rester à l'état de notes, Delaunay écrivait aussi en 1924 : « Analyse du disque solaire au coucher dans un ciel limpide, profond, et près des prismes disques multipliés qui inondent la Terre, d'où prennent le départ des aéroplanes. »
    Apollinaire (il avait dès lors supprimé la ponctuation dans ses poèmes) analysait ainsi le point virgule séparant le titre du tableau et le nom de son dédicataire : « Le point-virgule joue sans doute ici un rôle important ; le point comme but, la virgule comme fil d'Ariane à travers tous ces labyrinthes d'un futurisme tournoyant. » On a vu quel effet eurent ces deux mots sur les relations des deux hommes. « En somme du talent », concluait sèchement le poète si extatique naguère[21].
    Il ne se souciait pas maintenant de situer le tableau dans la suite de *L'Équipe de Cardiff*. L'un et l'autre célébraient le dynamisme d'un groupe humain. Les rugbymen dans le premier, dans le second, le groupe des ouvriers émergeant du disque à la droite du tableau. Ils vérifient la partie arrière du merveilleux aéroplane. Ce sont les véritables héros de l'œuvre alors que le glorieux conquérant du ciel n'y figure pas.

La campagne de Russie

L'Hommage à Blériot est la réalisation la plus achevée de cette phase si importante dans l'œuvre de Robert Delaunay. Le tableau ne fut pourtant pas montré hors de France, à cette époque du moins, quand les expositions qui se succédèrent de 1911 à 1914 dans les pays de langue allemande ou en Russie assurèrent un si grand retentissement à son œuvre. L'intérêt pour l'art contemporain était alors très éveillé à Prague. Un groupe particulièrement actif, « L'Alliance Menés », publiait une revue et organisait des expositions. En janvier-février 1913, Mercereau, cet ambassadeur de la jeune peinture française dans les pays slaves, avait organisé pour L'Alliance une exposition où figuraient, à côté d'artistes tchèques, Gleizes, Metzinger, Villon, Duchamp, Friesz et Mondrian.

Ni Picasso, ni Braque n'étaient parmi eux. Ce n'est pas ainsi que Vincenc Kramar entendait les choses. Son influence était importante à L'Alliance. Un des cinq hardis collectionneurs de grande peinture moderne dont nous avons déjà parlé, il était en contact amical avec Kahnweiler et ne fut pas étranger aux étroites relations qui s'établirent alors entre Prague et Paris. Au printemps de la même année, une autre exposition d'artistes tchèques était accompagnée par une présentation d'œuvres de Picasso, Braque, Derain et Juan Gris. En été, une exposition, sur laquelle on ne possède guère de détails, groupait six œuvres majeures de Delaunay dont *Les Fenêtres sur la ville*, *L'Équipe de Cardiff* et la sculpture simultanée *Cheval Prisme Soleil Lune*. Il semble aussi que le *Cheval* ait figuré dans une autre exposition à L'Alliance Menés (février 1914).

Aussi actif qu'était Mercereau, il ne pouvait, quant aux Delaunay, rivaliser avec un amoureux éconduit devenu un ami et un admirateur fervent du ménage. Alexandre Smirnov écrivait constamment à Sonia et quand il le pouvait, venait la voir à Paris. Il n'était pas le seul membre de l'intelligentsia russe avec qui les Delaunay maintenaient d'étroits contacts. Quand on ne les voyait pas rue des Grands-Augustins, les novateurs slaves échangeaient une correspondance régulière avec Sonia. Parmi eux, il y avait Alexandra Exter, Jacoulov, Lissitzky et le grand poète que fut Maïakovski. Aucun d'eux n'était aussi proche des Delaunay que Smirnov. Cet universitaire, spécialiste éminent des études romanes, était devenu un avant-gardiste de choc. Son champ d'action était vaste à Moscou et à Saint-Pétersbourg.

Revenu de Russie à Paris, entre deux tournées mondiales, Serge de Diaghilev racontait à un journaliste ce qu'il venait de voir à Moscou : « Vingt écoles naissent en un mois. Le futurisme, le cubisme pur sont bientôt l'antiquité, la préhistoire. À trois jours près, on est pompier, rétrograde. Des expositions s'organisent dans les palais et les mansardes. Des duchesses admirent dans les greniers des toiles "néoairistes" à la lueur de quatre chandelles fichées en terre. Et les grands propriétaires prennent des leçons de "métachromisme". Le plus célèbre de ces peintres avancés est une femme. Elle s'appelle Nathalie Gontcharova... Elle traîne le tout Moscou et le tout Saint-Pétersbourg derrière elle... Elle s'est peint des fleurs sur la figure et bientôt la noblesse et la bohème sont sorties en traîneaux avec des chevaux, des maisons, des éléphants dessinés et peinturlurés sur la joue, le front, le cou ou bien tout un côté du visage bleu, l'autre ocre. »

Les choses, on le voit, allaient bon train. Ce que Maïakovski et ses amis empruntaient aux nuits de Bullier, ils étaient largement en mesure de le rendre. Mais les uns et les autres n'étaient pas occupés seulement à se peindre le visage ou à inventer de surprenantes chemises. Un grand travail créateur s'accomplissait dans cette Russie bientôt condamnée au silence. Les excentricités n'étaient pas aussi caricaturales que voulait bien le dire Diaghilev pour amuser son monde. Avec son goût incomparable, il allait d'ailleurs demander les décors du *Coq d'or* à Gontcharova qui, mieux que quiconque, savait rendre justice au folklore russe.

Une des caractéristiques de l'effervescence intellectuelle pétersbourgeoise et moscovite était le rôle joué par les cabarets artistiques. Dans l'un des plus actifs, Le Chien Errant à Saint-Pétersbourg, avaient lieu des conférences sur le Tarot, le Néo-Platonisme, le renouveau de la magie en France et en Grèce au Mont-Athos. En même temps, Marinetti était invité à parler du Futurisme et Stravinski y faisait entendre plusieurs de ses œuvres.

Ce n'est pas à Smirnov qu'on doit d'avoir montré pour la première fois des tableaux de Robert Delaunay à Moscou. Jacoulov et Lentulov avaient été conquis par le Simultanéisme lors d'un séjour à Paris. À leur initiative, Robert fut invité au Valet de Carreau en 1912. Peu après, Larionov et Gontcharova, qui y étaient très actifs jusque-là, quittèrent le Valet de Carreau pour fonder La Queue de l'Âne. Ce titre était une allusion à la blague de Dorgelès qui, avec quelques Montmartrois, avait envoyé aux Indépendants un tableau de Boronali, *Coucher de soleil sur l'Adriatique*. Un Aliboron dont on trempait la queue dans des pots de couleurs diverses était l'auteur de la chose qui vite révélée avait fait rire jusqu'aux alentours du Kremlin. La première exposition réunissait Larionov, Gontcharova, Malevitch (encore disciple de Bonnard) et Tatlin. Chagall avait envoyé de Paris *La Mort*. Les tableaux furent confisqués par les autorités. Le censeur considérait qu'exposer des œuvres religieuses comme *Les Évangélistes* de Gontcharova à La Queue de l'Âne était un blasphème.

Au Chien Errant, où l'on parlait du néo-platonisme et où venait jouer Stravinski, l'on ne courait pas de tels risques. Le 22 décembre 1913, Smirnov donna une conférence dont le retentissement fut considérable. Elle s'intitulait : « Simultané (un nouveau courant de l'art français) essai d'obtenir l'intemporalité, l'unité d'impression par l'unité des moyens techniques. » Smirnov illustra son exposé par des œuvres, des photos et, semble-t-il, en présentant un exemplaire de *La Prose du Transsibérien*. Sonia avait fait des affiches d'intérieur qui eurent un grand succès. À l'issue de cette soirée, il fut beaucoup question d'une exposition Delaunay en Russie. La guerre allait empêcher la réalisation de ce projet.

Échec à New York

Si le nom de Delaunay-Belleville, la marque d'une des meilleures voitures de l'époque, éveillait un écho en Amérique, le nom de Delaunay seul n'en éveillait aucun. Il voulait dire beaucoup au contraire à des jeunes artistes américains de Paris. Morgan Russell et Stanton MacDonald-Wright, qui connaissaient bien les œuvres de Sonia et de Robert, étaient considérés comme des tenants de l'Orphisme. Ils refusaient bruyamment cette étiquette. En s'affirmant Synchromistes, ils créaient une entité nouvelle dans la classification d'Apollinaire et affirmaient leur originalité et leur indépendance. Ils n'en savaient pas moins tout ce qu'ils devaient aux Delaunay.

Quand Morgan Russell et MacDonald-Wright se rencontrèrent en 1912, le premier avait vingt-six ans, le second vingt-deux, ils étaient déjà à Paris depuis quelques années. MacDonald-Wright arrivé en 1907 était passé par les Beaux-Arts et l'Académie Julian. Il s'était aussi inscrit à la Sorbonne. Morgan Russell était arrivé un an plus tôt et avait eu la bonne fortune de travailler avec Matisse. Invité souvent chez son maître et comprenant bien le français, « Je pouvais, devait-il dire, écouter parler des personnalités éminentes de l'art et de la littérature. C'est ainsi que je me familiarisais avec les facultés critiques et les autres habitudes mentales qui caractérisent l'élite française[22]. » MacDonald-Wright avait lui aussi tiré profit de son passage à la Sorbonne. Quand, en 1913, ils commencèrent à exposer leurs points de vue, la clarté de leurs idées étonna. Tenus pour des Orphistes aux côtés de Delaunay ou de Kupka, ils s'en prirent précisément à l'Orphisme dans la préface du catalogue de leur exposition chez les frères Bernheim à l'automne 1913. Prendre les synchromistes pour les orphistes « c'est prendre un tigre pour un zèbre sous prétexte que tous les deux ont un pelage rayé ». La phrase est amusante. Il n'empêche qu'ils pratiquaient purement et simplement les contrastes simultanés de Robert mais avec moins de bonheur que lui.

Il y avait deux autres Parisiens d'outre-Atlantique. L'un, Patrick Henry Bruce, qui avait déjà dépassé la trentaine, avait lui aussi travaillé chez Matisse. L'autre, son cadet de quelques années, Arthur Frost, avait été à l'Académie Julian et à la Sorbonne. On leur appliquait souvent l'appellation synchromistes, ce qui permettait de dire que le premier mouvement américain d'avant-garde était né. En fait, l'un et l'autre proclamaient hautement leur dette envers Robert Delaunay qu'ils allaient bien connaître et qui leur parlerait souvent de ses théories simultanéistes. Bruce qui fut invité à l'Herbstsalon comme Robert allait vivement prendre parti dans la querelle qui opposerait ce dernier aux organisateurs de l'Armory Show.

Il n'est sans doute pas inutile de dire quelques mots de la scène artistique américaine de l'époque afin de bien voir le rôle que joua cette célèbre exposition et comment, grâce au bruit fait par l'incident qu'on vient de mentionner, le nom de Delaunay commença à être connu des Américains. Il y avait en Amérique de remarquables musées et de nombreux collectionneurs éminents, bien peu s'intéressaient encore à la jeune peinture. Les efforts d'Alfred Stieglitz dans sa galerie du 291 5ᵉ Avenue allaient pourtant bientôt porter fruit. En 1901, la Small Photo Secession Gallery inaugura ses expositions de peinture avec soixante dessins de Rodin spécialement choisis par leur auteur. Elle suscita l'indignation générale. Sans se laisser décourager,

Stieglitz l'année suivante exposa Matisse pour la première fois en Amérique. En 1910, c'est chez lui que Max Weber montra ses Rousseau et c'est Stieglitz qui organisa, en 1911, la première exposition Picasso, puis, deux ans plus tard, une exposition Picabia, Marius de Zayas.

L'Armory Show (dans la salle d'armes d'une caserne de Manhattan) avec son succès de scandale allait donner droit de cité à l'art avancé. Elle fut organisée par un groupe d'artistes américains aidés par l'avocat John Quinn, le remarquable collectionneur, qui devait léguer au Louvre le *Cirque* de Seurat. On connaît plusieurs photos de Quinn en tenue de sport sur le terrain de golf de Saint-Germain avec Brancusi et Erik Satie coiffé de son chapeau melon habituel.

On avait dans une intention didactique accroché au début de l'exposition plusieurs tableaux d'Ingres et de Delacroix. Cézanne, Van Gogh, tous les parrains de l'art moderne étaient là avec leurs successeurs. En fait, on ne vit qu'un tableau, *Nu descendant un escalier*, qui affola littéralement l'Amérique entière (l'exposition alla à Chicago et à Boston) et assura à Marcel Duchamp une célébrité qui n'était pas ce qu'il recherchait le plus dans la vie. À côté de ce fracas, tout ne pouvait être joué qu'en mineur. Pourtant Delaunay sut se faire entendre et l'incident qui lui en donna l'occasion allait faire durablement résonner son nom dans les milieux de l'art moderne aux États-Unis. Trois des organisateurs de la manifestation, Walt Kuhn, Davies et Walter Pach étaient venus en Europe pour emprunter des tableaux et s'entretenir avec leurs auteurs. Ils avaient rencontré les Delaunay rue des Grands-Augustins. Les lettres échangées par Robert avec ces organisateurs ont été conservées. Elles montrent qu'incertain de ses choix, il changea plusieurs fois d'avis et que la décision d'envoyer *La Ville de Paris* fut prise à la dernière minute. Pach lui annonça dans une lettre que les tableaux étaient maintenant en caisses et que le choix ne pouvaient plus être modifié. En définitive, Robert avait fixé son choix sur *La Route de Laon* (270 dollars), *Les Fenêtres sur la ville* (540 dollars) et *La Ville de Paris* (5 400 dollars). Pach n'avait fait aucune objection à ce que cette dernière œuvre fût envoyée roulée.

Pourtant, les responsables de l'exposition se rendirent vite compte que *La Ville de Paris* par sa taille écraserait tous les autres tableaux. Il semble qu'ils aient eu l'impression que Delaunay voulait se servir de ce moyen pour attirer l'attention sur lui. C'est en tout cas ce que Pach laissa entendre quand il fut interviewé pour le *New York Herald Tribune*. Paul (le catalogue *dixit*) Picasso avait envoyé une sculpture et sept tableaux dont les prix étaient équivalents à ceux demandés par Robert. Ils couvraient une moindre surface que *La Ville de Paris* à elle seule. Halpert (deux de ses tableaux étaient exposés) tenait régulièrement informé son ami Bob. Il n'avait pas une haute opinion de la scène artistique new-yorkaise. « Durand-Ruel est le marchand le plus avancé chez nous, avec ses Maufra », écrivait-il, ce qui est amusant venant de quelqu'un dont la propre peinture s'en tenait toujours à un impressionnisme sage.

Quand il avait averti les organisateurs que *La Ville* arriverait roulée, ils lui avaient déclaré qu'ils l'aideraient volontiers à la mettre sur châssis le moment venu. Ce qui advint ensuite a été expliqué par Halpert dans son joli franglais : « [...] C'est vraiment dégoûtant d'inviter une toile et pas l'accrocher. Tu verras d'après la lettre ci-inclus qu'ils me disent qu'ils m'avertiront quand il faudrait venir à l'exposition même pour étendre la toile [...] j'arrive dimanche bon matin avec un ami (l'exposition devait s'ouvrir à deux heures pour le "presse") et alors très aimablement le président de la société me donne encore plusieurs ouvriers qui ouvrent la boîte, déroule la grande toile et commence à monter le châssis quand il revient soudainement et me dit que nous n'avons ni le temps ni la place pour la mettre aujourd'hui, venez mardi matin c'est-à-dire aujourd'hui est nous aurons fait la place pour elle. Finalement je viens ce matin et le président me dit que cela ne me regarde pas et que je n'en ai pas la responsabilité — tu as fait les arrangements avec un certain Mr. Pach et il est responsable. Il faudrait que tu leur écrives, l'exposition va dans plusieurs autres villes et ils pourront y faire des changements et placer la toile. »

Le tableau figurait au catalogue, mais dans son supplément on lisait « Catalogué mais non reçu ». C'était comme on dit en Amérique ajouter l'insulte à l'injure. Robert avait de bonnes raisons d'être furieux. « Je suis ami avec toi, écrivait-il à son cher Sam, pour te dire que j'aurai mieux aimé un télégramme mais je pense cependant que l'effet a été produit ; c'est pourquoi j'attends avec impatience des nouvelles. J'espère qu'il y a eu du *scandale dans la presse et à l'Exposition.* »

On voit, qu'à son habitude, il exagérait considérablement l'importance qui s'attachait à son nom. Sûr donc du choc produit, il voulait faire avec Bruce une exposition privée. « [...] Pour en revenir au scandale, cela aussi pouvait être intéressant pour un marchand qui désire être connu du public et la presse pouvait aussi, selon nos prévisions, en faire son intérêt. C'est *très loin*, mais je t'assure que si cela s'était passé à Berlin j'en aurais tiré grand profit, j'en aurais fait parler pendant longtemps. Nous avons tous les droits légaux et toi, tu étais *là-bas mon représentant.* C'est une gaffe énorme qu'ils ont commise envers tout le monde. Je t'assure qu'on ne m'a pas fait cela à Berlin où j'ai eu des articles merveilleux et où je suis traité de Roi de la nouvelle peinture.

« Mon exposition va ouvrir cette semaine à Cologne.

« Je suis dans un travail fou car noblesse oblige.

« La Russie me réclame et tu peux leur crier dans l'oreille.

« Aussi sur les cartes, pourquoi ne suis-je pas signalé *invité* ? Je me suis fait, cependant, *bien prier* et cette *Ville de*

Paris a été la *seule* condition de mon autorisation. Tu peux montrer cela à *tous les présidents*.

« Tout cela est un *préjudice* pour moi, car *l'Europe* me réclame de tous côtés et je n'ai pas assez d'œuvres. Je te prie de leur traduire ce mot[23]. »

Delaunay, tout naturellement, voulut retirer ses tableaux. Il s'obstinait à vouloir organiser une exposition privée avec Bruce. Halpert lui expliqua que l'effet ne serait pas ce qu'il attendait et que de toutes façons, c'était impossible car aucune galerie n'était disponible. Quand ce dernier vint reprendre les toiles, Pach et ses amis rétorquèrent que tous les prêts avaient été faits sans restriction aucune et que les tableaux devraient donc rester accrochés. Ils ne furent pourtant pas envoyés à Chicago et à Boston. *La Ville de Paris* fut endommagée pendant le voyage de retour. Une longue et aigre négociation s'ensuivit. Finalement, au début de novembre, un chèque de 61,79 dollars fut envoyé au peintre. C'était une mince compensation pour tant d'espoirs trompés. Le nom de Delaunay n'en resta pas moins associé, pour les Américains, à la grande fantasia de l'Armory Show, même si l'entrée dans les musées et le succès commercial allaient se faire longtemps attendre.

Robert avait annoncé à Sam Halpert que *Le Mercure de France* allait écrire un article consacré au « scandale ». Il n'y eut rien, mais *Montjoie* parla de l'affaire. La revue de Canudo reste un témoignage intéressant sur l'époque en ce que ses positions politiques étaient celles de Maurras et ses idées en matière d'art et de poésie aux antipodes de celles que défendait le maître à penser de *L'Action française*[24]. L'éditorial de *Montjoie* fut repris, en mars, dans le *New York Times* : « Des jeunes peintres avaient été invités à envoyer des toiles pour être montrées à une certaine exposition d'art français qui a lieu actuellement à New York. La nouvelle vient de parvenir ici que cette exposition est un simple prétexte pour présenter en bonne place des tableaux de mauvais peintres américains qui comptent parmi les organisateurs.

« Les œuvres des artistes français sont disséminées et mal accrochées. Ce ne sont que des appâts pour attirer le public. Une grande toile de Launay [*sic*] appelée *La Ville de Paris* n'a même pas été accrochée et comme les tableaux de Picasso ne sont pas groupés ensemble, on ne peut se faire une idée du talent de l'artiste. Le même traitement est infligé aux œuvres envoyées par Mlle Laurencin, Derain, etc. Plusieurs jeunes peintres américains, conscients de l'injustice faite à leurs confrères français dont le talent est d'une importance réelle dans l'art contemporain, ont décidé de retirer leurs œuvres et cela est sans doute fait dès maintenant. L'esprit nouveau est le signe sous lequel se place l'exposition. Il semble que cet "esprit nouveau" si vanté est en réalité un esprit très ancien — celui des affaires. »

L'éditorial était illustré par une reproduction en double page de *La Ville de Paris*. On ne fait pas preuve d'une grande faculté de divination en disant que Robert ne devait pas être pour rien dans tout cela. On le voyait souvent avec Sonia aux « lundis » de *Montjoie*. À ces brillantes réunions, on rencontrait aussi bien Stefan Zweig, John Middleton-Murray ou Louis Le Cardonnel que Cendrars, Villon, Satie, Varèse et André Salmon, pour ne citer que ceux-là.

Bagarre rive gauche — Assassinat rive droite

Une autre revue paraissait au même moment. Elle n'était pas l'organe d'un groupe mais d'un homme seul. *Maintenant* était entièrement rédigée par Arthur Cravan. Il vendait lui-même la revue (elle était aussi en dépôt chez une dizaine de bons libraires) dans une voiture de marchande des quatre-saisons à la porte des Salons et des expositions de l'avant-garde. Cravan, cet authentique dadaïste avant la lettre, s'amusait à répéter avec ostentation qu'il était le neveu d'Oscar Wilde — ce qu'il était en effet. Il aimait aussi afficher sa qualité de boxeur professionnel. Ce qu'il savait faire de ses poings était suffisant en tout cas pour triompher de Robert.

On a souvent dit que l'altercation entre les deux hommes avait été provoquée par un article de Cravan consacré au Salon des Indépendants de 1914. C'est inexact. Cravan dit en effet dans cet article paru après l'altercation : « [...] Robert Delaunay, je suis tenu à prendre quelques précautions avant de parler de lui. Nous nous sommes battus et je tiens à ce que ni lui ni personne ne pense que ma critique en ait été influencée. Je ne m'occupe ni des haines ni des amitiés personnelles[25]. »

En fait, assis à une table voisine de celle des Delaunay et de Canudo au bar du Bal Bullier, où, cette fois, ils n'étaient pas venus ensemble, Cravan tint, assez fort pour être entendu, des propos blessants pour Robert. Ce dernier se précipita sur le poète-boxeur et fut aussitôt abattu par un direct on ne peut plus professionnel. En tombant, Robert entraîna Cravan dans sa chute. Sonia venue à la rescousse (en robe simultanée ?) fit tomber sur le vainqueur en train de se relever une grêle de coups avec ses jolis poings. On n'ose penser à ce qui serait advenu d'elle si Canudo la tirant vigoureusement par le bras ne l'avait mise hors de l'atteinte du champion.

Les Delaunay portèrent plainte, prirent un avocat et en firent tant que Cravan passa huit jours en prison. Plusieurs amis de Sonia et de Robert jugèrent sévèrement leur attitude. Blaise Cendrars, en particulier, leur signifia dans une lettre sa désapprobation sans mâcher ses mots. Sonia, qui avait une grande tendresse pour Blaise, en fut sans doute très affectée. Ni elle ni Robert n'étaient pourtant décidés à en rester là. Ils poursuivirent la procédure déjà entamée et Cravan se serait sans doute trouvé dans un mauvais cas si la guerre n'était venue disperser tout ce monde.

Le numéro concernant le Salon des Indépendants aurait suffi, à lui seul, pour nourrir un dossier : « M. Delaunay qui a une gueule de porc enflammé ou de cocher de grande maison pouvait ambitionner avec une pareille hure de faire une peinture de brute... Par malheur pour lui — vous comprenez bien qu'il me soit indifférent que tel ou tel ait du talent ou n'en ait pas — il épousa une Russe, oui, Vierge Marie ! Une Russe, mais une Russe qu'il n'ose pas tromper. Pour ma part je préférerais faire de mauvaises manières avec un professeur de philosophie au Collège de France — M. Bergson par exemple — que de coucher avec la plupart des femmes russes. Je ne prétends pas que je ne forniquerais pas une fois avec Mme Delaunay puisque, avec la grande majorité des hommes, je suis né collectionneur et que, par conséquent, j'aurais une satisfaction cruelle à mettre à mal une maîtresse d'école enfantine, d'autant plus, qu'au moment où je la briserais, j'aurais l'impression de casser un verre de lunette.

« Avant de connaître sa femme, Robert était un âne ; il en avait peut-être toutes les qualités : il était brailleur, il aimait les chardons, à se rouler dans l'herbe et il regardait avec de grands yeux stupéfaits le monde qui est si beau sans songer s'il était moderne ou ancien... Depuis qu'il est avec sa Russe, il sait que la tour Eiffel, le téléphone, les automobiles, un aéroplane sont des choses modernes. [...] Mme Delaunay qui est une cérébrâââle, aussi, bien qu'elle ait encore moins de savoir que moi, ce qui n'est pas peu dire, lui a bourré la tête de principes pas même extravagants, mais simplement excentriques. Robert a pris une leçon de géométrie, une de physique et une autre d'astronomie et il a regardé la lune au télescope, quand il a été un faux savant. Son futurisme — je ne dis pas ça pour le vexer car je crois que presque toute la peinture à venir dérivera du futurisme auquel il manque également un génie, les Carrà ou Boccioni étant des nullités — a de grandes qualités de toupet — comme sa gueule — bien que sa peinture ait les défauts de la hâte de vouloir être coûte que coûte le premier. »

Les Delaunay étaient en bonne compagnie. Les obscénités débitées à Sonia n'étaient rien comparées à celles dont furent honorées Suzanne Valadon et Marie Laurencin. Le récit dans *Maintenant* d'une rencontre avec André Gide (qui pensa à Cravan pour son Lafcadio) est un parfait exemple de son sens aigu de l'observation mis au service de sa méchanceté joyeuse.

Cravan fut, dit-on, aussi péniblement affecté par son séjour en prison que le fut Apollinaire avec qui il avait eu une ridicule histoire de duel. Bientôt, il passa en Espagne d'où il s'embarqua pour l'Amérique. Sur son mauvais rafiot, il y avait aussi Trotski qui, dans *Ma vie*, a raconté cette traversée : « La population du navire était d'une composition variée et dans l'ensemble peu attirante... déserteurs, aventuriers, spéculateurs venus d'Europe "éléments indésirables" — car qui pouvait avoir l'idée de traverser en cette saison l'Atlantique sur un mauvais vapeur espagnol ?

« [...] Un boxeur, littérateur à l'occasion, cousin d'Oscar Wilde, avouait franchement qu'il aimait mieux démolir la mâchoire à des messieurs yankees dans un noble sport, que de se faire crever les côtes par les Allemands. »

Le neveu d'Oscar Wilde fut avec Marcel Duchamp, Man Ray et Picabia un des meneurs de jeu du groupe « pré-Dada » si actif alors à New York. Il allait disparaître au Mexique — noyé ou assassiné —, sans qu'on ait jamais pu retrouver sa trace.

Depuis quelque temps *Le Figaro* menait une campagne très dure contre le ministre des Finances Joseph Caillaux. On lui aurait pardonné sa relative germanophilie mais sa volonté d'instaurer — lui, un fils de grand bourgeois — l'impôt sur le revenu paraissait intolérable à ses pareils et à beaucoup d'autres. Le 16 mars 1914 l'élégante Mme Caillaux se fit annoncer chez Calmette, le directeur du *Figaro* et, aussitôt entrée, le tua d'un coup de revolver. « Ne me touchez pas, je suis une dame », cria-t-elle à ceux qui venaient l'arrêter. On n'a pas tous les jours un pareil fait-divers à se mettre sous la dent. Les journaux surent en tirer parti. On imagine ce qu'il en eût été si la radio et la télévision avaient existé alors. Calmette avait cherché à trouver un éditeur pour *Du côté de chez Swann*, le premier volume de *La Recherche*, qui lui est dédié. Proust voyait dans son assassinat comme un ancien sacrifice rituel fait en vain — le premier avertissement qu'une guerre mondiale allait venir.

Parmi les cartes postales et les pages d'hebdomadaires que Delaunay conserva toujours il y a celle du Supplément Illustré du *Petit Journal* (29 mars 1914) montrant Mme Caillaux révolvérisant Calmette. Delaunay ne pensait sans doute pas au caractère prémonitoire du geste. Ce qui dut le frapper dans l'image de l'illustré était l'explosion simultanée de la lumière et du son engendrée par le coup de feu. Il appliqua les images de l'élégante tireuse et de l'homme foudroyé (c'était des collages) sur un disque qui paraît tournoyer sous l'effet des ondes sonores. L'œuvre (huile et papier collé sur carton) porte à sa partie supérieure le titre même du *Petit Journal* : *Drame politique*. Au bas du tableau la signature équilibre cette inscription. Tandis que Robert achevait cette œuvre, le monde commençait à vivre dans une incertitude angoissante jusqu'à ce 2 août 1914 dont on a souvent dit qu'il a marqué la vraie fin du XIXe siècle.

La Marne et la Bidassoa

Robert et Sonia ne virent pas les affiches de la mobilisation. Depuis fin juin ou juillet, ils étaient à Fontarabie dans le pays Basque espagnol. On est renseigné sur les années ibériques des Delaunay grâce en particulier à Bernard Dorival à qui Sonia avait communiqué sa correspondance de cette époque. Il l'a étudiée avec le soin et la sensibilité qu'il met toujours à ses recherches.

Sam Halpert qui avait été à Fontarabie l'année précédente leur en avait vanté l'admirable lumière. Ils allaient d'ailleurs l'y retrouver un peu plus tard. Pour le moment, ils étaient là avec Diego Rivera, le peintre américain Léon Kroll et le peintre basque Angel de Zarraga. C'est à Fontarabie qu'ils apprirent que la guerre avait éclaté. La situation militaire de Robert était claire, il avait, on s'en souvient, été réformé à Laon en octobre 1908. Il jugea bon pourtant de ne pas rentrer et, en août, envoya Sonia à Paris pour quelques jours qui durèrent plusieurs semaines. De la rue des Grands-Augustins, elle annonce qu'elle a vu Cendrars « qui croit en son étoile », la baronne d'Oettingen, leur ami le procureur Granier, un grand amateur d'art, et que Cravan ne s'est pas engagé. Elle fait aussi savoir qu'elle a acheté des couleurs, « des petits couteaux à palette fins et incassables ». Pour conclure, elle déclare qu'à Paris « tout est triste et assez vide ». Quelques jours après, elle reprend la plume : « Ce qui est très beau, ce sont les autos militaires. Tu aimerais ça. » Pour permettre d'apprécier cette lettre à sa valeur indiquons qu'elle fut écrite après Charleroi et avant la Marne.

Comme savent si bien le faire les enfants, Charlot trouva le moyen d'attraper la typhoïde à ce moment mal choisi. Robert parla de la maladie à Sonia qui ne crut pas devoir hâter son retour. Robert était toujours aussi inepte devant la maladie mais la grand-mère Berthe était là. Il envoya à trois reprises des nouvelles de la « mauvaise typhoïde ». Peut-être pour ne pas troubler la bonne conscience de sa femme, il lui disait dans une lettre du mois d'août : « Charles ne fait pas allusion à toi. » Sonia répondit en regrettant que le petit garçon ne fût pas plus affectueux. « Il me paraît étrange, disait-elle, d'être si complètement effacée de son souvenir et cela me fait de la peine. » Elle sut surmonter ce chagrin et ne revint à Fontarabie qu'à la fin du mois de novembre ou au début du mois suivant. En attendant, elle donnait des conseils : « À Paris, rien de nouveau [*sic*] Inutile de le dire à ta mère [...] Évite de mettre Halpert dans vos conversations. Ta mère a la passion de laver son linge sale devant les étrangers. » Le ton de cette mise en garde (utile sans doute) n'indique rien qui soit inhabituel dans les rapports entre une jeune femme et sa belle-mère[26].

De son côté, Robert ne se montrait pas particulièrement préoccupé par les nouvelles du front. « Je me demande ce qui s'est passé avec la rue Vignon (la galerie de Kahnweiler). Si au moins toute cette bande était prise ! Le petit K. a dû trouver des arguments. » On voit à quel point Delaunay détestait le marchand de Picasso et des cubistes. Cette lettre, pense Bernard Dorival, dut être écrite après la victoire de la Marne car, dit le peintre : « Je ne vois plus les petits Allemands, l'arrogance est rentrée. »

Le patriotisme teinté de chauvinisme de Robert fut sans faille tout au long de ces années pendant lesquelles il ne songea nullement à affirmer ses convictions par un engagement. Apollinaire ne cessa jamais, même quand il fut en première ligne, de rédiger des préfaces à des catalogues d'exposition et d'envoyer des échos à des périodiques divers. Pour *Le Petit Messager des Arts et des Industries d'Art*, il fit en mars 1915 un long article : *L'Art vivant et la Guerre*. Il énumérait les artistes et exposait, d'Archipenko et Braque à Léon Zack, la situation de chacun : « Le sculpteur Duchamp-Villon est aide-major à Saint-Germain, [...] Léger est au front dans le train des équipages [...] Larionov, sergent dans un des régiments qui envahirent la Prusse orientale, fut blessé dans les parages des lacs mazures [...] Ugo Giannanttasio et le Polonais-Autrichien Kisling sont dans les régiments de marche étrangers [...] Serge Férat travaille durement dans un hôpital [...]. »

Apollinaire, pourtant si sourcilleux, se montre

compréhensif à l'égard de tel ou tel ami : « Picasso trop faible pour s'utiliser à autre chose que son inappréciable travail d'artiste. » Avant d'aller plus loin, rappelons que, sujet d'un pays neutre, Picasso n'avait de compte à rendre à personne. Pour Delaunay, le poète ne témoignait d'aucune indulgence : « Le bruit a couru que Robert D... était à Saint-Sébastien, mais je ne puis me résoudre à admettre l'exactitude de cette assertion invraisemblable. » Si l'intéressé, ce qui n'est guère probable, connut cet article, il n'en fut sans doute pas très ému[27].

Est-ce parce qu'« il ne voulait pas se faire casser les côtes par un Allemand », tout comme Cravan, qu'il se réconcilia avec ce dernier ? Cendrars a raconté la chose à sa manière, avec des détails savoureux, des remarques lucides, une drôlerie supérieure et une parfaite indifférence aux faits et à la chronologie. Dans *Le Lotissement du ciel*, il rapporte que « le jour de la déclaration de guerre, Arthur Cravan se jeta à l'océan, franchit d'une brasse infatigable, tant sa frousse était intense, la large embouchure de la Bidassoa, aux eaux basses mais aux sables mouvants, et fila d'une traite de Hendaye-plage, où il séjournait, à Fontarabie, où il rejoignit Robert Delaunay, laquelle autre grande gueule avait passé le pont international de Béhobie la veille au soir, avant la fermeture de la frontière, et qui s'apprêtait à prendre le train de Lisbonne avec armes et bagages [...] et sa smala, madame, bébé, la nurse lituanienne et Mme Delaunay mère, tout un déménagement !

« Sans hésiter, Arthur se joignit à la caravane Delaunay ; mais à Lisbonne Cravan ne se sentit pas tranquille en tant que citoyen anglais et lorsque le Portugal, allié de l'Angleterre, déclara à son tour la guerre et entra en campagne, Arthur passa illico en Espagne, où il vécut quelque temps à Madrid, toujours avec Robert, qui n'avait pas tardé à venir le rejoindre. Sonia faisait la cuisine pour tout le monde et se débrouillait avec belle-maman [...] Vivre aux crochets de ces deux femmes ne le dérangeait pas outre mesure, mais Cravan ne se sentait pas tranquille en Europe. Il voulait passer en Amérique, où il avait de la famille et des relations ; mais il n'avait plus un sou [...] et ne savait plus à quel saint se vouer s'étant mis à dos jusqu'à la belle-maman Delaunay (une Parisienne qui n'avait pas la langue dans sa poche) à force de l'avoir tapée, frustrée, filoutée, empapaoutée, faisant du charme pour expédier des télégrammes, des appels désespérés dans toutes les directions. »

On arrête là cette citation car la longue suite du texte traite de l'extravagant épisode du combat à Barcelone contre le champion du monde de boxe toutes catégories Joe Johnson, puis de la vie de Cravan dans le Nouveau-Monde et sa mort. Au long du récit, Blaise Cendrars accuse Cravan d'avoir constamment fait preuve d'une abjecte lâcheté pour conclure : « Tout cela n'enlève rien à l'immense talent du poète [...] Il a adressé alors à son épouse parisienne des lettres extraordinaires [...] d'émotion et de poésie intense et contenue, des hymnes à la nuit aussi profonds et suaves que ceux de Novalis et des illuminations fulgurantes aussi prophétiques et rebelles et désespérées que celles de Rimbaud. »

Nul, sinon leur destinatrice qui fut toujours d'une grande discrétion et peut-être Cendrars, n'a jamais vu ces lettres. On connaît plusieurs de celles qu'il envoya à Mina Loy, son épouse américaine. Elles témoignent de l'amour profond qu'il éprouvait pour cette femme si belle et si douée. Sans recourir à des comparaisons littéraires elle a su dire en quelques lignes d'une lettre ce qu'il en était : « Vous savez, il était extraordinaire. Et comme il était si simple dans son extraordinaireté, il faudrait pour l'expliquer écrire un traité analytique. Sa vie était irréelle ou surréelle en ceci qu'il n'a jamais été la chose qu'il aurait risqué d'être. Jamais il ne s'est approché d'une chose plus qu'il n'était besoin pour un poète de le faire[28]. »

La réconciliation de Robert avec son adversaire ne fut

évidemment pas conforme au récit de Cendrars. Il reste que les quelques études sérieuses consacrées au poète boxeur mentionnent toutes — mais sans le moindre détail — cette réconciliation. Laissant Cravan à son destin, voyons ce que furent les années d'exil des Delaunay. Relevons d'abord qu'ils n'eurent que des contacts épisodiques avec la bande turbulente dans laquelle figura Cravan jusqu'à son départ et qui, parmi d'autres, réunissait, au gré de leurs allées et venues, Picabia, Gabrielle Buffet, Marie Laurencin et son mari allemand qui avait préféré déserter plutôt que combattre les compatriotes de sa femme. Robert et Sonia ne furent donc pas exposés à ce vent pré-Dada venant de New York qui soufflait sur tout cela.

Quand Sonia revint enfin, la famille au complet partit presque aussitôt pour Madrid. Après la bataille de la Marne, il était vite devenu évident que la guerre serait longue. Il fallait si on ose dire prendre ses quartiers d'hiver. Les revenus procurés par les immeubles de Sonia étaient transférés en Espagne aussi facilement qu'en France, mais le cours du rouble avait considérablement baissé. La présence de Berthe était un rappel constant des dangers de l'imprévoyance à laquelle Robert n'était que trop enclin. Entraînés par leur admiration pour les deux peintres, des biographes les ont installés dans des logements somptueux mis à leur disposition par de hauts personnages d'un royaume où ils ne connaissaient encore personne. Bernard Dorival a retrouvé dans les papiers de Sonia une lettre de Diego Rivera adressée à une modeste pension de famille de la calle Goya. Il a eu connaissance aussi d'une lettre, envoyée de Paris le 28 avril, dans laquelle Sonia disait à Robert : « Il faudra s'installer le plus modestement possible... ce n'est pas le moment de faire des dépenses, l'argent russe est excessivement bas. »

Outre des pensions de famille, il y avait à Madrid un des plus beaux musées du monde. Sonia et Robert furent très frappés par ce qu'ils purent voir de la grande peinture espagnole si mal représentée au Louvre. Ces visites furent pour l'un et pour l'autre une invitation à travailler. L'heure n'était pas à l'abstraction. Il fallait vendre et pour cela se faire connaître des amateurs « avancés » dont le modernisme n'allait pas jusqu'à admettre l'absence de toute figuration. Les sujets riches d'une exaltante couleur locale ne manquaient pas. Il était stimulant aussi d'en doter la représentation de tout ce que le travail des années précédentes leur avait appris du rapport des formes et de la lumière. En 1915, Robert peint beaucoup et souvent à la cire. C'est cette technique qu'il emploie pour faire une petite nature morte puis deux des quatre versions du portrait d'un jeune gitan qui avait accepté de poser nu. À la cire aussi, deux des six *Femmes nues lisant*. Les plus remarquables de ces versions ont été faites à l'huile. Elles sont de grandes dimensions (1,95 m x 2 m). Cette liseuse nue avait eu pour modèle une Française rousse et plantureuse dont Sonia disait qu'arrivée sans son mari en Espagne avec trois enfants, elle en était repartie avec cinq.

Tout cela est peint dans la lumière éclatante de Madrid, « sans brume, sans gris, rien qu'un chant de couleurs qui s'entrechoquent ». Des *Chanteurs Flamenco* de Sonia, Robert a ceci à dire : « Ces chants aigus et orientaux des femmes andalouses, qui ont encore les yeux étonnés de ne plus être voilées, dans la lumière enveloppante d'un petit théâtre, donnent une atmosphère de vibration du son avec la vibration de la lumière. La construction du tableau est basée sur de grands contrastes s'enchevêtrant les uns dans les autres et enveloppés dans des vibrations dissonantes comme des chants flamencos. Deux personnages assis avec une guitare centre du mouvement de la couleur et, comme dans la nature, les têtes ne prennent pas plus d'importance que celle qui leur est imposée par le rythme d'après les lois uniquement des couleurs — forme du tableau. »

D'une lettre de Diego Rivera à Sonia (22 mars 1915), annonçant sa visite « si votre départ pour Paris ne se précipite pas », on peut conclure qu'il fut question alors de ce voyage tout au moins pour Sonia. On n'en sait pas plus mais ce qui est certain c'est qu'en juin ou en juillet, la famille partit pour le Portugal. Était-ce pour échapper à la chaleur torride de l'été madrilène ? Une invitation par de jeunes artistes portugais fondateurs d'un groupe intitulé Orfeu ne fut sans doute pas pour rien aussi dans cette décision.

Quoi qu'il en soit, Robert et Sonia allaient être enchantés par ce séjour qui durerait jusqu'au début de 1917. Avec le peintre Eduardo Vianna et Sam Halpert, ils louèrent au bord de l'océan une villa qu'ils baptisèrent La Simultanée. Là ils connurent de jeunes artistes et retrouvèrent une vieille connaissance parisienne, Amadeo de Souza-Cardoso, le grand meneur de l'avant-garde portugaise. Il n'en fallait pas plus à Robert pour entraîner ses amis dans une de ces entreprises plus ou moins chimériques dont il avait le secret. On donna tout d'abord un nom au projet : *Corporation nouvelle*. Il s'agissait d'organiser des expositions itinérantes à l'occasion desquelles seraient publiés des albums associant des artistes et des poètes. Sonia espérait que la première de ses manifestations pourrait avoir lieu à Barcelone chez Joseph Dalmau, un des défenseurs de la jeune peinture les plus dynamiques du moment. Cette « exposition simultaniste » devait s'accompagner de conférences. Sonia souhaitait installer une mise en scène avec des objets populaires portugais, vases, jouets, qu'elle avait décorés. Ce projet fut retardé à plusieurs reprises, puis finalement annulé.

En pleine guerre, les chances de réussite de pareilles entreprises étaient des plus minces. Rien évidemment ne se fit. Un projet de bulletin de souscription de Robert et des projets de Sonia pour un premier album ont été conservés. Le prospectus comportait les noms d'Apollinaire et de

Cendrars. Il ne semble pas que les deux poètes aient été consultés à ce sujet. Le séjour de Robert devait être interrompu par plusieurs semaines passées en mars et avril 1916 à Vigo où Sonia vint le rejoindre quelque temps. Pourquoi ce retour en Espagne ? Le 9 mars, l'Allemagne avait déclaré la guerre au Portugal. Bien que réformé en bonne et due forme, Robert craignait de voir sa situation devenir épineuse dans un pays dorénavant belligérant et allié à la France. En Espagne neutre, il fit confirmer son statut de « réformé définitif » motivé par une hypertrophie cardiaque et une matité pulmonaire.

Puis Sonia et lui revinrent au Portugal pour se fixer à Valença Do Minho. Dans cette petite ville les échos des grandes explosions qui déchirent l'Europe arrivent très assourdis. Le soleil y est « plus humain et plus proche qu'à Madrid », a dit Sonia. C'est de là qu'elle allait rapporter une de ses œuvres les plus importantes *Le Marché au Minho* (197 x 216 cm, Centre Pompidou). La toile dans ses nombreuses versions montre sous « le soleil plus humain » les bœufs et tous les produits aux intenses couleurs de la terre féconde, les pastèques, les tomates, les melons. Les marchands et les marchandes aux formes plantureuses semblent eux aussi ne rien savoir de ce temps troublé. De son côté, Robert travaille bien et les mêmes thèmes l'attirent. Il peint une *Femme au marché*, une *Femme à la pastèque*, quatre *Femme au potiron* et une dizaine de natures mortes où figurent les fruits qui ont inspiré Sonia. Il fait aussi à la cire, à l'huile, à la colle, au pastel l'importante série des *Verseuses portugaises*. Les couleurs éclatantes de ces tableaux témoignent de l'enthousiasme inspiré à Delaunay par le spectacle de la vie populaire portugaise : « Des contrastes violents de taches colorées, des vêtements de femmes, des châles éclatants avec des verts savoureux et métalliques, des pastèques. Des formes de couleur : femmes disparaissant dans des montagnes de potirons, légumes dans des marchés féeriques[29] ». Dans ces œuvres,

ROBERT DELAUNAY.
L'Équipe de Cardiff (3ᵉ représentation). 1912-1913.
Huile sur toile. 326 x 208 cm.
Musée d'art moderne de la ville de Paris.
© ADAGP, Delaunay 1995.

ROBERT DELAUNAY.
Une Fenêtre. Étude pour les trois fenêtres. 1912-1913.
Huile sur toile. 110 x 92 cm.
Musée national d'art moderne, Centre Georges Pompidou, Paris.
© ADAGP, Delaunay 1995.

SONIA DELAUNAY.
Prismes Électriques. 1914.
Huile sur toile. 250 x 250 cm.
Musée national d'art moderne, Centre Georges Pompidou, Paris.
© ADAGP, Delaunay 1995.

SONIA DELAUNAY.
L'Affreux Jojo. 1947.
Huile sur toile. 207 x 196 cm.
Collection particulière.
© ADAGP, Delaunay 1995.

les éléments de la réalité sont intimement mêlés aux éléments inobjectifs. Les formes circulaires sont aussi bien des pastèques, des oranges et des plats que des cercles abstraits.

Valença Do Minho n'est pas si loin du monde que les animateurs d'une galerie de Stockholm ne puissent les rejoindre. En 1916, la Nya Konstgalleriet souhaite exposer seize tableaux de Sonia qui réalise aussi la couverture du catalogue. Dans ce but elle exécutera une vingtaine d'études à la cire. Celle qu'elle choisit en définitive comporte à droite son autoportrait coiffée d'un chapeau « simultané » fait de disques concentriques. À gauche, les noms de l'artiste et de la galerie s'inscrivent dans des formes circulaires. Cette composition fera l'objet d'un pochoir pour chaque exemplaire du catalogue. À l'envoi de Sonia quatre tableaux de Robert avaient été joints. Peu après, il peut écrire à sa mère : « J'ai eu de bonnes nouvelles du Nord, on me demande [de garder] les quatre tableaux que j'avais envoyés. »

Berthe est à Barcelone et Robert, las de sa solitude dans l'extrême occident, pense à venir la rejoindre avec Sonia. « Je veux bien faire quelque chose d'audacieux à Barcelone avec les industriels intelligents », écrit-il dans la même lettre. Ces gens, en effet, ne manquent pas dans la capitale de la Catalogne qui est aussi le centre nerveux de l'industrie et des échanges en Espagne. Toujours dans la même lettre, il déclare à sa mère qu'il aimerait être montré dans la galerie de Dalmau. Berthe qui était en contact régulier avec ce dernier joua un rôle d'intermédiaire sans succès.

Robert est à Barcelone le 13 septembre, quand il écrit à l'intellectuel catalan Felice Elias. Bernard Dorival a retrouvé le brouillon de cette lettre qu'il qualifie, à juste titre, de capitale et qui était demeurée inédite jusqu'à la découverte de ce brouillon. Robert avait demandé à Elias de lui envoyer deux exemplaires du numéro de juillet de la revue qu'il dirige et dans lequel il a publié « votre article qui m'a beaucoup plu sur la peinture française ». Cela étant dit, Robert fait lui aussi un panégyrique de cet art français dont il exalte la « fraîcheur de vision, cette nouveauté de construction [dont] ont témoigné les artistes français dans toute la période passée et actuelle ». À mesure que la lettre avance, Delaunay devient de plus en plus véhément. « On a toujours voulu contester l'apport de l'art français. Les impressionnistes ont été accusés d'être "les suiveurs de l'art anglais [...] Delacroix est oriental" a-t-on dit. Aujourd'hui ce sont les Allemands, spéculateurs et marchands, qui ont glorifié le cubisme. » Robert ne veut plus se souvenir qu'il a été, comme dit Bernard Dorival, persona gratissima en Allemagne de 1912 à 1914. L'animosité à l'égard de Kahnweiler emporte tout, Apollinaire et Salmon sont accusés d'être ses créatures sans que Delaunay veuille se souvenir de tout ce que le poète d'*Alcools* a fait pour lui. Sur le front, les choses vont comme elles peuvent, la pensée française, l'art français ont du moins en Espagne un fervent et actif défenseur.

Quand, en février 1917, le tzar fut chassé et de très pâles socialistes arrivèrent au pouvoir, Sonia ne semble pas avoir prêté grande attention à l'événement. Un jour d'octobre, elle se promenait sur les Ramblas avec Robert quand soudain ils apprirent par les crieurs de journaux que les très rouges socialistes de Lénine, les bolcheviques, avaient pris d'assaut le siège du gouvernement. Sonia a souvent raconté comment en entendant la nouvelle, tous les deux avaient sauté de joie. Elle n'a jamais expliqué pourquoi l'annonce de cette révolution avait pu leur donner ce moment de bonheur. Kerenski et les siens, fidèles aux engagements pris par la Russie, poursuivaient la guerre aux côtés des alliés. Le point fort de la propagande des bolcheviques était d'affirmer que, dès leur arrivée au pouvoir, ils signeraient une paix séparée avec les puissances centrales. Tel était l'état d'esprit des masses affamées et désespérées que cette prise de position, à elle seule, allait être déterminante. Le pacifisme — très chauvin — de Robert explique sans doute les pas de danse esquissés sur les Ramblas à l'annonce d'un événement que la France et ses alliés redoutaient par-dessus tout.

À peu près au même moment survenait un autre événement très mince, celui-là, mais fait pour enchanter Robert : l'échec de *Parade*. Le ballet commandé par Diaghilev à Satie, Picasso et Cocteau avait été créé à Paris au printemps. Malgré la présence d'un grand nombre de snobs au modernisme affirmé, le ballet n'obtint guère qu'un succès de scandale. Rien donc d'étonnant à ce que le public de Barcelone n'ait pas été séduit. Delaunay n'y regardait pas de si près. Le fait que Picasso n'avait pu plaire dans son propre pays suffisait à lui apporter une satisfaction profonde. Diaghilev allait faire autre chose pour les Delaunay que d'offrir involontairement un aliment de choix à leur ressentiment à l'égard du maître des cubistes.

La Casa Sonia

La rencontre avec Diaghilev eut lieu à Madrid, où le plus grand imprésario du siècle (le plus intelligent et le plus averti aussi) avait conquis la faveur du roi. La rencontre venait au bon moment. Les danseurs des Ramblas savaient maintenant que le gouvernement des Soviets avait aboli la propriété privée. Il n'était plus nécessaire de s'intéresser au cours du rouble : les immeubles de Sonia avaient été confisqués. « Ruinée comme nous tous », dit affectueusement Diaghilev à Sonia en la voyant pour la première fois. Pas question encore de travailler pour les ballets mais Chinchilla allait leur faire connaître des gens utiles. Dans un texte du catalogue de son exposition au Musée d'art moderne en 1967-1968, Sonia écrivait : « Présentée par lui à deux personnes à la tête de la société et introduite par elles, j'ai donc pu travailler en gagnant notre vie. »

La Sonia de la robe simultanée et des objets du Herbstsalon, qui avaient tant frappé, pensait qu'elle devait pouvoir gagner l'argent, devenu si nécessaire, en se consacrant à ce genre d'activités. Les « deux personnes à la tête de la société » étaient le marquis de Valdeiglesias, le sénateur directeur du grand quotidien *La Epoca* et Juan José Romero, sous-secrétaire aux Beaux-Arts. Introduite par eux dans le monde madrilène, elle ouvrit, dans un quartier élégant, *la Casa Sonia*, son magasin de couture et de décoration. Pour s'imposer, il fallait avoir des idées — la directrice de la maison n'en manquait pas — et le faire savoir. Elle a le sens de la publicité et aussi de ces pratiques connues depuis la nuit des temps mais qui alors n'ont pas de nom encore : les relations publiques. Elle crée des capelines en rafia et des ombrelles à motifs folkloriques pour les enfants du marquis et de la marquise de Urquijo. Une photographie des jeunes filles paraît dans la presse. Nul besoin d'y faire figurer son nom, le Tout Madrid saura vite que la directrice de la Casa Sonia a eu la hardiesse d'utiliser le vulgaire rafia pour faire les capelines si seyantes des jolies aristocrates.

Tout cela impose un travail acharné. Sonia se donna tout entière à sa tâche. Comment créer des vêtements, dessiner des meubles, gérer une affaire et en même temps peindre ? Après la période si féconde du Portugal, celle où elle ne produira plus est venue. Elle durera longtemps et Sonia aura l'élégance de ne se plaindre jamais. Il faut faire vivre la famille et elle sait qu'elle seule est en mesure de le faire. Avec ses sautes d'humeur habituelles, ses idées folles, mais parfois aussi avec un certain sens pratique, Robert mettra la main à la pâte et se montrera très actif.

Diaghilev n'allait pas se contenter de leur faire connaître le beau monde. Bientôt, il allait les faire travailler.

À côté de créations comme *Le Sacre du Printemps* et *Parade*, bons pour sa réputation d'esthète non conformiste, Chinchilla avait besoin de ballets ayant fait leurs preuves.

Cléopâtre présenté d'abord à Saint-Pétersbourg en 1908 puis à Paris l'année suivante était constamment repris et toujours avec le même succès. Il venait de loin. Le chorégraphe Fokine son auteur l'avait conçu sur la musique d'Arensky et l'avait appelé *La Nuit d'Égypte*. Diaghilev changea son titre et jugeant médiocre la musique la remplaça par une partition empruntée à plusieurs compositeurs russes du XIXe siècle. Adroitement mis bout à bout par Diaghilev lui-même, les fragments arrachés à des œuvres de Glinka, Moussorgski, Glazounov, Rimsky et d'autres constituaient cette partition qui ne cessait de plaire. Le décor de Bakst était fait de colonnes de part et d'autre de la scène qui encadraient une échappée sur le Nil bleu sous un crépuscule pourpre. D'énormes dieux roses complétaient le décor et les perruques bleues de certaines danseuses, les joyaux de Cléopâtre, ajoutaient au jeu étincelant des couleurs. Ce décor avait beaucoup fait pour le succès du ballet. Or au cours de la récente tournée en Amérique du Sud, il avait été détruit dans un incendie avec plusieurs costumes. Diaghilev commanda un nouveau décor à Robert, et à Sonia des costumes, appelés à être astreints à une difficile cohabitation avec ceux, quelque peu défraîchis, de Bakst.

Le temps pressait car Diaghilev voulait présenter à Londres au tout début de septembre la nouvelle version du ballet dont la chorégraphie avait été confiée à Massine. Diaghilev cloîtra littéralement les deux peintres dans une villa louée pour eux à Sitges, un charmant petit port du littoral catalan. Tout fut prêt à l'heure et les affaires de la Casa Sonia ne souffrirent pas trop de ce bref exil. La première eut lieu au Coliseum (un music-hall, mais la situation ne permettait pas de se montrer difficile) le 5 septembre 1918. Le lendemain matin, une dépêche enthousiaste arrivait de Londres. Massine qui aimait et comprenait la peinture a dit dans *My Life in Ballet* qu'il avait beaucoup admiré le décor et ses très vives couleurs. Ce n'était pas l'avis de tous. Dans *Self Portrait*, Charles Rickets, un décorateur et balletomane célèbre, a écrit : « [...] comme tant de fois lorsqu'on veut obtenir un effet de couleur intense, l'ensemble ne paraît pas coloré[30] ». La représentation n'en fut pas moins un triomphe. Le *Times* releva que le public du music-hall — « généralement imbibé d'alcool » — avait regardé et écouté en silence avant d'acclamer à bon escient. Le costume de Cléopâtre, porté par Tchernicheva, impressionna tant que le Liceo de Barcelone allait demander en 1920 à Sonia de créer des costumes pour une reprise d'*Aïda*.

Le succès s'affirmait. Quand Gaby, une vedette de music-hall, voulut avoir son propre théâtre, c'est à Sonia qu'elle demanda de transformer la vieille salle du Bonavente pour en faire le Petit Casino. On parla beaucoup de cette salle telle qu'on n'en avait jamais vu : plus de tapisseries ni de moulures. Le hall d'entrée était sans ornements, les murs étaient recouverts de peinture noire laquée. La salle était rouge relevé d'éléments blancs et jaunes. Plus tard, en décembre 1920, Sonia réalisa le décor d'une librairie madrilène.

Le doux parfum du succès ne grisait pas Sonia. En 1919, elle ouvrit trois succursales à Bilbao, à Saint-Sébastien et à Barcelone. Elle créait des robes et aussi, annonçait-elle, en novembre 1921, « des objets de luxe, services de table, meubles décoratifs, lampes, parapluies, sacs, rideaux, paravents, tentures pour les murs, papiers peints, tapis, sofas, coussins [...] pour créer la maison moderne de la femme de goût ». Rédigé en français, ce texte présentait les créations figurant dans une exposition dont le cadre leur convenait bien : la librairie Mateu.

De son côté, Robert ne demeurait pas inactif. Ses projets, pourtant, ne se réalisaient pas aussi bien que ceux de Sonia qu'il continuait à aider de bonne grâce. Quand il avait travaillé à Sitges avec Massine, il avait fait deux esquisses à l'aquarelle en vue d'un portrait qu'en définitive il ne devait pas réaliser. Ces deux belles études sont aujourd'hui à Lisbonne (Fondation Gulbenkian) et à Paris (Bibliothèque nationale).

À Madrid, vers la même époque, il peignit deux saisissants portraits de Stravinski.

Delaunay et Massine s'étaient liés d'amitié et quand ce dernier partit pour l'Italie, ils s'écrivirent souvent. Dans une lettre, non datée selon son habitude, que Bernard Dorival situe entre février et mai 1920, le peintre parle de l'œuvre à laquelle il est en train de travailler : *Foot-ball*. Elle l'occupait depuis un certain temps déjà et d'emblée dans une intention précise. Il existe en effet une esquisse faite à Sitges — en 1918 donc. Elle est signée « R. Delaunay pour le Football ballet Delaunay-Massine ». Dans sa lettre du printemps de 1920, Delaunay dit de la composition, à laquelle il travaille toujours, qu'il veut l'exposer « dans toutes ses formes et envoyer comme une balle dans tout l'univers... Je veux une chose d'une vie folle et gaie, éclaboussante. Diaghilev nous critiquera après, et verra que la meilleure politique c'est l'art neuf et riche[31] ».

On sait combien les lettres de Robert peuvent être confuses, celle-là n'échappe pas à la règle. Il indique que le ballet devait primitivement s'appeler Jazz-Band (quand ? puisque déjà à Sitges, il était intitulé Football) Il dit aussi que c'est sur le conseil de Manuel de Falla qu'il a changé de titre « ... il trouve que l'unique moyen d'exprimer le rythme qu'il nous faut c'est cet ensemble ». Quel ensemble et sur quelle musique ? Le compositeur pensa-t-il un moment à créer la partition de *Foot-ball* ? Il ne le fit pas... au grand détriment de la musique, de la chorégraphie et de l'art du décor contemporain.

Bien que rédigée dans le style que nous connaissons, une phrase dans tout cela est claire : « J'ai vu Falla, on va ensemble, on dîne ensemble », écrit Delaunay dans la même lettre. Nous savons ainsi que Robert connaissait bien le grand musicien. Il connaissait d'autres membres brillants de l'intelligentsia madrilène : Valle-Inclan, le poète chilien

Vicente Huidobro et Guillermo de Torre qui écrivit, en français, le premier ouvrage (demeuré inédit) consacré à Robert. Tout cela ne faisait pas aboutir les projets, souvent renouvelés, de ce dernier. Ainsi, il ne put pousser très loin son idée d'un Salon des Indépendants à Madrid.

Tout ce que, pour sa part, Sonia veut faire, elle le fait et elle ne cesse d'être encensée par la presse. Après bien d'autres *El Figaro* (19 novembre 1918) voit en Sonia « *una de las mas inquetantes y admirabilis artistas de esta tiempo* ». Deux ans plus tard (14 décembre 1920), elle est la « *genial artista francesa* » pour *El Sol*. Tout cela n'empêche pas Sonia d'éprouver un grand désir de revoir la France. On sait pourtant, par une lettre de Valdeiglesias, que c'est vers février 1920 seulement qu'elle songe sérieusement à y faire un voyage qui aura lieu enfin à la fin de juillet.

Robert, à cette époque, paraît avoir été moins pressé de retrouver son pays. Peut-être craignait-il d'être traité d'embusqué, lui qui devait tant à Guillaume Apollinaire et à Cendrars. C'était mal connaître l'état d'esprit régnant dans l'avant-garde parisienne. À l'exception d'Apollinaire, déjà disparu, tous ceux qui s'en étaient sortis ne se sentaient nullement disposés à faire un tel reproche à quiconque. Peut-être s'agissait-il d'un sentiment de culpabilité éprouvé depuis longtemps par Robert au psychisme exigeant et dont Berthe n'avait pas approuvé la conduite.

Sans chercher du tout à étayer cette thèse qu'on est sans moyens de prouver, il est intéressant de relever que Delaunay fut informé très tôt de l'existence de cette nouvelle avant-garde et de ses activités. Selon certains, il connut l'apparition de la revue *Dada* (juillet 1917) à la fin de son séjour au Portugal. Si ce fut le cas, les Delaunay à Valença do Minho étaient mieux informés que l'était Picabia lui-même. Ce dernier, revenu alors à Barcelone où il publia les trois premiers numéros de *391*, multipliait les contacts avec l'avant-garde mondiale. C'est pourtant l'année suivante seulement, quand il eut publié en mai 1918 à Lausanne *Les Poèmes et Dessins de la fille née sans mère*, que les dadaïstes de Zurich enthousiasmés se mirent en rapport avec lui.

Toujours est-il que le deuxième numéro de *Dada*, paru en décembre 1917, comportait la reproduction d'une œuvre de Robert Delaunay avec d'autres de Chirico, Kandinsky et Arp. C'est peut-être par ce dernier, ami et admirateur de vieille date, que le contact fut établi. Malgré ce témoignage d'intérêt, Delaunay n'était pas pressé de partir. Il était hésitant encore quand Sonia, après s'être arrêtée un jour ou deux à Bilbao puis à Saint-Sébastien, arriva le 22 juillet 1920 à Hendaye où elle passa une longue et reposante nuit de sommeil. Le lendemain, elle écrivait à Robert combien lui plaisait « la bonhomie des gens [qui] repose du vide et de la méfiance des Espagnols [...] Quand je pense à Madrid, toute cette pouillasserie de punaises me gêne dans mon impression. Quel repos de ne plus voir leur gueule[32] ! »

Avant même que Sonia ait franchi la frontière, Robert lui avait envoyé cinq lettres à Bilbao et à Saint-Sébastien. Il n'allait cesser d'écrire pendant toute la durée de leur séparation montrant ainsi à quel point il lui demeurait attaché. Le séjour de Sonia à Paris dura de la fin de juillet au mois de novembre. Pendant ce temps, Robert allait lui écrire quarante-trois fois — c'est du moins le nombre de lettres conservées par Sonia. D'elle, on a deux lettres seulement. Robert, on le sait, n'avait pas les mêmes habitudes d'ordre que sa femme. Treize de ses lettres sont datées, d'autres ont pu l'être — approximativement au moins — par Bernard Dorival qui a patiemment relevé les événements auxquels elles se réfèrent : l'avance de Trotski en Pologne, l'affaire Landru, etc. Dix-neuf n'ont pas pu être situées. Elles n'en renseignent pas moins sur ce qu'était la vie de Robert seul à Madrid. Il faisait preuve d'une grande sollicitude à l'égard de Charlot et acceptait volontiers les obligations découlant de cette solitude. Il le promène au Retiro et

« lui achète des chaussures très solides pour trente-cinq pesetas ». Robert s'occupe aussi des affaires qui pour l'heure n'ont pas l'air de marcher très bien. Elles ne sont pas arrêtées pour autant. « Il est venu une fabrique de sombreros pour un chapeau », annonce Robert et un peu plus tard, il fait savoir qu'il a livré des *pucheros* à un certain Rodriguez, pas autrement identifié, qui a passé une seconde commande.

Une affaire intéressante survient : des bérets pour les filles du marquis de Urquijo. Dans une de ses lettres, datée du 30 juillet celle-là, il annonce qu'il fait photographier ces demoiselles afin d'envoyer leur image aux journaux madrilènes. Ainsi les Urquijo auraient consenti deux fois à ce que les photos de leurs filles s'étalent dans la presse. La première fois en capelines, maintenant il s'agit de bérets. Il est vrai que, dans la parlance Delaunay, capeline vaut béret. Serait-ce alors lui et non Sonia qui aurait créé ces chapeaux ? L'hypothèse est séduisante. Il faut noter pourtant que Robert ne fait pas mention des ombrelles dans sa lettre. Mieux vaut donc se contenter de ce qui dans cette missive ne fait pas problème : elle montre bien la part prise par Robert dans les activités de la Casa Sonia.

Elle montre aussi, comme toutes les autres, sa tendresse et son admiration pour celle à qui il est uni depuis treize ans. L'attrait physique demeure et s'exprime sans détours. « Quand est-ce qu'on baise ? » demande-t-il dans une lettre datée du 13 novembre. Si de lettres en lettres l'attrait physique est toujours là, les jugements sur la situation changent au gré de son humeur vagabonde. « Je n'ai payé personne. Je liquide les stocks et je fous le camp en Suède », écrit-il peu après le départ de Sonia. Quelques jours plus tard, il n'est plus question de rejoindre la Nya Konstgalleriet dont l'exposition avait si bien marché. Il veut maintenant installer la Casa Sonia dans un plus grand local, à Madrid. Il faut montrer son importance alors qu'on songe à ouvrir une succursale à Paris. C'est pour cela que Sonia est partie et Robert est plein d'enthousiasme pour ce projet. « Nous devons réellement enlever le monde », écrit-il à la fin de juillet, puis en août « il faut enfin faire quelque chose dans ce Paris » et encore « ... les clients, ça se fait vite si on est l'affiche lumineuse et qui s'impose ». Dans ces lettres, il est souvent question de la quête ardente pour l'argent nécessaire à la création de l'affaire parisienne. C'est, selon certains témoignages, un banquier anglais qui grâce à Diaghilev aurait procuré les fonds pour le lancement de la Maison de Madrid. Si ce fut le cas, il n'en est pas question cette fois-ci. On cherche. Rien n'enflamme davantage les imaginations faites comme celle de Robert que les recherches de ce genre. Il parle souvent du banquier Maubou, de son fils plutôt, qui « peut faire en une fois ce qu'il a dit et décidé devant trois personnes ». Robert ajoute qu'il faut « faire tout pour presser Maubou qui va en douce partir en Sicile ».

Parti pour la Sicile ou non, Maubou (ou son père) ne donnera pas suite au projet. À Sonia de jouer. Il y a « Warchafsky, millionnaire vieux et ami ». Il y a « la Roche ». Celle qu'il désigne ainsi est la fille d'Émile Roche, un homme politique en vue de la IIIe République. Elle est mariée à Gleizes et par son père pourrait leur obtenir (à quel titre ?) une subvention du ministère de l'Intérieur. On ne sait pas si Sonia a cherché à approcher ces possibles bailleurs de fond. En tout cas rien n'est venu et Robert suggère à Sonia de vendre son collier de perles. Il pense aussi vendre *Le Chemin des Coquelicots* et *Le Pont de Grenelle*, ces tableaux de Rousseau qu'il aime tant. Son ami Julio Romero aurait un acheteur qui en donnerait « vingt-cinq mille balles ». À cette occasion, il demande à Sonia des renseignements sur la scène artistique parisienne. Que deviennent Kahnweiler, Uhde, Rosenberg et « cette vieille crapule de Guillaume[33] » ?

Sept ans après

Les semaines passent. Robert et Sonia en viennent à penser que mener deux affaires de front ce sera trop. Après quatre mois d'absence, Sonia rentre à Madrid où elle va s'occuper de liquider la Casa Sonia. Robert va travailler à la création de la maison parisienne. Pour savoir quand il quitta l'Espagne, il faut, comme toujours lorsqu'il s'agit de ses allées et venues, trouver des points de repère et se livrer à différents calculs. À cet égard, les invitations de Juan José Romero sont précieuses. Le sous-secrétaire d'État invite Sonia et Robert le 17 février et encore le 26 avril. Le 13, il leur envoie quelques lignes en français annonçant qu'il a l'intention « d'aller dimanche à l'Escurial ». C'est sans doute dans l'espoir que « ses chers artistes et amis » manifesteront le désir d'y aller avec lui. Robert n'a donc retrouvé la France qu'après le 13 mai 1921. Ce dernier jour, il écrira à Sonia sur le papier à lettres (non daté) de l'hôtel Terminus à Saint-Sébastien : « [...] Je t'embrasse passionnément et crois en moi. Dégage-toi de Madrid avec moi. » A-t-elle eu quelques hésitations ? De toute façon maintenant il est trop tard, la liquidation de la Casa est très avancée.

Une fois encore, Bernard Dorival, grâce aux lettres envoyées à Sonia, a pu trouver des renseignements sur les activités de Robert dans ce Paris qu'il rejoint après sept ans d'absence. Onze lettres subsistent, une seule a pu être approximativement datée grâce aux commentaires de Robert sur le tableau de Gleizes qu'il vient de voir au Salon d'Automne. Elles n'en sont pas moins intéressantes. L'argent pour lancer l'affaire française, Robert l'a apporté avec lui et plus encore. Dans ses bagages, il y a huit Goya — rien moins ! Bientôt, il annonce à Sonia que Louis Vauxcelles, le critique d'art fameux, les a trouvés superbes. Rappelons que c'est Vauxcelles qui — par dérision — avait accolé l'étiquette de Fauves à Matisse, à Derain et à Vlaminck lors du Salon d'Automne de 1905. Ceci explique peut-être cela. En tout cas, il ne fut plus jamais question de ces tableaux. On connaît d'autres exemples de telles erreurs faites par des peintres de grand talent. Dès l'arrivée, Robert se met à la tâche. Il annonce à Sonia qu'il a trouvé un dépôt 44 rue de Trévise et mis au point « un projet "Sonia" à Paris, capital dans les trois cent mille francs[34] ».

Il est à peine besoin de dire que les choses en resteront là. Un projet sera poussé plus loin grâce aux efforts conjugués de Robert à Paris et de Sonia encore à Madrid. Il s'agit de la décoration « d'une maison offerte à une Russe par son futur époux, un Français très riche, le comte d'Eaux ». Sonia venue à Paris pour cette affaire écrit une fois en français et une fois en russe à un destinataire inconnu. À la date du 14 octobre 1921, elle précise que « les projets et devis pour l'installation du vicomte d'Eaux sont terminés ». Elle a pensé, ajoute-t-elle, « que, si cela ne vous dérangeait pas trop de les présenter à la future Mme d'Eaux par exemple en lui demandant de venir au Thé Kitty avec le vicomte ». Ainsi, Sonia, anxieuse de voir se réaliser cette affaire, avait fait le voyage de Paris. Grâce à elle, tout était prêt mais les projets furent-ils montrés au Thé Kitty ou ailleurs ? En tout cas on n'a jamais entendu parler de travaux faits par les Delaunay dans cette maison située 30 boulevard Victor-Hugo à Neuilly.

Un romancier n'aurait pu mieux situer une élégante rencontre franco-russe qu'au Kitty rue Saint-Honoré. C'était un de ces salons de thé-pâtisserie comme en ouvraient alors les Russes blancs disposés à travailler pour rire en attendant la disparition prochaine des bolcheviques. Sonia retrouvait parmi eux des gens de connaissance, ils ne seraient jamais ses clients. Bientôt, l'argent dépensé, les femmes seraient mannequins ou petite main dans les maisons de couture dont elles avaient été jadis clientes, les hommes seraient chauffeurs de taxi ou manœuvres. L'oncle Terk était mort l'année de la révolution. Sa femme n'avait pas quitté le pays mais la jeune tante Marie Oscarovna avait pu partir (sans argent) et s'occuperait avec gentillesse et dévouement du petit Charles.

Il restait encore à faire à Madrid où Sonia retourna bientôt. À la fin de l'année, tout était en ordre. C'en était fini. Le 4 janvier 1922, elle recevait du fidèle Valdeiglesias un billet très amical. Ce serait le dernier pli à lui être adressé dans la capitale ibérique. Dorénavant, les Delaunay seraient à Paris. Ils devaient pourtant conserver des liens avec les intellectuels espagnols. En 1923, Robert faisait, à l'encre, un portrait dessiné de Ramon Gomez de la Serna. Venu en France l'année précédente, ce dernier avait rendu visite à Sonia et à Robert, ces nouveaux Parisiens. À son retour, l'écrivain avait consacré dans la revue *Elegancias* un article à ce que lui avait montré Robert. Il y parlait, avec un particulier enthousiasme, de *La Baraque des Poètes*. Cette petite œuvre, à l'encre de chine et gouache sur papier, était bien faite pour plaire à un esprit averti. En montrant un envol de ballons, Delaunay avait l'occasion de réaliser un superbe groupement de formes circulaires. En 1925, Robert dessinait, à l'encre grasse aussi, le portrait d'un autre ami de passage à Paris, Guillermo de Torre, ce grand défenseur de son œuvre en Espagne.

NOUVEAU MONDE NOUVEAUX AMIS

En arrivant à Paris, Sonia savait que l'appartement de la rue des Grands-Augustins était petit et loin du centre. Il lui fallait autre chose pour exercer le métier dont elle attendait qu'il permette à Robert de se consacrer entièrement à la peinture. L'atelier de la rive gauche fut conservé à cette fin. Après neuf mois de recherches, elle trouva ce qu'elle voulait 19 boulevard Malesherbes près de la Madeleine. Nous reparlerons de cet appartement dont Sonia sut faire un des lieux de rencontre favoris de beaucoup de ceux qui marqueraient l'époque.

Le Paris que les Delaunay retrouvaient n'était pas celui qu'ils avaient connu. Ils semblent bien s'en être peu souciés. Sonia et Robert n'étaient pas de ceux qui évoquaient sans cesse une idyllique « avant-guerre » où le franc valait vingt sous et où les mœurs n'avaient pas été altérées par l'abandon du corset et le port des jupes courtes. Ils étaient emportés par l'exubérance intellectuelle qui se manifestait autour d'eux. Ce bouillonnement d'idées était provoqué par un profond besoin de remise en question. Les valeurs d'un monde failli n'inspiraient plus à beaucoup de jeunes que ce négativisme narquois et brutal qui avait présidé à la naissance de Dada.

Dès son arrivée, Robert Delaunay se trouva pris dans les remous du Dadaïsme. On ne sait pas très bien à vrai dire comment la chose s'était faite. On a vu quels rapports les Delaunay avaient eus, du Portugal et d'Espagne, avec Tzara. Sonia rencontra ce dernier quand elle vint à Paris en janvier 1920 et devait avoir avec lui des relations amicales jusqu'à sa mort.

Les chefs de file de Dada à Paris allaient être André Breton, Aragon et Philippe Soupault. Pour l'heure, ces très jeunes gens ne savaient pas encore quelle expression donner au dégoût révolté provoqué par ce qu'ils avaient pu voir du monde dans lequel on les appelait à vivre. *Littérature*, le titre de la revue qu'ils lancèrent en mars 1919, leur avait été proposé par Paul Valéry. Ils devaient dire plus tard, quand la mue serait venue, qu'ils l'avaient adopté dans un esprit de dérision. En attendant, c'était un périodique littéraire « moderne », de grande qualité comme en témoigne le sommaire du premier numéro qui, outre ceux des fondateurs, réunissait les noms de Gide, Valéry, Fargue, Reverdy, Max Jacob, Paulhan et Cendrars, avec son poème inspiré par Sonia *Sur la robe elle a un corps*. Aucun d'entre eux n'était alors en rapport avec Robert qui n'était pas de retour, or, on a de lui un projet de couverture pour ce premier numéro et un dessin à l'encre de Chine en vue de ce projet.

Toujours est-il que Robert prit part, pendant un certain temps, aux manifestations « légendaires et dérisoires » du mouvement Dada qui, a dit Aragon, « firent sa grandeur et sa pourriture ». Les choses avaient déjà quelque peu évolué quand Delaunay s'y trouva mêlé. La venue de Tzara à Paris avait été vécue comme un grand événement par André Breton et ses amis. Ils s'étaient engagés avec fougue dans l'organisation de ces manifestations dont parle Aragon. Considérées avec méfiance par beaucoup de membres importants de l'intelligentsia, elles n'en attiraient pas moins, parmi beaucoup d'autres, Vildrac, Duhamel, Jules Romains et Gide, aussi bien que Dorgelès, Brancusi, Léger ou Gleizes. Il y avait aussi « beaucoup de belles dames qui ont un nom dans le monde, toutes pareilles à celles qui jadis allaient aux five o'clock "littéraires" ou entendre les vers chatoyants du comte Robert de Montesquiou ».

L'évolution de *Littérature* témoigne de l'adhésion de ses animateurs au Dadaïsme. Pourtant, ils sentirent bientôt que Dada ne pourrait être pour eux qu'une sorte de rite de passage. C'est que, avant Dada, ils avaient eu d'autres expériences qui leur avaient ouvert de vastes et stimulants domaines. Breton avait été, en 1916, affecté au Centre neuro-psychiatrique de l'Armée à Saint-Dizier. Là, il avait pu lire *La Psycho-analyse* de Régis et Hénard, le seul ouvrage français traitant alors de cette discipline. À Saint-Dizier, puis à Paris au Val de Grâce, il eut l'occasion aussi d'observer des phénomènes d'automatisme psychique. C'est au Val de Grâce que Breton allait, en septembre 1917, connaître Aragon qui suivait un itinéraire militaire analogue au sien. Impressionné d'emblée par le nouveau venu il le présenta à Guillaume Apollinaire par qui les deux amis connurent Soupault.

À la fin de l'hiver suivant, Aragon devait découvrir dans la bibliothèque de prêt d'Adrienne Monnier *Les Chants de Maldoror*. Le livre lui fit « l'effet d'un tremblement de terre ». À tour de rôle, Breton et lui lisaient Lautréamont à haute voix pendant leurs nuits de garde au service des aliénés « dans un décor invraisemblablement maldororien au milieu des hurlements et des sanglots de terreur déclenchés par les alertes aériennes chez les malades ». Des expériences de cette nature étaient faites pour donner une coloration très particulière à leur adhésion à Dada.

Breton avait été profondément marqué par ses rencontres avec l'énigmatique Jacques Vaché pendant la guerre. La mort de cet ami dont on ne sait pas, à ce jour, si elle fut ou non volontaire, l'avait atterré. Il devait écrire un peu plus tard : « Au moment où Tzara lançait à Zurich le manifeste Dada, Vaché, sans le savoir, en vérifiait les articles principaux. » Les trois amis, qui voyaient en Tzara un autre Vaché, l'accueillirent avec enthousiasme quand il vint à Paris à leur insistance. Avec ce dernier et Picabia, ils comptèrent parmi les animateurs les plus ardents du groupe. À partir de 1921, s'ils participèrent encore aux activités dadaïstes, ils se sentirent de plus en plus éloignés de la position de Tzara voyant alors en Dada une fin en soi. Pour Breton et ses amis, Dada, au contraire, était essentiellement un moyen de faire place nette.

Il serait trop long d'énumérer les expositions, les conférences, les festivals, les procès, les concerts, les représentations théâtrales placés sous le signe de Dada. Leur succès se mesurait à l'ampleur des scandales provoqués. Il fallait une grande maîtrise de soi pour supporter sans broncher qu'un fox-trot en vogue, *Le Pélican*, fût joué sur les orgues vouées à Mozart de la salle Gaveau. Plusieurs journalistes flétrirent ce sacrilège qui, indiquons-le, ne choqua nullement Erik Satie, Auric et Poulenc, présents dans la salle.

Querelle Dada

Robert n'assista pas à cette manifestation, la première d'une longue série, qui eut lieu le 20 mai 1920 alors qu'il n'était pas encore à Paris. Il aurait ri, avec le très nombreux public, au numéro du « célèbre illusionniste Philippe Soupault » qui, le visage passé au cirage et vêtu d'une ample robe de chambre blanche, laissa s'envoler d'une malle cinq ballons de couleurs différentes. Quatre d'entre eux qui portaient les noms de Clemenceau, Benoît XV, Pétain et Rachilde montèrent gaiement au plafond. Le pseudo prestidigitateur creva, à coups de poignard, celui sur lequel se détachait le nom de Cocteau. Malgré ses efforts répétés, ce dernier ne fut, au mieux, qu'à peine toléré parmi les Dada.

Deux ans plus tard, presque exactement, au début de

mai, Breton demandait l'aide de Robert pour une manifestation qu'il voulait organiser. Il s'agissait de défiler à une dizaine sur les boulevards déguisés en hommes-sandwichs. « Ne pourriez-vous pas, écrivait-il à Picabia, peindre ou rédiger à notre intention quelques panneaux-affiches ?... je me propose d'en parler aussi à Delaunay qui ne demandera certainement pas mieux que de composer certaines affiches et de se joindre au cortège. Voulez-vous le voir avec nous mardi soir, sinon plus tôt, rue Émile-Augier ou chez moi[1] ? » On ne sait pas si la réunion eut lieu chez André Breton plutôt que dans l'appartement — un des centres du Dadaïsme mondain — où Picabia vivait avec la charmante Germaine Everling. On ne sait pas, à vrai dire, si la rencontre eut lieu du tout. Ce qui est sûr c'est qu'on n'assista à aucun défilé d'hommes-sandwichs portant des affiches de l'un ou de l'autre des deux peintres.

L'ennui pointait d'ailleurs. Tout brillants qu'ils étaient, Tzara, Breton, Picabia et leurs acolytes en vinrent à ne plus guère se renouveler, le public commençait à se lasser et aussi certains des protagonistes qui supportaient mal l'obstination mise par Tzara à maintenir son point de vue sur Dada. On imagine les incidents, les querelles souvent vives, dont devait être marquée la vie d'un mouvement comptant tant d'hommes d'une sensibilité à fleur de peau et d'autres, comme Picabia et Tzara qui, tout aussi sensibles eux-mêmes, savaient comme personne jouer de la sensibilité d'autrui.

Conscient que Dada était dorénavant dans une impasse dont il ne sortirait pas, Breton, en janvier 1922, conçut un projet qui, dans les conditions du moment, ne pouvait que se solder par un échec. Il s'agissait d'organiser un *Congrès pour la détermination des directives et la défense de l'Esprit moderne*. Sa préparation n'irait jamais jusqu'à son terme. Elle devait donner lieu à un étonnant ballet de commissions, de réunions plus ou moins plénières, de motions contradictoires souvent votées par les mêmes personnes et d'altercations diverses.

Delaunay, tout en entretenant des liens amicaux avec plusieurs des Dadaïstes, n'avait pas eu grand-chose à voir jusque-là avec l'orientation du mouvement. Les choses allaient changer. *Comœdia*, le quotidien d'informations intellectuelles et artistiques de l'époque, publiait le 3 février une note annonçant l'organisation du Congrès de Paris. Cette note était due à André Breton qui avait eu soin d'insister sur le grand esprit d'ouverture présidant à l'entreprise. Afin qu'on n'en doutât pas, Breton avait voulu que sa signature fût égarée parmi celles d'organisateurs moins engagés que lui — des artistes : Robert Delaunay, Fernand Léger et Ozenfant ; des écrivains : Jean Paulhan, Roger Vitrac et lui-même ; un musicien : Georges Auric.

Les adhésions arrivèrent. Un bon nombre venaient de gens pour qui l'objet du Congrès devait être la défense, face aux marchands de tableaux et aux éditeurs, des créateurs « modernes » incompris — en d'autres termes, eux-mêmes. Des adhésions d'un autre ton arrivèrent aussi de France et de l'étranger : Théo van Doesburg, Raymond Aron, Marinetti, André Malraux, Franz Hellens et naturellement des proches du maître d'œuvre comme Aragon, Pierre de Massot ou Max Ernst. L'organisation du Congrès fit éclater de graves divergences de vues entre les participants les plus concernés et il apparut très vite qu'on risquait l'échec.

Des maladresses compliquèrent encore les choses. Guère favorable au projet, Tzara n'en observait pas moins une attitude amicale à l'égard de Breton. Invité à siéger au Comité, il refusa en termes aimables et ce refus inspira à Breton, exaspéré, une démarche malheureuse. Il rédigea et fit approuver par les organisateurs une lettre mettant « l'opinion en garde contre les agissements d'un personnage connu pour promoteur d'un "mouvement" venu de Zürich qu'il n'est pas utile de désigner autrement et qui ne répond plus à aucune réalité ». Cinq membres seulement du Comité étaient présents lors de la discussion. On ne sait pas si

Robert Delaunay était là ou non. En tout cas sa signature figurait au bas de la lettre et il allait dès lors être amené à participer, dans divers cafés, aux conciliabules suscités par cette affaire.

Tzara, qui cette fois prit très mal la chose, demanda à Ozenfant que le Comité du Congrès tire l'affaire au clair. Ozenfant engagea une procédure de conciliation et demanda à chacun des intéressés d'exposer sa version des faits dans un rapport. Ainsi placé dans une situation difficile, Breton rédigea un procès-verbal qu'il fit contresigner par plusieurs amis dont Robert. Le moins qu'on puisse dire de ce long document (celui de Tzara ne fut jamais rédigé) c'est qu'il ne contribue guère à éclairer l'affaire. Elle était rendue de plus en plus confuse par la passion qui animait maintenant Tzara contre Breton et par le plaisir que prenait Picabia à emmêler les fils. Pour donner le ton des choses, indiquons que, selon le procès-verbal, Tzara avait tenté « de faire croire à MM. Delaunay et Vitrac que les propositions qu'on lui reprochait émanaient en réalité de M. Picabia ». Confronté ensuite avec ce dernier, Tzara fut « convaincu de mensonge et de duplicité et reconnu pour seul auteur de cette tentative de sabotage ». Delaunay, Breton, Éluard et d'autres avaient, disait le procès-verbal, assisté à cette confrontation.

Les termes malheureux de « promoteur d'un mouvement venu de Zürich » avaient vivement choqué par le sens xénophobe (en réalité très loin de la pensée de Breton) qu'on pouvait leur prêter. Éluard, Ribemont-Dessaignes, Erik Satie et... Tzara organisèrent une réunion de discussion le 17 février à La Closerie des Lilas. Delaunay assista à cette réunion présidée par Satie au cours de laquelle fut adoptée une motion condamnant les termes employés par André Breton.

À l'issue de la réunion, de nombreux participants se

rendirent dans un café voisin. Là Delaunay, Éluard, Tzara et Mathew Josephson rédigèrent une autre motion sous la direction d'Erik Satie. Ce dernier, avec l'esprit sarcastique qu'on lui connaît, s'amusa à introduire dans ce texte des phrases parodiant le style de Breton. Les deux factums furent envoyés aux journaux. Paulhan et ses amis de la N.R.F. se retirèrent du jeu. Ils ne furent pas les seuls. Défections et désintérêt — c'en était fini du projet[2].

Ce Congrès qui n'aurait pas lieu contribuerait bel et bien à sortir Breton et ses amis de l'impasse. Au plus fort de leur adhésion à Dada, ils ne s'étaient pas laissé distraire de leur préoccupation fondamentale. Il s'agissait pour eux de donner à l'expérience poétique sa dimension et son sens véritable par l'exploration en profondeur de l'esprit. Fort de son expérience psychiatrique, Breton avait cherché à obtenir de lui-même ce qu'il avait pratiqué sur des patients : la parole parlée hors de tout contrôle, à l'état pur. Il avait initié Soupault à cette pratique et son emploi donna naissance aux textes publiés en 1920 dans *Les Champs magnétiques*.

Libérés de Dada, ils allaient bientôt être emportés dans « une vague de rêves ». René Crevel avait des dons de médium. Autour de lui des séances s'organisèrent chez Breton. On constata vite que d'autres pouvaient avoir des sommeils hypnotiques aussi ou plus riches que les siens. Il en était ainsi de Péret et surtout de Desnos qui venaient régulièrement là avec des amis comme Vitrac, Éluard, Gala et Max Ernst. On avançait à grands pas sur la route menant à la constitution du groupe surréaliste.

Les Delaunay ne suivaient pas cette voie. Les « états seconds » n'étaient pas pour eux. Ils demeuraient indifférents à ceux obtenus par des moyens médiumniques comme ils l'avait été naguère aux révélations mystiques pouvant découler de la démarche picturale d'un Kandinsky.

Terrain neutre

Robert et Sonia n'en disposaient pas moins d'un observatoire privilégié pour suivre la grande partie qui se jouait. Sonia avait su faire du nouvel appartement un lieu de rencontre plus attirant encore que celui de la rue des Grands-Augustins. Ayant davantage d'espace, elle pouvait donner libre cours à ses idées de décoration aussi inattendues que peu coûteuses. C'est seulement en 1922 quand Robert, par l'entremise de Breton, vendit *La Charmeuse de serpents* à Doucet que Sonia put vraiment réaliser ce qu'elle voulait.

La négociation n'avait pas été facile mais le vendeur et son intermédiaire surent finalement imposer leur exigence principale : que l'acheteur s'engage formellement à léguer le tableau au Louvre. Doucet accepta ce point ce dont il sut user en discutant du prix. En fin de compte, on se mit d'accord sur la somme de cinquante mille francs payable en cinq fois[3]. Ce n'était pas rien à l'époque. C'était en tout cas plus qu'il ne fallait pour permettre à Sonia d'en faire à sa guise. Breton prenait alors grand plaisir à noter les jeux de mots qui ne cessaient de s'imposer à lui comme : « Passez-moi mon arc berbère dit le monarque barbare. » On ne sait pas si ce fut à l'occasion des tractations concernant *La Charmeuse de serpents* que « Robert Delaunay : de l'eau naît gare à l'hameçon » lui vint à l'esprit.

Libre d'agir, Sonia peut, en 1923, créer une salle à manger dont les meubles en sycomore sont plus rigoureux, plus géométriques que ce qu'elle avait fait jusque-là en Espagne. Ils sont aujourd'hui au Musée des arts décoratifs. Les Delaunay, a dit leur grand ami le romancier Joseph Delteil, tenaient table ouverte, « table romanesque, table de luxe, table paradisiaque. Cette sacrée table est restée pour moi le signe des Delaunay, leur blason, leur drapeau... C'était la Table comme la Table ronde, comme la Sainte Table[4] ». Les convives avaient tous contribué à la décoration de la maison, la plupart par une simple signature sur une porte ou en surchargeant de signatures un dessin de Robert. Le tableau-signature, l'anti-tableau plutôt était dans l'esprit du temps. En 1921, Picabia avait envoyé au Salon d'Automne *L'Œil cacodylate* dont le titre était emprunté au nom d'un médicament qu'on lui avait prescrit pour une affection oculaire. Après le Salon, Picabia l'envoya au Bœuf sur le Toit et ce totem d'une époque est aujourd'hui au Centre Pompidou. « Tout le monde » avait mis une signature autour et au-dessous du titre. Celles des Delaunay n'y figurent pas. Ils semblent n'avoir guère fréquenté ce bar dont Jean Hugo dans ses *Mémoires* a pu dire qu'il était « le carrefour des destinées, le berceau des amours, le foyer des discordes, le nombril de Paris ».

Beaucoup de ceux qui avaient signé le panneau de Picabia laissèrent aussi leur signature chez Robert et Sonia. Elles recouvraient la porte du salon et un grand dessin à l'encre de Robert qui, sous leurs surcharges, laisse deviner une tour Eiffel. À quelques absences ou quelques présences près, c'était le même « tout le monde » : Tzara, Man Ray, Guillermo de Torre, Joseph Delteil, Breton, Boris Kochno, Cendrars, Gomez de la Serna, Vitrac et Gleizes étaient quelques-uns de ceux qui avaient recouvert le dessin.

René Crevel qui fut un des hôtes les plus fidèles a raconté sa première visite : « Dès l'entrée, ce fut une surprise. Les murs étaient couverts de poèmes multicolores. Georges Auric, un pot de peinture dans une main, s'appliquait de l'autre à dessiner une splendide clef de sol et des notes ; à côté de lui, Pierre de Massot traçait une phrase amicale ; le maître de maison conviait tout nouvel arrivant au travail, faisait admirer le rideau de crêpe de Chine gris, où Sonia Delaunay, sa femme, en arabesques de laine, avait, par le miracle d'harmonies indéfinissables, brodé à vif l'inspiration de Philippe Soupault, tout son humour, toute sa poésie. » Le rideau est conservé à la Bibliothèque nationale. Sur le crêpe de Chine, Sonia a brodé le poème de Soupault en respectant la mise en page de son auteur :

« Sur le vent
Sur la terre
Souvenez-vous
Des silences rouges et verts des
sourires orangés[5]... »

Un autre poète allait contribuer à la décoration de la maison Delaunay : Vladimir Maïakovski qui vint en 1922, en 1925 puis encore en 1928 avant de retourner en U.R.S.S. où il devait bientôt se suicider en laissant ce poème « la barque de l'amour s'est fracassée sur le vécu ». Il rencontra sans doute Sonia et Robert par Elsa Triolet dont la sœur, Lili Brik, fut longtemps sa compagne. Il se lia très vite avec ceux que dans une dédicace il appelait « les gentils et merveilleux Delaunay ». Quand Sonia lui demanda de concevoir une porte il songea d'abord au poème *Notre marche* (1917). Il fit trois panneaux qui sont autant de projets avant de porter son choix sur un autre poème. Robert peignit le battant de droite de la porte du salon sur lequel Maïakovski calligraphia le premier et les sept derniers vers de *L'Extraordinaire événement survenu à Vladimir Maïakovski, cet été-là à la campagne* (1920).

Une photo faite à la Foire de Montmartre montre, installés dans une carlingue d'avion, Robert, Claire et Yvan Goll, Elsa Triolet et Maïakovski. Il y a aussi, de ce dernier, un portrait dessiné par son compagnon dans l'avion de la foire. Il a été donné par Sonia au Musée Maïakovski de Moscou en 1957. Delaunay a fait plusieurs dessins, parfois simples croquis, de ses compagnons de l'époque. On a ainsi de précieuses impressions, notées sur le vif en 1922 et 1923, de Tzara, des époux Goll, de Delteil, Iliazd, Aragon et André Breton. Robert Delaunay, alors, ne peint guère. Il n'est pas le seul dans ce cas. Cette période où tant de sollicitations papillonnent autour des artistes n'est pas propice à la concentration. Picasso, lui-même, s'en tient encore à ses œuvres néo-classiques, « ingresques » à la grande satisfaction de sa jeune épouse toute heureuse d'être reçue dans « le monde ». Breton et ses amis exaltent l'œuvre de De Chirico alors si chargée d'une énigmatique poésie. Ils louent aussi un de leurs proches : Max Ernst. Ses peintures et surtout ses collages, sans rapport avec les recherches plastiques des cubistes, créent un univers où des rencontres, comme Lautréamont les aurait souhaitées, semblent imposées par une nécessité inéluctable.

Les Delaunay ne voient pas ainsi les choses. Pourtant Breton dédie à Robert son poème daté du 22 janvier 1922, *Les tours supportent les étoles blondes* :

« Les tours supportent les étoles blondes.
nous pénétrons dans la carrière céleste où se retrouvent
tous les matins les filles tatouées
de vapeur[6]. »

De son côté, Aragon dédie *La Tour parle* à Robert :

« Vous du Métro
dans le soir avec mes yeux phosphore orange
c'est moi que les collégiens de leurs mains ivres
caressent sans savoir pourquoi[7]. »

Les deux poètes et leurs amis assistèrent au vernissage de l'exposition Robert Delaunay à la galerie Paul Guillaume (29 mai-12 juin 1922). L'événement était important, il y avait huit ans que l'artiste ne s'était pas manifesté à Paris. Il prenait place chez celui que, quelque temps auparavant, Robert traitait de crapule dans une lettre à Sonia. On comprend d'autant moins la raison de ce jugement que Robert n'avait eu aucun contact encore avec le jeune et brillant marchand. Toujours est-il qu'il lui confiait maintenant le soin d'organiser une rétrospective de ses œuvres. Elle comportait trente et un tableaux parmi lesquels *Les Tours de Laon* (1912) — *La Tour aux rideaux* (1912) — le premier *Disque* — la plus importante version de *L'Hommage à Blériot* (1914). Il y avait aussi des œuvres faites en Espagne ou au Portugal comme *La Verseuse, Femme aux potirons, Nu de femme* (1916), enfin une reprise récente (1922) du *Manège électrique* ou *Manège de cochons* au premier plan de laquelle on voit Tzara portant monocle et coiffé de son chapeau melon. La toile était présentée avec son esquisse.

La rétrospective fut saluée dans *Littérature* par une note d'Aragon. Les relations avec ce dernier et son groupe demeuraient des plus cordiales. Au Salon des Indépendants de 1923, le *Manège électrique* avait d'abord été accroché sous un escalier où il était quasiment invisible. À la suite d'une manifestation des futurs surréalistes, on plaça beaucoup mieux le tableau. Aragon faisait preuve déjà de ses légendaires sautes d'humeur. Le poète avait approuvé le choix fait chez Gallimard d'un de ses portraits dessinés par Delaunay. Il s'agissait du frontispice des *Aventures de Télémaque* dans la prestigieuse collection « Une œuvre Un portrait. » Sur l'exemplaire qu'il envoya à Tzara en novembre 1922, il inscrivait cette dédicace : « Et on peut bien voir au portrait que Cravan avait raison et que ce peintre était un pet orange. » En fait, l'avenir devait montrer que les Delaunay et ceux qui allaient devenir bientôt les surréalistes n'avaient pas grand-chose à se dire.

L'exposition chez Paul Guillaume ne fut pas un succès. Auparavant, Léonce Rosenberg n'avait pu faire grand-chose des tableaux de Robert qui lui avaient été confiés. Comme on l'a dit plus haut, les regards se portaient ailleurs à l'époque. L'argent ne pouvait venir que de Sonia. Elle s'amusait autant que les autres boulevard Malesherbes, elle y travaillait beaucoup aussi. La bande joyeuse de ses brillants amis faisait, sans y penser, de la publicité pour ses créations. Tzara, Crevel, Aragon, d'autres, exhibaient ses gilets faits d'une de ses tapisseries de laines (Crevel) ou ornés de poèmes comme celui d'Aragon :

« Delaunay vole la plume
il nage dans une mer d'huile. »

Il ne s'ensuivait pas pour autant que la mode de ces gilets allait se répandre. Ailleurs que dans l'avant-garde intellectuello-mondaine, ils étaient trop difficiles à porter, surtout quand, comme un de ceux d'Aragon, ils se trouvaient ornés de cette inscription :

« Petite enculade à plusieurs
c'est ma peinture. »

Mais les habitués des vernissages, des ballets, des concerts des Six et du Bœuf savaient que certains des plus enviés d'entre eux faisaient confiance à Sonia. Or, ce qui était difficile pour les hommes l'était (à certains poèmes près s'entend) beaucoup moins pour les femmes. Bientôt, dans les endroits où il fallait être vu, on rencontrait des jeunes femmes parées de robes-poèmes. L'une portait sur elle ce distique de Tzara :

« Le ventilateur tourne dans le cœur de la tête
La fleur du froid serpent de tendresse chimique. »

Une autre avait choisi la robe de dîner ornée par Tzara de ce court poème :

« L'ange a glissé sa main
dans la corbeille l'œil des fruits
il arrête les roues des autos
et le gyroscope vertigineux du cœur humain. »

Pour Vera Soudeikine, qui allait bientôt épouser Stravinski, Iliazd avait composé un long poème « transmental » en russe. Il avait donné aussi le patron de la robe et fait en sorte que la manche de gauche soit ornée des derniers vers du poème qui se terminait par « ne touche pas à Vera Soudeikine ».

À la fin d'avril 1923, Iliazd organisa une soirée à la galerie La Licorne, rue La Boétie. Au cours de cette soirée la danseuse roumaine Lizica Codréanu, portant un costume de Sonia, improvisa sur *Le Mouvement perpétuel* de Poulenc. « Le costume, a dit Sonia, était composé de trois éléments : un grand disque de carton recouvert de tissus de différentes matières et de couleurs diverses, s'attachait autour du visage et recouvrait toute la partie supérieure du corps. Un demi-cercle, où s'organisaient deux rouges et un bleu, formait une courte jupe. Enfin à la main droite, était fixé un cercle noir, à la main gauche, un cercle blanc[8]. » On parla beaucoup de cette soirée dans le Paris des esprits avancés.

Par Iliazd et Tzara, la créatrice de *La Danseuse aux disques* allait se trouver mêlée au dernier scandale dadaïste qui pour venir après son temps n'en fut pas moins un des plus violents. Tzara croyait encore possible de relancer l'action Dada et à cette fin, il voulait organiser un grand spectacle. Pour cela, il fallait disposer d'un local et les directeurs de salles ne se souciaient pas de risquer la destruction de leurs sièges et des décors comme lors de précédentes manifestations du groupe. Il se trouva que Iliazd, le grand animateur des mouvements russes d'avant-garde, eut l'idée de proposer à Tzara d'organiser avec lui un spectacle. Son groupe *Tcherez* n'inspirait aucune méfiance et il put facilement louer le théâtre Michel pour les soirées des 6 et 7 juillet 1923. Le programme, un mélange des plus hétéroclites, devait comporter entre autres *Le Cœur à gaz* de Tzara. Tout naturellement, Iliazd demanda les costumes à Sonia, sachant que ce choix ne pouvait que plaire à l'auteur de la pièce. Il serait trop long d'énumérer ici les péripéties par lesquelles on passa pour mettre au point un programme qui, s'il comptait certaines œuvres de qualité, était complètement dépourvu de cohérence.

Le shimmy *Caramel mou* de Darius Milhaud ne pouvait provoquer aucun incident, pas plus que le *Fox-trot* d'Auric. Quand Marcel Herrand dit des poèmes de Cocteau, l'atmosphère devint tendue. Soudain, Pierre de Massot s'élança vers la scène sans y avoir été invité et débita une proclamation de son cru :

« André Gide mort au champ d'honneur
Pablo Picasso mort au champ d'honneur. »

Sans attendre la suite, Breton, indigné de l'insulte faite

à Picasso, présent dans la salle, rejoignit Massot et tandis que Benjamin Péret et Desnos tenaient le malheureux, lui fractura le bras d'un coup de canne. Le public hua l'agresseur. Tzara appela la police qui expulsa Breton, Desnos et Péret. Éclopé, Pierre de Massot revint sur la scène pour reprendre sa proclamation :

« Marcel Duchamp, disparu », etc.

Pour nous en tenir à l'essentiel, disons que les esprits, toujours passablement tendus, se calmèrent quand on fit l'obscurité dans la salle pour projeter un court-métrage de Richter et un autre de Man Ray. *Le Cœur à gaz* commença dans le calme. Parmi les interprètes on comptait Marcel Herrand, Crevel et Jacques Baron. Sonia avait imaginé pour eux d'amusants costumes qu'elle avait fait exécuter en carton pour leur donner une rigueur « cubiste ». Les premières répliques étaient à peine échangées qu'Éluard bondissait sur la scène pour protester contre la présence de la police. Les agents intervinrent à nouveau pour faire taire le perturbateur. Aragon, Morise, Limbour, d'autres se ruèrent à la rescousse d'Éluard. Ce dernier, qui s'était dégagé, s'en prit violemment à Tzara. La bagarre était générale. Crevel voulut venir au secours de Tzara, à peu près incapable de bouger dans sa gaine en carton, il fut violemment frappé par Éluard. Pareillement accoutré, Jacques Baron ne put rien contre les gifles que lui assena André Breton revenu sur les lieux. Sonia n'avait pas prévu que le chant du cygne de Dada prendrait la forme d'un pugilat généralisé. Ainsi, elle avait mis certains de ses amis dans l'incapacité de se défendre.

Les conséquences d'un bal

En ces temps d'euphorie, la bienfaisance était plus que jamais prétexte à danser. On parla beaucoup du *Grand Bal travesti transmental* qui eut lieu le 23 janvier 1923 au profit de la Caisse de secours mutuel des artistes russes. Il était organisé par un grand maître du désordre joyeux, le Géorgien Ilia Zdanevitch (Iliazd), poète très doué et inventeur fertile s'il en fut. Le programme était orné par des dessins de Picasso, de Derain, de Gris et bien entendu de Russes comme Gontcharova et Serge Férat. Tout naturellement, Iliazd avait pensé à ses amis Delaunay. Robert décora deux stands, celui de la *Compagnie transatlantique des pickpoquets* et celui de la *Boutique des poètes*. Pour le projet de ce dernier, il utilisa le dessin de l'envol des ballons qui avait tant plu à Gomez de la Serna.

Sonia, quant à elle, décora la *Boutique des Modes* où elle montra certaines de ses créations. Cette exposition d'un soir ne devait pas être sans lendemains. Peu après, les directeurs d'une firme lyonnaise lui demandèrent de leur soumettre des projets de tissu. Les choses commençaient à devenir sérieuses. Les soyeux de Lyon étaient d'autant plus ouverts aux créations « avancées » qu'une des principales firmes de la place avait fabriqué déjà, immédiatement avant la guerre, les tissus dessinés par Dufy pour Paul Poiret. Ce n'était plus la même avant-garde mais les progrès réalisés pour répondre aux besoins de Dufy allaient beaucoup aider Sonia et lui permettre de pousser plus loin les choses. Il n'était plus question d'images exotiques mais de la rigueur géométrique propice à l'interaction des couleurs simultanées.

Au cours de cette année 1923, Sonia fournit plus de cinquante dessins à ses Lyonnais. Elle fut ainsi amenée bientôt à ouvrir dans son appartement un atelier afin d'être à même de suivre attentivement l'exécution des projets. Elle déposa le nom d'Atelier Simultané et au long des années put donner du travail à beaucoup d'émigrées russes devenues des ouvrières.

1923 avait eu son bal. Il en fallait un pour 1924. L'affiche de Larionov pour le *Travesti transmental* avait annoncé une foire de nuit avec chars, élections de reines, gigolos, gigolettes, femmes à barbe et manège de cochons (le tableau de Robert). On annonçait aussi Tristan Tzara avec ses oiseaux gras, Marie Vassiliev avec ses poupées et, parmi beaucoup d'autres choses, les danses du ventre inédites de Pascin. Cette fois on décida de rompre avec la recherche d'originalité et l'Union des artistes russes annonça que le *Bal Banal* du 14 mars serait, « comme tous ceux qu'elle organisait, le bal le plus gai de Montparnasse ». Des écrivains, des artistes aussi différents qu'Aragon, Bourdelle, Matisse, Picabia, les Fratellini, Picasso, les Delaunay et vingt autres allaient mettre leur talent au service de cette banalité dont la célébration n'a pas laissé un impérissable souvenir.

Pour alimenter la caisse de bienfaisance des artistes russes, le Bal Bullier convenait. Ce n'était pas le lieu où donner une fête destinée à recueillir de l'argent pour les bonnes œuvres des Anciens du Corps des Pages. C'est à l'Hôtel Claridge qu'eut lieu le bal du 24 mai 1924. Organisée par le riche collectionneur français Laurent Monnier, la soirée se déroula en présence du maréchal Foch. Après des chants et des danses du folklore russe, son divertissement principal commença : un défilé des élégances d'hier, d'aujourd'hui et de demain. Pour ces dernières on avait fait appel à Sonia Delaunay. Pendant que les mannequins présentaient les robes du proche avenir telles que les voulait Sonia, sur la scène, un homme en habit noir récitait *La Mode qui vient*, le poème écrit par Joseph Delteil pour l'occasion :

« La mode qui vient est profonde et mystérieuse, d'en
[parler me rythme la langue et je me sens transporté dans
[son cours.
....
Non, non, non, il n'est pas vrai que Dieu créa la femme
[nue
Mais il lui donna dès le commencement une robe, une
[robe de soie
Ouverte sur le Paradis

> Et qui avait la forme des oiseaux et la teinte des anges
> Et c'est lorsqu'elle eut péché que Dieu lui ôta sa robe
> .... »

Tandis que le récitant scandait le long poème, les jeunes femmes défilaient jusqu'à ce que, la présentation achevée, elles se groupèrent autour de cet homme en noir qui disparut sous les couleurs et les formes abstraites. Il y avait quatre hommes aussi dans le cortège. Ils portaient des costumes où, comme dans ceux de *Le Cœur à gaz*, le carton avait une grande part.

> « Oui, tous poètes, banquiers, sportsmen, et chercheurs
> [de vitesse
> Nous avons prolongé sur nos habits les paraboles des
> [planètes. »

Dans la presse, on parla avec éloge de ce défilé inattendu. Sonia n'était pas femme à attendre que la chance vienne à elle. Elle décida de la forcer et ouvrit boulevard Malesherbes la Boutique Simultanée. Elle n'en abandonna pas pour autant l'atelier de création de tissus qui, bientôt, allait lui permettre de réaliser un appréciable courant d'affaires avec l'étranger. Des actrices en vue comme Paulette Pax, Lucienne Bogaert, Gabrielle Dorziat lui commandèrent des robes pour la scène et pour la ville. De passage à Paris, Gloria Swanson en commanda aussi. Alors au plus haut de sa gloire, la star ne lui ouvrit pas les portes de Hollywood, mais sa photo montrerait le rayonnement de la maison à la clientèle. Comme à Madrid jadis, Robert savait aider Sonia. Un ingénieux dispositif, imaginé par lui, permit de réaliser la projection animée des tissus de Sonia au Salon d'Automne de 1924.

C'est l'année suivante qui sera déterminante. À l'Exposition des Arts décoratifs de cette année-là, Sonia et le couturier-fourreur Jacques Heim présenteront ensemble leurs modèles dans une boutique qu'elle installera. La maison Heim ne comptait pas parmi les premières de la haute couture. Son propriétaire voulait l'amener vite à ce rang.

Pour cela, faire parler — beaucoup parler — à l'occasion de la grande manifestation qu'on préparait lui paraissait important. Il pensait aussi que la femme d'après-guerre, la femme « moderne », voulait une mode résolument nouvelle et qu'une place était à prendre parmi les grands en étant le champion de cette tendance. Les créations de Sonia Delaunay étaient l'incarnation même de cette mode. Il fallait en tirer parti.

Indépendante comme l'était Sonia, il ne pouvait être question pour elle de se placer sous aucun autre signe que le sien. Les robes, les manteaux, les tissus, les accessoires dessinés par Sonia devaient clairement apparaître comme étant son œuvre. Les robes, les manteaux, les fourrures de la maison Heim devaient être désignés comme tels sans risque de confusion possible. Ce point acquis, l'opération était excellente pour Sonia. L'Exposition des Arts décoratifs était la première manifestation parisienne de ce genre depuis la guerre. Tout avait été fait pour lui assurer un retentissement considérable. Le ban et l'arrière-ban des créateurs français dans ce vaste domaine (il incluait la couture) y participaient. Paul Poiret, l'un des plus prestigieux d'entre eux, avait porté la curiosité des futurs visiteurs à son comble en laissant filtrer des rumeurs bien choisies sur les merveilles d'*Amour, Délices* et *Orgue*. Sur ces trois péniches on verrait défiler les mannequins présentant ses dernières créations. On y verrait aussi ses boutiques et on y trouverait un bar, un salon de thé, un restaurant prometteur de plaisirs raffinés.

L'exposition fut inaugurée le 12 juillet 1925 par le président de la République. Armand Lanoux, alors journaliste, a rendu compte de cette cérémonie : « ... Le président Doumergue est un peu perdu. Air nègre, perles du pavillon des diamantaires, art en ciment armé de Mallet-Stevens, grands magasins avec leurs ateliers d'art, Pomone qui capitonne, Primavera qui fait nègre, la maîtrise des Galeries Lafayette. Style gomina qui offre l'appartement idéal de

Lewis et Irène. » Afin que les lecteurs d'aujourd'hui apprécient pleinement cette description, indiquons avant de poursuivre que la gomina était un répugnant fixatif capillaire grâce auquel les hommes de ce temps semblaient coiffés d'un casque. Circonstance aggravante, ce casque de cheveux « gominés » réfléchissait les lumières.

Armand Lanoux poursuit en évoquant le président qui « marche, marche, marche entre les laques de Dunand, les tissus de Rodier, les bijoux de Cartier, les lustres de Baguès, les cuirs d'Hermès ». Sonia, on le voit, était en bonne compagnie. Elle occupait d'ailleurs un emplacement privilégié car Jacques Heim faisait grandement les choses. « Parmi les boutiques du pont Alexandre III, disait Lanoux, les journalistes mettent hors pair celle qui a été organisée par Sonia Delaunay qui expose ses tissus simultanés et ses admirables broderies dans un même esprit d'équilibre et d'harmonie colorés. »

Dans la lancée de l'Exposition, un éditeur alors très actif, publie un album dont le long titre dit bien ce qu'il veut dire : *Sonia Delaunay, ses peintures, ses objets, ses tissus simultanés*. L'album, que les initiés appellent « L'album 1925 », est préfacé par André Lhote. Cendrars, Soupault, Delteil, Tzara ont donné des poèmes. Dans *Les Nouvelles Littéraires*, Florent Fels le présente ainsi : « Je sais qu'en l'ouvrant je retrouverai toute la gamme chantante des couleurs vives d'une des plus prodigieuses créatrices de notre temps. Je dis créatrice à dessein car, comme l'art de décorateurs tels Alexandre Benois et Bakst imposa une nouvelle attitude à la mise en scène et qu'à leur tour les féeries des Ballets russes ont changé pour une décade l'art vestimentaire, l'art de Sonia Delaunay apporte actuellement une jeunesse nouvelle à la mode, à l'art décoratif. »

C'est aussi l'avis d'une jeune femme suprêmement élégante comme Nancy Cunard qu'une photo bien connue montre vêtue d'un manteau de Sonia. Miss Cunard vient des sommets de l'Establishment britannique. Elle a rompu avec son milieu et estime qu'elle n'a de comptes à rendre à personne. Toutes les femmes ne sont pas, comme elle, assez sûres de soi pour n'en faire qu'à leur guise. Florent Fels a raison de dire que c'en est fini de la mode des Ballets russes — celle de Poiret dont on aime les péniches... qu'on va voir dans d'autres robes que les siennes.

Il est bien survenu une révolution et Diaghilev lui-même en tient compte : c'est à Chanel maintenant qu'il demande ces costumes qui vont si bien avec les décors de Marie Laurencin. L'impératrice de la mode c'est elle Gabrielle, « Coco », Chanel. Elle a su créer l'élégance du vêtement simple, celle qui convient aux nouvelles conditions de la vie des femmes. Il y a d'autres maisons de couture qui s'affirment en cette période d'euphorie, Lanvin, Vionnet, Patou. Elles ne mettent pas en cause le style imposé par Chanel.

La simplicité n'a rien qui puisse effrayer Sonia. Elle est trop active elle-même pour ne pas éprouver un besoin de simplicité. D'ailleurs, à propos des tenues de Sonia et de Robert au Bal Bullier, Apollinaire avait souligné déjà que les Delaunay ne se souciaient pas de modifier l'allure générale des vêtements de leur époque. En fait ce qui intéresse Sonia avant tout, ce sont les tissus. « C'est une totale révision de valeur de l'art du tissu que Sonia Delaunay a entreprise », écrira Robert dans des notes rédigées en 1938, en vue d'un texte sur Sonia qui ne verra jamais le jour. Robert rappellera aussi que ses tissus procèdent directement de ses tableaux de 1912 et de la découverte qu'elle fit alors des contrastes simultanés. « La première caractéristique de ses dessins, poursuit Delaunay, est la sobriété des éléments composant l'ensemble ; pour un œil qui n'est pas exercé l'aspect en serait géométrique, mais on s'aperçoit vite que les surfaces colorantes ont comme caractéristiques le *rythme* qui est à la base de l'Art[9]. » Ailleurs, Robert s'exclame : « Comme cela va être naturel maintenant de voir une femme sortir de l'auto aux lignes belles et nouvelles. Adéquate aussi à son intérieur qui se modernise... pour retrouver une architecture simple mais pure des meubles. »

On aura bientôt l'occasion de monter en voiture avec les Delaunay. Notons en attendant que la simple et pure architecture du meuble n'était pas ce qu'on recherchait alors en France. Ce qu'on a appelé le style Art Déco ne se souciait guère de la pureté des formes. La salle à manger des Delaunay n'avait pas la rigueur de celle réalisée par Marcel Breuer, à Dessau, pour les Kandinsky. Robert et Sonia n'en étaient pas moins — avec Fernand Léger — parmi les rares artistes « avancés » à sentir le besoin d'une architecture intérieure nouvelle. Les meubles du Bauhaus n'étaient pas pour les boudoirs des dames du Bœuf sur le Toit. Pour leurs toilettes, elles choisissaient des couleurs neutres ou bien le noir tenu pour « distingué ». Dans sa lettre de remerciements à Sonia qui lui avait envoyé l'Album 1925, Cendrars écrivait (10 novembre 1925) : « ... Je regrette surtout qu'on ne voie pas plus souvent vos robes dans la rue. Ces dames ont la routine du "noir" comme les poètes romantiques et l'indigence et le goût ne sont pas encore des perroquets mais vont toujours par deux comme les chevaux d'un corbillard. Le monde entier est en deuil ; tant pis pour lui ».

On croisait donc rarement dans les rues des robes faites par Sonia ou inspirées par elle. On en voyait pourtant. Avec l'énergie qu'on lui connaît, elle s'acharnait à imposer son goût. Les nombreuses photos de mannequins vêtues de ses créations montrent qu'elle participait activement aux manifestations élégantes du moment. Malgré cela, *Vogue*, la revue de mode dont l'autorité était sans rivale, ne reproduisait guère ses modèles. Les tissus simultanés de Sonia étaient décidément trop en avance sur l'époque.

En avance, mais pas pour tout le monde. À ceux qui

raffolaient des féeries évanescentes de Marie Laurencin ces tissus devaient déplaire. À d'autres, ils apparaissaient comme l'expression même d'un monde neuf et en mouvement. Ses clients de Lyon continuèrent à lui demander des projets pour des tissus qu'ils vendaient surtout hors de France. C'est à l'étranger d'ailleurs que Sonia aurait son client le plus fidèle. En 1925, à l'exposition des Arts Décoratifs, Joseph de Leeuw, le directeur d'une importante entreprise d'Amsterdam, vit les tissus de Sonia et en acheta aussitôt pour plus de cinq mille francs, une somme non négligeable à l'époque. L'année suivante, il devait presque quadrupler ce chiffre.

Metz est venu

Metz & Co était un grand magasin dont les rayons d'ameublement, de formes et de tissus étaient particulièrement importants. Depuis 1902, Metz représentait en Hollande Liberty & Co, le célèbre créateur anglais de textiles et de formes. À partir de 1918, la maison travailla directement avec des artistes de son pays et d'ailleurs. Quatre ans plus tard, Metz & Co avait ses propres ateliers de fabrication. Sous l'impulsion de Joseph de Leeuw, ces ateliers produisirent des tissus d'ameublement, des meubles et des tapis conçus par des artistes comme Bart Van der Leck et Geerit Rietveld qui, réunis dans le groupe De Stijl, sous l'égide de Mondrian, défendaient ce que ce dernier nommait « la plastique pure ». On le voit, nul n'était mieux fait que Joseph de Leeuw pour s'intéresser aux idées de Sonia. Commencée en 1925, la collaboration avec Metz & Co allait se poursuivre, sous une forme ou sous une autre, jusqu'à bien après la guerre. Les liens d'amitié noués par Sonia avec les Leeuw ne se relâcheraient jamais.

À un moment donné, cette amitié se colora de teintes plus vives. Veuf depuis déjà quelque temps, il semble bien que Joseph de Leeuw ait, en 1933, demandé à Sonia de divorcer pour devenir sa femme. Sonia n'avait aucune intention de rien faire de tel. Comme avec Smirnov et les autres amoureux éconduits de sa jeunesse, elle sut maintenir des liens confiants et étroits avec l'amoureux de ses presque cinquante ans. Les relations d'affaires ne furent en rien affectées par cet écart (à sens unique) des sentiments. On sait cela par le journal dans lequel Sonia enregistrera toujours les moindres événements de sa vie professionnelle. Ainsi le 5 avril 1933, elle noterait : « Metz est venu... Vu dessins préparés, sont bien... continuer l'exécution. Envoyer 4 aussitôt fini avec coloris et les coloris supplémentaires des autres »[10].

Sonia vendit plus de 200 dessins à Metz & Co. Ils étaient payés sept ou huit cents francs pièce. À partir de 1933, elle fut, en outre, intéressée aux ventes sur lesquelles elle touchait 3 % du profit. Le *Journal* de Sonia montre qu'elle vendait, assez régulièrement aussi, des croquis de robes et qu'à l'occasion, elle se chargeait de l'exécution des robes ou des manteaux choisis. Leeuw ou « la première » de son rayon Couture venait souvent à Paris et c'est à l'issue d'une de ces visites que Sonia notait la commande de « 2 robes de jersey, 2 robes du soir (une comme le modèle) en plus des croquis pour choisir la robe du soir pour jeunes filles, 6 robes de plage, 6 blouses, 1 costume de velours, 2 jaquettes de plage, 4 robes d'après-midi pour femmes âgées, 1 bon manteau ».

Tout cela ne suffisait pas pour entretenir son mari et son fils, ni pour aider sa belle-mère. Berthe vivait maintenant dans une petite maison de banlieue où ne venaient plus les vicomtes et les artistes. Elle secondait Sonia en faisant des travaux de couture, de broderie surtout pour laquelle elle était très douée. Pendant quelque temps, Sonia dut prendre des élèves à qui elle enseignait le dessin pour textile moyennant vingt-cinq francs la leçon.

Robert, quant à lui, peignait peu. Le Catalogue raisonné ne comporte aucune œuvre de l'année 1921 sinon une esquisse à l'encre de Chine pour une couverture de revue. Il y en a vingt et une cataloguées comme faites en 1922 et vingt-deux données comme entreprises cette année-là et achevées l'année suivante. Pour 1923 seule, il y a trente-neuf numéros, donc quatre-vingt-deux en tout pour 1922 et 1923. Presque tous sont faits sur papier. Ce sont les premières notations pour des portraits, des esquisses de couvertures de revues ou d'affiches et les précieux croquis faits sur le vif de ses amis d'alors.

Il y a quelques œuvres achevées pourtant : le magistral *Manège électrique* et des portraits d'amis. Celui de la femme de Chagall, Bella, dont le visage au charme adolescent est entouré d'une heureuse juxtaposition de couleurs, celui d'Herwarth Walden et celui de Tzara. Faits à l'huile sur carton et de dimensions analogues (environ 100 x 75 cm) les uns et les autres visent avant tout à la ressemblance et ne sont pas exempts d'un certain retour à l'académisme. Beaucoup plus importantes et pas seulement par leurs dimensions, sont les deux versions du *Portrait de Philippe Soupault*. L'une, faite à la colle sur papier (193 x 128 cm) est aujourd'hui au Hirshorn Museum à Washington, l'autre peinte à l'huile sur carton (195 x 130 cm) est au Centre Pompidou. Les deux œuvres montrent Soupault appuyé au balcon d'une fenêtre ouverte sur une tour Eiffel dans la manière de celle de la période destructive.

Le poète ne la voit pas d'ailleurs. Il lui tourne le dos, le visage grave, le regard plongeant vers l'univers intérieur des *Champs magnétiques*. Cet univers lui fait-il oublier les dates ? Une lettre de Soupault à Robert est datée du 30 juillet 1922. Faute d'en avoir l'enveloppe, on ne sait pas où elle a été adressée. Or Soupault parle comme si Robert est encore en Espagne d'où il est revenu il y a plusieurs mois. Quoi qu'il en soit, dans cette lettre sur le papier à en-tête de *Littérature*, le poète porte sur les uns et les autres des jugements qui valent d'être cités : « ... un type comme

Picabia qui en a vu cependant beaucoup et qui devrait être un peu blasé de jouer au pape et de se prendre pour Jules César ». De ceux de sa génération Soupault dit, sans les nommer : « Ils savent bien ce qu'ils veulent et à coup de guitares, d'éventails ou de "bass", ils jouent et trichent pour gagner un jour. » Puis il a quelques lignes indulgentes pour certains aînés : « Cendrars se balade, fait du cinéma, il oublie de revenir. Reverdy écrit, écrit (ter). Max Jacob fait de l'esprit et de la religion. » De Cocteau, il dit ce qu'il répétera sans se lasser : « ... nous n'en parlerons pas souvent car il sent trop mauvais. C'est le poisson qui arrive trop tard et qui est déjà pourri[11]. »

Tzara, l'autre poète ami, n'écrit rien de tel aux Delaunay et n'en pense pas moins derrière son monocle. Il n'apparaît pas que dans le *Manège électrique* à cette époque. Robert fait au crayon gras un dessin très poussé de sa tête. Il introduit aussi ses deux initiales ou une seule dans la série des *Hélices* qui aboutiront aux *Rythmes sans fin* des années trente. Le peintre réalise ainsi un jeu de lignes droites dans le vertigineux mouvement des courbes engendrées par l'hélice.

Pour Robert Delaunay, peindre fut toujours une recherche d'absolu. Il ne peignait que quand il était saisi par le besoin contraignant de se livrer à cette recherche. « Ces accès de fièvre picturale le saisissaient à l'improviste, devait dire plus tard son fils Charles, mais alors plus rien ne pouvait l'arrêter. Il disparaissait avant le lever du jour vers son atelier de la rue des Grands-Augustins et rentrait complètement fourbu à la nuit tombée... Cela pouvait durer un mois, parfois davantage... Entre deux périodes de création, il était capable de ne pas toucher un pinceau pendant plusieurs mois[13]. »

Ce n'est pas parce qu'il peint peu que Delaunay ne vend pas. La peinture abstraite, que ce soit la sienne où la couleur doit se suffire à elle-même, ou bien « la plastique pure » d'un Mondrian, n'est pas ce qui intéresse Paris, tenue alors pour la capitale artistique et intellectuelle du monde. « Nos critères de valeurs étaient de plus en plus français », écrit Harold Acton dans *Les Mémoires d'un Esthète*. Dans leurs moments d'euphorie, dit-il, T.S. Eliot et Nancy Cunard écrivaient des vers français et « les meilleurs de nos critiques s'intéressaient surtout à la diffusion en Angleterre des opinions françaises ». Selon Crevel, le Paris de ce temps allait « du Bœuf sur le Toit au Styx [un restaurant suédois de la rue Delambre], de la rue Boissy-d'Anglas à la plage formée par l'estuaire du fleuve Raspail lorsqu'il se jette dans l'océan Montparnasse ».

Robert et Sonia reçoivent toujours beaucoup d'amis mais ils ne les suivent pas vers ce Paris-là. Quand ils vont à Montparnasse, ce n'est pas à la Rotonde ou au Dôme plein d'Américains brillants qui ont fui la prohibition. Ils retournent à La Closerie des Lilas, encore un repaire d'écrivains et de peintres, mais où on discute des idées qui sont nées au carrefour Vavin-Raspail. Ils ne fréquentent pas non plus ces gens du monde — mécènes alors si actifs. Dans l'éblouissante suite de bals donnés par les Beaumont, il y a un bal des Matières où les plastiques, alors si nouveaux, ont leur part. On ne songe pas à demander aux Delaunay d'organiser une de ces Entrées dont le tout Paris parle pendant des semaines. Les Noailles font construire leur maison d'Hyères par Mallet-Stevens. Ce dernier représente la nouvelle architecture en France tandis qu'en Inde on s'adresse à Le Corbusier qui, faute de moyens, a eu tant de mal à terminer son Pavillon de l'Esprit Nouveau à l'Exposition de 1925. Mallet-Stevens connaît bien Sonia et Robert dont les idées esthétiques sont proches des siennes. Il ne songe pas à leur demander une contribution sous une forme ou sous une autre et pas plus que lui les Noailles, si entreprenants et si ouverts. Ces derniers ne pensent pas non plus à Adolf Loos qui, dans les années vingt, est un fervent du Bœuf sur le Toit. S'il y a dans Paris une maison du célèbre architecte viennois (elle est aujourd'hui classée), c'est à Tristan Tzara et à sa femme suédoise qu'on le doit.

Si les Parisiens on le voit demeuraient hésitants devant certaines formes du « moderne », les Delaunay n'en étaient pas moins en prise directe avec eux quant à certains des grands sujets d'intérêt de ces années-là. Avec tant d'autres, ils se passionnaient pour le cinéma, ce septième Art qui avait fait tant de progrès depuis l'époque où Apollinaire accueillait des comptes rendus de films dans *Les Soirées de Paris*. Vaincus ou vainqueurs, restés neutres ou emportés par la Révolution, les pays apportaient leur contribution — souvent exaltante — à cette formidable machine à rêver. Aragon, alors critique de la revue *Le Film*, célébrait le gratte-ciel américain, « la vertigineuse façade aux mille yeux de la maison à trente étages » et proclamait : « Nous n'irons plus nous émouvoir à Bayreuth ou à Ravenne avec Barrès. Plus beaux nous semblent les noms de Toronto et Minneapolis ».

Grands visuels, les Delaunay devaient être parmi les premiers à vouloir explorer le domaine des merveilles qu'ouvrait l'invention nouvelle. Par des amis comme Cendrars, Canudo et Fernand Léger, ils avaient connu Abel Gance. C'était en 1913 à l'époque où le grand cinéaste visionnaire s'attachait à « l'étude artistique des vibrations colorées » dont il disait qu'elles étaient « la musique de l'avenir ». À cette fin, il avait conçu des « Orgues lumineuses » ou « Orgues de lumière ». Elles étaient faites « d'un immense écran formé de lampes électriques multicolores s'allumant ou s'éteignant en fonction du jeu d'un exécutant qui appuierait sur des touches, telles celles d'un orgue, animant ainsi sur l'écran toutes sortes de figures[12] ».

Abel Gance connaissait les expériences du *Disque simultané* poursuivies par Robert qui dès lors, devait-il dire, « abordait le problème de l'essence même de la peinture ». Tout naturellement, Gance lui demanda d'illustrer son invention des Orgues. Pour cela, Delaunay donna une gouache représentant un visage de femme entièrement fait d'ampoules rouges, blanches et bleues. Le projet en resta là, hélas, mais Gance conserva toujours précieusement la gouache de Robert.

En 1927, Marcel L'Herbier demanda à Sonia de faire les costumes d'un de ses films. L'Herbier qui se piquait d'esthétisme avait déjà travaillé avec Mallet-Stevens, Darius Milhaud et Fernand Léger quand il fit appel à Sonia pour collaborer à son film *Le Vertige*. L'œuvre eut du succès, mais L'Herbier qui, jusqu'en 1953, devait réaliser une quarantaine de films, ne demanderait plus rien à Sonia. René Le Somptier, un réalisateur dont on ne se souvient guère et qui pourtant n'était pas sans mérite, demanda en 1926 aussi, à Robert et à Sonia cette fois, les décors et les costumes de *Le P'tit Parigot*. Les photos de tournage du film montrent qu'on avait fait grandement les choses. Au cours d'une soirée des jeunes personnes, dont les costumes rappellent ceux de Lizica Codréanu, dansent devant des bourgeois des deux sexes sur leur trente et un. Aux murs, on voit d'importants tableaux de Robert comme le premier *Disque*, une version des *Coureurs* et *Le Manège électrique*. Il y avait aussi des toiles de Gleizes et d'André Lhote. La qualité de cet apport pictural ne fut pas suffisante pour assurer le succès du film. Robert et Sonia s'étaient sans doute autant ennuyés que les spectateurs. Ce fut en tout cas leur dernière expérience cinématographique.

Overland et travail

Commandes de Hollande et des Lyonnais, robes et accessoires, leçons particulières, travail pour le cinéma, de l'argent rentrait. Autour de 1926 il en venait assez pour permettre à Robert de satisfaire un de ses plus chers désirs : posséder une auto. Il n'est pas alors le seul artiste à avoir la passion de la voiture. Picabia, le plus argenté d'entre eux, étonne Paris avec ses voitures de sport américaines aux énormes capots. Derain a abandonné sa veine novatrice en peinture et recherche les secrets des anciens maîtres. Il n'en est pas moins un fervent des voitures les plus avancées et ses Bugatti sont justement célèbres. Braque, gazé pendant la guerre, désobéit aux ordres des médecins et se grise de vitesse au volant de ses décapotables. Picasso, lui, ne sera jamais au volant. Il se fera conduire, par un chauffeur stylé (il a fait son portrait), dans une somptueuse Hispano-Suiza. Le modèle de cette maison qui a marqué l'histoire de l'automobile est la fameuse Hispano Alphonse XIII. On tient cette voiture de sport, commandée par le roi d'Espagne, pour la première voiture véritablement fonctionnelle jamais réalisée. Ozenfant, un grand ami de Robert Delaunay, l'a conçue en 1911 !

Robert a passé son permis de conduire en 1926, l'année suivante il se sent prêt. Son ami Cabet descend du socialiste utopiste de ce nom, c'est aussi un mécanicien des plus compétents et c'est à lui que Robert demande conseil. On ne sait pas très bien pourquoi le choix se porta sur une voiture américaine, une Overland d'occasion. La décision, en tout cas, était bonne. Pendant quelques années Robert, Sonia, Charles et leurs amis sillonneraient les routes de France avant que vienne une élégante Talbot. Les randonnées dans l'Overland feront partie du folklore familial. Il y a le voyage à La Bourboule où on avait envoyé Sonia se reposer, il y a la visite à Delteil près de Montpellier. Robert et Chagall y vont ensemble et raconteront souvent comment, le réservoir manquant d'eau, ils le remplirent grâce à leurs robinets personnels — à moins qu'il ne s'agisse d'une roue qui chauffait trop. Les récits de ce genre comportent toujours une part d'imprécision.

Sonia, de son côté, a vite pensé à l'effet qu'auraient des couleurs simultanées sur ce mobile se déplaçant sans qu'on voie ce qui le fait avancer. En 1923, elle décore ainsi une de ces 5 ch Citroën décapotables qui paraissent enthousiasmantes à toutes les jeunes Françaises qui se veulent modernes.

Les fabricants estiment qu'une apparence inhabituelle risque d'éloigner certains acheteurs, les agents de vente partagent cet avis. Les plus hardis parmi les clients savent que la revente d'une telle voiture sera difficile quand ils voudront s'en séparer au profit d'un modèle plus récent qui permettra de satisfaire mieux encore leur insatiable goût de la vitesse. Les voitures de ce genre resteront des attractions de Concours d'élégance automobile. Le moment vient où Robert doit lui-même changer d'auto. Pour remplacer l'Overland il choisit une des meilleures voitures « sport-ville » du moment : la Talbot. C'est une décapotable aux lignes pures dont Sonia décore très heureusement l'intérieur d'un tissu qu'elle a dessiné.

La passion de la voiture n'empêche pas Robert de peindre. À partir de 1924, sa production redevient importante. De cette année-là à 1927, soixante-trois œuvres sont portées au Catalogue raisonné. Un bon nombre sont des tableaux majeurs ou marquant un nouveau départ. Il fait des portraits, dont celui qui restera inachevé, de Jean Cocteau envers qui il éprouve une certaine méfiance, peut-être inspirée par Soupault. Plus tard (1926-1927), il fera rien moins que vingt et une versions du *Portrait de Mme Heim*. Il les qualifie d'Études, ce sont en réalité des tableaux souvent très poussés faits à l'huile sur toile, sur carton ou sur contreplaqué.

Une importante série d'œuvres de Robert durant ces années-là sera *Les Coureurs* dont la première version est de 1924 et qui culmine avec le tableau de 1926 (171 x 189,5 cm) aujourd'hui dans une collection allemande. Le peintre qui avait peint *L'Équipe de Cardiff* en 1913, puis était revenu deux fois à ce thème en 1922-1923 et qui avait espéré faire le ballet *Football* en 1918, devait être d'autant plus attiré par ce nouveau thème sportif qu'il se prêtait admirablement à une synthèse du figuratif et de l'abstrait. Les coureurs représentés disputent une épreuve de fond ou de demi-fond. Les épreuves sur ces distances étaient particulièrement appréciées en France depuis les premiers Jeux Olympiques de l'après-guerre à Anvers en 1920. Là, l'ancien combattant français Guillemot avait remporté le prestigieux cinq mille mètres en devançant le célèbre Finlandais Paavo Nurmi qui avait eu, lui, tout loisir de s'entraîner. On parlait d'autant plus de sport quand Delaunay aborda *Les Coureurs* que les Jeux Olympiques de 1924 se disputèrent à Paris. Une de ses premières études est une gouache sur papier aujourd'hui au musée de Dijon. Elle est faite de cercles symbolisant les visages des coureurs et de lignes horizontales symbolisant leurs maillots. D'autres études comme celle au pastel (également conservée à Dijon) et une petite huile de la Staatsgalerie de Stuttgart sont plus figuratives. Dans les versions de 1926, en particulier dans la grande toile déjà citée, les numéros portés sur les dossards des athlètes sont un élément important de la composition. Les cinq coureurs aux visages constitués par des cercles de couleurs sont représentés en pleine course. Leurs mouvements sont très heureusement rendus par la juxtaposition des différents plans. Combinant figuration et volonté de synthèse cette toile est sans doute un des plus parfaits hommages rendus par les arts plastiques à la compétition sportive. Elle exprime pleinement la sérénité de cette compétition telle que l'avait voulue Pierre de Coubertin fondateur des Jeux Olympiques modernes.

D'autres œuvres importantes marquent aussi cette période. Parmi elles, des reprises de thèmes favoris comme la tour Eiffel. Dans certains tableaux, elle est associée au corps féminin, comme déjà en 1912, mais il ne s'agit pas cette fois d'une tour désarticulée. Le corps de la femme est aussi plus lisible. Lisible au point que le tableau, peint en exécution d'une commande, ne fut pas accepté. Chargé d'un stand représentant une Ambassade de France à l'Exposition des Arts décoratifs, Mallet-Stevens avait demandé à Fernand Léger et à Robert deux tableaux pour décorer le hall. On pensa en haut lieu qu'une image licencieuse ne pouvait que déshonorer une bien française ambassade. Il fallut décrocher le tableau, voiler à la gouache le foyer des tentations avant qu'il pût reprendre sa place. Près de trois quarts de siècle ont passé et aujourd'hui *La Femme et la Tour* rendue à elle-même accueille les visiteurs de la Deutsche Bank de Düsseldorf.

Prêt-à-porter... presque

La grande peinture décorative ne suffit pas à occuper l'esprit fertile de Robert. Une idée lui vient : le tissu-patron pour lequel il obtient un brevet. Sonia a expliqué de quoi il s'agissait : « ... le tissu-patron permettra avec un minimum de frais et de perte matérielle de tissu d'être reproduit textuellement à l'autre bout du monde ». La célèbre maison de couture Redfern s'intéresse à la chose. « Redfern fecit ? » demande Mme Verdurin à Odette Swann. C'est là que s'habillaient les héroïnes de Proust. Maintenant la maison a vieilli avec ces dames et une idée neuve est bien venue. La tentative n'a guère de succès, peut-être parce que Robert, en matière de tissus, ne pense qu'en termes de dessins géométriques, surtout sans doute parce qu'elle vient trop tôt. N'empêche que Robert a très bien senti que bientôt les femmes n'auront plus la patience de rester immobiles bardées d'épingles, pendant plusieurs longs essayages. L'ère du prêt-à-porter va venir vite. À quelques années près, il ne la verra pas.

Ce tissu-patron, Sonia en parla bien entendu au cours de la conférence qu'elle fit à la Sorbonne en 1927. Le Groupe d'études philosophiques et scientifiques lui demanda de traiter de l'influence de la peinture sur l'art vestimentaire. Sonia, que Tzara et Soupault s'étaient amusés à accompagner dans cette enceinte auguste, insista sur le fait que la notion de tissu-patron était une des manifestations de « la standardisation à laquelle tendent toutes les méthodes modernes ». Elle parla de l'usage des formes géométriques « éléments simples et commodes pour répartir les couleurs dont les supports constituent l'objet de nos recherches ». Elle insistait, relevons-le, sur le fait que « ces formes géométriques ne caractérisent pas notre art, la répartition des couleurs pouvant se faire tout aussi bien sur des formes plus complexes, telles que fleurs, etc., le maniement de celles-ci serait simplement un peu plus délicat ». Après cette précision, elle concluait : « Un mouvement influence à l'heure actuelle la mode, comme il influence la décoration d'intérieur, le cinéma et tous les arts visuels... il n'en est cependant qu'au début de l'étude de ces nouveaux rapports de couleurs, pleins de mystères encore à découvrir, qui sont la base de la vision moderne. »

Ces nouveaux rapports de la couleur étaient ce qui fascinait toujours Robert. Conscient de ce qu'il avait apporté déjà dans ce domaine, certain qu'il allait apporter beaucoup encore, il se tenait pour méconnu et en ressentait une amertume profonde. Ce que Gleizes avait dit de lui dans des livres ou des articles parus depuis 1918 et aussi Ozenfant dans *Après le Cubisme* (1918) lui avait apporté un grand réconfort. Ses rancunes anciennes n'en étaient pas dissipées pour autant. La correspondance qu'il entretenait alors avec son ami André Lhote le montre bien. Dans ses lettres, Robert expose aussi (avec le style qui n'est qu'à lui et non sans une touche de paranoïa) sa conception de l'évolution artistique depuis Cézanne. Lhote, rappelons-le, était chargé à *La Nouvelle Revue française* de la rubrique Art qui se bornait en fait à la chronique mensuelle qu'il donnait à la puissante revue.

L'une de ces lettres de Robert (non datée comme toujours) est particulièrement révélatrice. Il y revient avec insistance sur sa version obsessionnelle de l'évolution des choses. Tout, selon lui, se développe à partir d'un seul point : « ... la spéculation mise dès le début sur Picasso (espagnol) au détriment de Braque (français), par un Allemand qui aime la France Uhde... Cette spéculation du reste a été prouvée lors de la vente Kahnweiler où un peintre français Braque était obligé de se défendre par les poings contre Rosenberg, pour le moment je n'ai pas à me défendre puisque des esprits clairs comme Gleizes et Ozenfant commencent à soulever le voile sur mon compte particulier. ... Hors [sic] cette combine a débuté comme le disait l'autre jour Sonia Delaunay par mettre hors cause *Matisse et l'attaquer systématiquement* — d'un côté et de servir des petits copains à l'époque dite héroïque qui comme des enfants enthousiastes exposaient à leurs risques *leurs élucubrations cubistiques*. Ceux qui étaient inaccessibles comme moi par exemple — *trop français trop sûrs* d'eux-mêmes — étaient influencés — les moutons ou les faibles. Litière, boucliers on leur donnait un morceau de sucre. »

Si on donne ici presque en entier le texte de cette lettre c'est parce qu'en fait, elle tient lieu de bien d'autres. Dans cette correspondance avec le critique de la *N.R.F.*, Delaunay reprend constamment les mêmes thèmes et s'acharne contre Picasso dans des termes qui ne varient pas. De tous ceux — et ils étaient nombreux — qui ont été jaloux de « l'espagnol », aucun semble-t-il, n'y a mis autant d'insistance et de véhémence.

Robert n'est pas si cruel à l'égard d'Apollinaire. Il tient celui qui a tant fait pour lui pour « un capricieux et influençable poète ». Il lui pardonne difficilement de ne pas l'avoir fait figurer parmi ceux auxquels il consacre un texte dans *Méditations esthétiques. Les peintres cubistes.* L'ouvrage parut en 1912, c'est-à-dire à l'époque où Apollinaire était profondément impressionné par les recherches de son ami sur la lumière et la couleur. S'il ne fait que le mentionner dans son petit livre, c'est sans doute parce qu'il entendait consacrer une étude séparée à cet Orphisme dont il se tenait pour le parrain et dont l'initiateur était Robert Delaunay. Le poète voyait si peu ce qui aurait pu heurter son ami qu'il lui fit présent d'un jeu d'épreuves portant une dédicace admirative. Dans une autre lettre à André Lhote[14], Delaunay dit que Cendrars, qu'il a vu quelques jours auparavant, lui a rappelé qu'Apollinaire « dans son livre même des *Méditations esthétiques (Le Cubisme)* annonce un livre sur ma tendance qu'il avait désignée sous le nom orphique. Le Simultané dont m'avait surnommé Cendrars dans son poème *La Tour* était pour Guillaume Apollinaire, poète de formation classique se connaissant en secrets orphiques, tendance vers la couleur qu'il définit lui-même du reste ». Quoi qu'il en soit, contrairement à ce que Robert fait dire à Cendrars, il n'est à aucun moment fait mention dans le livre d'Apollinaire d'un livre à paraître « sur ma tendance qu'il avait désignée sous le nom orphique ». Il y avait mieux. « J'aime l'art d'aujourd'hui parce que j'aime avant tout la lumière et tous les hommes aiment avant tout la lumière, ils ont inventé le feu », écrit Apollinaire en conclusion des *Méditations esthétiques*. Robert Delaunay ne pouvait pas ne pas comprendre que c'est à lui que le poète pensait en écrivant cela.

Delaunay ne parlait pas qu'à Cendrars. On imagine facilement les propos qu'il tenait à Gleizes et à d'autres au volant de sa voiture ou un verre à la main. Peindre, écrire, parler, ne suffisait pas à combler son temps. Seul, ou avec Sonia, il acceptait les commandes qui se révélaient souvent décevantes. Tous deux firent les décors et les costumes du film *Parce que je t'aime* abandonné en cours de tournage. Sonia aurait aimé travailler à nouveau avec Diaghilev mais il ne fit plus jamais appel à elle. Massine qui s'était séparé amicalement de ce dernier suivait son propre chemin. Il éprouvait toujours la même amitié admirative pour les Delaunay. Il conçut avec Sonia *Les Quatre Saisons* inspiré par l'œuvre de Vivaldi. Le ballet ne fut jamais représenté. Sonia avait fait à la gouache des études pour les décors de chacune des Saisons et pour le rideau de scène. Vivement colorées, ces gouaches sont de très heureuses réussites avec leurs jeux de cercles et de lignes parallèles ou obliques.

En 1928, Robert, de son côté, eut une idée qui plut à Massine depuis quelque temps chorégraphe du Roxy Theater de New York. Le gigantisme du Roxy impressionnait les Américains eux-mêmes. On y présentait à un public immense des spectacles alternés faits de films, de tours de chant et de ces ballets pour lesquels on n'avait pas hésité à faire appel au chorégraphe de *Parade*. Massine, on s'en souvient, aimait la peinture de Robert. Depuis l'Espagne, il était devenu collectionneur. Une exposition de ses tableaux à Rome quand il y était avec Diaghilev avait été un événement. On avait pu voir des œuvres majeures de la quasi-totalité des artistes importants de cette époque si riche. Curieusement ni Robert ni Sonia n'étaient représentés.

Quoi qu'il en soit, Massine fut très content de *Triomphe de Paris* (The Triumph of Paris). L'ambitieux projet que Robert lui exposa dans plusieurs lettres : « 1er état : trois énormes tableaux au commencement du spectacle. Ils sont praticables et apparaissent d'abord. 2e état : ensuite pendant l'évolution de la composition, d'autres font apparition sur des transparents qui sont d'abord des *fondus* représentant des plans de maisons des quartiers de Paris vus d'avion et ensuite apparaissent *la Madeleine, la Concorde* et *le Sacré-Cœur* et la *Seine*. Autre fondu représentant les statues de Paris, la Danse [de Carpeaux] au milieu. 3e. Puis trois énormes tableaux. Le *Baiser de Paris*. Les gigantesques têtes s'embrassant qui laissent apparaître graduellement le 1 au 4 *illuminé*. Paris dansant. La danse des statues ; dans la pénombre, les monuments dorment entourés d'étoiles, et le réveil ensuite dans une lumière rose et bleue et verte ensuite se termine par un arc-en-ciel[15]. »

Delaunay a fait de nombreux projets à la gouache pour les décors et les costumes du ballet. Ils portent souvent des indications précises de couleurs et d'éclairage, ainsi sur toute la longueur d'une des gouaches : « Ces statues doivent éclater en or ; *toute la gamme or* du rouge foncé ou clair au jaune foncé ou clair, avec projecteurs, les grotesques en rouge et bleu, après les illuminations les monuments se profilent en sombre sur le ciel étoilé. » Pendant les échanges d'idées entre les deux collaborateurs, les périodes de réflexion et le travail de mise au point, il se passait des choses en Amérique. Le krach de Wall Street survint avant que le projet eût été poussé à son terme.

Auparavant, des projets moins ambitieux de Robert s'étaient soldés par un échec alors que la situation était bonne encore. Sonia, jadis, avait fait des projets d'affiches comme exercices visuels sans intention de les vendre. À partir de 1923, il fit lui de nombreuses maquettes dans l'intention de tenter les grands annonceurs du moment. Elles auraient beaucoup ajouté à l'éclat et à la gaieté des murs si les clients n'avaient pas été trop timorés pour se laisser séduire. Léguées par Sonia à la Bibliothèque nationale, ces gouaches constituent un répertoire en images des grands annonceurs des années vingt. On trouve parmi d'autres, GARÇON UN BYRRH VIN TONIQUE, BERNOT, PRIX D'ÉTÉ. AUTOS CHENILLES CITROËN et une dizaine de projets DUBONNET.

Autres amis, autres projets

Le destin choisit à son gré ses agents et ses jours. Un visiteur se présenta boulevard Malesherbes le 15 février 1929. Sonia devait toujours se souvenir de cette date parce que c'était le jour de l'enterrement du maréchal Foch et qu'il faisait un froid polaire. L'histoire ne dit pas si Jean Delhumeau avait demandé un rendez-vous par un ami commun. C'est probable car il fréquentait l'atelier réputé d'André Lhote. Élève improbable ! Delhumeau avait plus de cinquante ans. Armateur à Nantes, il avait lui-même beaucoup navigué. Sa mère avait fondé la très prospère Banque de l'Ouest montrant ainsi, si c'était nécessaire, que les dames étaient douées du sens de l'argent bien avant leur émancipation dont la fin de ce siècle s'honore à juste titre. Delhumeau avait pour ami un peintre, un vrai, Charles Goudouin riche lui aussi mais, on le verra, pas pour son bien.

La quarantaine passée, Delhumeau avait fait la connaissance de ce peintre qui l'avait initié à l'art qui serait dorénavant sa grande passion. Charles Gondouin (1883-1934) était un personnage singulier qui, né riche, avait bientôt été réduit à la pauvreté en raison de ce phénomène connu que l'argent se venge de ceux qui ne s'intéressent pas à lui. Possédé d'un complexe d'échec tenace, Gondouin fit en sorte de n'être jamais mis à son rang. Il avait pourtant des amis fidèles comme Gleizes, Lhote (à qui il présenta Delhumeau) et Jean Cassou qui estimaient son œuvre. Robert quand il le connut par Delhumeau se prit d'admiration et d'une vive amitié pour Gondouin et avec Sonia fit tout ce qu'il pouvait pour le faire mieux connaître. Leurs efforts se poursuivirent après la mort prématurée de Gondouin, et Sonia continua le combat quand elle fut seule. Malgré cela Charles Gondouin demeure aujourd'hui à peu près inconnu.

Homme d'action, Delhumeau quelques jours après sa première visite à Robert achetait *Le Soleil, la Lune et la Tour Eiffel*. Il invita Robert et Sonia à venir chez lui à l'île d'Yeu pendant les vacances. Ils ne partirent pas seuls en Talbot vers cette belle propriété. Robert avait constaté à ses dépens que Jean Delhumeau était un parleur intarissable et dissertait sur l'art jusqu'aux petites heures. Il lui parut prudent de faire aussi inviter Arp qu'il savait doué de la grande force de résistance joyeuse nécessaire pour affronter ces interminables palabres. On allait se souvenir longtemps de ces vacances. Avant d'embarquer à Nantes pour la courte traversée la voiture fut mise dans un garage car la circulation automobile était interdite dans l'île. La villa était grande et confortable, son jardin superbe. Mme Delhumeau avait, comme disent les Anglais, les doigts verts. On s'amusa bien. Gondouin était là et dès le premier moment, Robert se sentit attiré vers lui. Ils étaient donc en force pour renvoyer la balle au maître de maison.

Malgré cela, les Delaunay et les Arp ne purent tenir plus de huit jours assortis de quelques nuits. On se quitta dans les meilleurs termes et Delhumeau allait dorénavant jouer un grand rôle dans la vie des Delaunay. Avant d'examiner ce que fut ce rôle, indiquons que Delhumeau qui acheta, entre autres, l'*Hommage à Blériot* devint le plus important collectionneur d'œuvres de Robert. Selon Sonia, il achèterait au total pour la somme alors très importante de cinquante mille francs. Ainsi quand la France entrerait à son tour dans la crise mondiale, les Delaunay se trouveraient dans une meilleure situation qu'il en eût été autrement.

Pour l'heure, on fêta la liberté retrouvée. De Nantes on téléphona à Quiberon où était Tzara. Tout le monde se retrouva à Carnac où les hommes se firent photographier vêtus d'algues seulement. On fit une virée en barque jusqu'à l'île aux Moines. Là, dans une grotte, Robert vit des pierres gravées qui, a dit Sonia, le frappèrent vivement. C'est en tout cas à son retour à Paris qu'il allait commencer à faire ses reliefs en plâtre. Il ne faisait pas que cela. C'est dès le début des années trente qu'il s'attaqua à ces *Formes circulaires* qui intégrées au thème de *l'Hélice* allaient aboutir à ces compositions auxquelles il donna le nom de *Rythmes* et dont les plus importantes reçurent le titre *La Joie de vivre*. C'est pour le docteur Viard que fut peinte, en 1930, l'œuvre où on observe pour la première fois un lien des *Formes circulaires* avec les *Hélices*. Ami des Delaunay, ce médecin collectionneur les soignera longtemps et sera près d'eux durant les derniers jours de Robert.

À la fin des années vingt, il fut aussi un de ceux qui, séduits par le peintre, participèrent à une entreprise trop ambitieuse pour être menée à bien. On sait combien les réformateurs ont toujours été tentés par l'idée de créer des communautés dans des lieux retirés. Là, à l'abri de l'agitation des villes (et pour les réformateurs de la société, des curiosités policières) ils se rassemblent pour poursuivre en commun leurs efforts de réflexion ou de création. Sans remonter au-delà du siècle, on peut citer ici cette Abbaye de Créteil où Vildrac, Romains, Duhamel — les Unanimistes — vécurent une expérience de vie en groupe. Rappelons qu'en étaient aussi Gleizes et ce Léon Barzun qu'on a vu revendiquer le Simultané comme sien face à Apollinaire et à Delaunay.

Dans la France des années vingt, deux artistes voulurent à leur tour créer des communautés de cette sorte. Celle fondée par Albert Gleizes, décidément très attaché aux entreprises de cette nature, allait avoir une vie longue et obscure, celle de Delaunay n'allait pas voir le jour. Pendant la guerre, Gleizes s'était trouvé à New York. Le New York pré-Dada de Cravan, Picabia et Duchamp « où, a dit Juliette Gleizes, l'on faisait de la nuit le jour, où se côtoyaient les objecteurs de conscience de toutes nationalités dans un déchaînement inimaginable de sexualité, de jazz et d'alcool ». Ce n'était pas un plus mauvais endroit qu'un autre pour être frappé d'une illumination mystique. Depuis lors, Gleizes vécut dans la conviction que la peinture abstraite, la peinture pure, pouvait être une expression du Divin et que la pratique de cette peinture devait être une expérience religieuse.

On ne peut savoir si ces idées ont assuré le salut éternel de Gleizes. On sait très bien, au contraire que, par un détour inattendu, elles allaient l'amener à jouer un rôle considérable dans le triomphe de l'Abstraction. Cette aventure sera étudiée avec l'attention qu'elle mérite. Disons d'abord ce qu'il en fut des deux communautés. Celle d'Albert Gleizes ne demande que quelques lignes. Installée (est-ce un hasard ?) dans l'ancien couvent de Moly-Sabata dans le sud de la France, elle devait réunir des artistes comme des artisans et vivre surtout grâce aux travaux de ces derniers. On ne sait pas quels artistes y passèrent jamais. Quant aux travaux des artisans, il ne semble pas qu'ils suffisaient à la faire vivre. On sait en effet que, dans les années trente, Gleizes demanda avec insistance à des mécènes américains d'acheter plusieurs de ses œuvres faute de quoi Moly-Sabata ne pourrait plus vivre. Protégée par son obscurité — ou le Saint-Esprit — elle existait encore à la fin de la vie de son fondateur.

Le projet avorté de Delaunay ne se laisse pas résumer aussi brièvement. Charles, qui avait alors dix-sept ou dix-huit ans, a raconté ce qu'il en était : « À la fin des années vingt mon père fut séduit par la beauté aride des carrières désaffectées, à ciel ouvert, à Nesles-la-Vallée, où nous allions passer les fins de semaines à l'auberge du Faisan doré... Avec ses amis qui ne tardèrent pas à venir nombreux Robert Delaunay commença à imaginer une "Cité des Artistes idéale" où chaque peintre ou sculpteur pourrait construire sa maison en utilisant la pierre trouvée sur place. Il envisageait d'aménager une piscine en élevant un barrage à la sortie d'une carrière et surtout de bâtir un musée qui servirait de salle d'exposition permanente aux résidents. La bâtisse aurait été édifiée selon le principe de la coquille d'escargot en s'agrandissant indéfiniment. C'est un principe similaire qu'utilisa l'architecte Frank Lloyd Wright bien des années plus tard à New York pour la construction du musée Guggenheim. Une piste d'atterrissage devait même, dans les plans visionnaires de mon père, mettre cette cité idéale à moins d'un quart d'heure de Paris !

« Les négociations allèrent bon train avec les notaires et les propriétaires, ravis de pouvoir se débarrasser de terrains qui ne pouvaient guère servir qu'à la chasse. Des architectes se mirent à arpenter les ravins et les bois esquissant des plans d'urbanisation et confrontant leurs épures. Puis... sans doute à cause des méfaits de la crise économique tous ces beaux projets tombèrent dans l'oubli le plus complet[16] ».

Ce que Charles Delaunay ne dit pas c'est le soin avec lequel fut mis au point l'organisme destiné à gérer ce projet grandiose. Il ne dit rien non plus du rôle joué par certains amis. Il y avait un comité d'honneur comptant à Paris Mme Curie, « chimiste », avec quelques autres, et à New York des milliardaires s'intéressant à l'art moderne comme K. Goelet, Mme Guggenheim et aussi une des Mme Stokovsky qui allaient traverser la vie de l'illustre chef d'orchestre. Dans le comité d'organisation artistique, on trouvait Arp, Chagall, Ciacelli (il avait naguère organisé l'exposition de Sonia à Stockholm), Delteil, Gleizes et Robert lui-même. Huit artistes avaient acheté des terrains, ceux déjà cités avec en outre Gondouin et Delhumeau qui avait sans doute payé l'acquisition de son grand ami. Plusieurs autres comme le docteur Viard et Jacques Heim en achetèrent aussi. Classé parmi les artistes Delhumeau n'allait pas ménager ses conseils et ses remontrances à Robert. Ses lettres (souvent adressées à Sonia) montrent l'intérêt qu'il portait au projet de Nesles-la-Vallée et dans quel esprit il l'abordait. « Si je voulais parler en Voyant, je vous dirais que j'ai Vu qu'une ville sera bâtie plus tard à Nesles et que nécessairement il faudra tirer la pierre pour la bâtir. Il se passe quelque chose comme l'a dit Gleizes et moi je dis la Chose arrive à toute vitesse. À vous d'être *assez pur* pour comprendre *tout* ».

Les lettres de Delhumeau montrent aussi avec quelle attention il suivait l'affaire de tissus et la signification qu'elle lui paraissait avoir pour les Delaunay : « Actuellement vous êtes gênés par l'affaire Tissus qui est encore négative alors qu'elle devrait être positive. Vous devriez vous appuyer dessus. Si elle marchait et vous donnait de réels bénéfices ainsi vous seriez forts et n'auriez pas besoin de songer à vendre votre peinture pour recourir aux services d'autrui. » Il reproche souvent aux Delaunay de ne pas savoir gérer leur affaire : « Vous êtes d'une force énorme au point de vue création, mais d'une faiblesse fantastique au point de vue strictement affaire. » Il ne veut pas prendre une part d'association mais il est prêt à avancer cinquante mille francs. « Avec cela et bien menée elle devrait rapporter assez d'argent[17]. »

Robert alors pourrait participer à un projet auquel l'armateur est très attaché. Il s'agit d'une sorte de coopérative réunissant Robert, Gondouin et Gleizes. « Trois peintres ayant résisté aux marchands de tableaux se sont rencontrés à la veille du succès définitif. Ce sont évidemment les plus forts puisqu'ils ont su garder leur liberté. De s'être réunis leur force s'en est accrue et je ne vois pas qu'il y ait lieu de beaucoup s'agiter pour que cela n'aille pas pour le mieux à l'avenir... Il ne suffit que d'un peu d'ordre pour commencer. Gleizes est riche et possède tous ses tableaux donc il n'a pas besoin d'argent et dispose de tout son capital tableau. Gondouin a déjà quelques acheteurs et dispose d'une grande partie de son œuvre. À lui il lui faut un peu d'argent assuré pour se passer des marchands. Vous Delaunay, placez à peu près tous vos tableaux et aurez désormais un revenu de l'affaire Tissus. »

Rien n'allait sortir de tout cela. Sonia y avait cru pourtant. Seule, une fois encore, à dater ses lettres, elle écrivait le 8 juillet 1929 à Delhumeau : « Deux mots aujourd'hui pour vous accuser réception du chèque de cinquante mille francs. Vous avez dû recevoir la longue lettre de Delaunay ; nous avons vu hier Gondouin chez qui nous dînons jeudi prochain avec les Gleizes... je crois qu'il doit sortir une action intéressante dans le sens de notre conquête de l'univers de ce petit groupe en formation. »

Sonia voyait grand... pour Robert. Quant à elle — sans se plaindre jamais — elle avait sacrifié la peinture à laquelle elle tenait tant. Ses tissus, ses robes auraient pu lui rapporter davantage, proclamait Delhumeau. Ils n'en assuraient pas moins le quotidien de la famille. Sonia s'amusait pourtant. Comme Robert, elle aimait le jazz dont le temple était ce Bœuf sur le Toit qu'ils ne fréquentaient pas. Le jazz du Bœuf était du jazz de Blanc auquel le pianiste Jean Wiener prêtait son grand talent. Ils ne semblent pas non plus avoir été au Zelli's et pas plus chez Bricktop où on pouvait entendre un jazz plus authentique. Par chance, Charles n'aurait pas la réaction fréquente de rejet des goûts parentaux. Il allait devenir un remarquable historien du jazz.

Revue Nègre et expériences nouvelles

C'est avec la Revue Nègre que le grand public devait découvrir le jazz en 1925. Joseph Delteil a raconté comment : « Elle faisait fureur cette *Revue Nègre*. Le Tout-Paris, et tout Paris accourait chaque soir au théâtre des Champs-Élysées. Non seulement le grand public, mais la jeunesse littéraire, les grands artistes, l'avant-garde. Cocteau en tête qui l'alla voir cinq ou six fois d'affilée, Crevel qui s'y abonna pour un mois, Fernand Léger, etc. Il faut dire que cette revue pullulait d'étoiles : en tête bien sûr Joséphine Baker, une Négresse de tous les diables, mais aussi Sidney Bechet et Louis Douglas avec des décors prodigieux de Covarrubias et un afficheur de génie : Paul Colin...

« [...] Qui avait ramassé à New York cette trentaine de Noirs, de Négresses, emmené tout ça à Paris, qui avait inventé le texte, monté le spectacle, où est l'auteur ? Une espèce de miss, disait-on, une jeune Américaine dans le vent, qui se nommait Caroline Dudley. »

Or, un soir, Delteil amena Caroline Dudley boulevard Malesherbes et ils annoncèrent aux Delaunay qu'ils avaient décidé de se marier. On but du champagne d'autant plus gaiement que Robert et Sonia aimaient beaucoup Delteil et qu'ils avaient éprouvé (Robert surtout) une sympathie immédiate pour Caroline.

Des croquis faits d'après l'écrivain, à l'époque où il s'amusait à agir ainsi avec tous ses amis, Robert avait tiré un portrait dessiné. Il figure en frontispice de *Choléra* (1923), le second roman de Joseph Delteil qui, comme *Sur le fleuve Amour* paru un an plus tôt, avait plu aux Dadas parisiens peu portés, on le sait, vers ce genre de forme littéraire. En 1925, le prix Fémina fut attribué à Delteil pour *Jeanne d'Arc*. Fort de l'argent que devait rapporter le livre, il décida de s'éloigner des agitations parisiennes. Il s'installa près de Montpellier pour exploiter la propriété viticole de son père. Désormais c'est le vin qui le ferait vivre. Il est quelque peu étonnant que l'écrivain couronné ait pris une telle décision. Il l'est beaucoup plus que Caroline s'y soit ralliée volontiers.

En 1926, Robert avait illustré de vingt lithographies *Allô ! Paris !* de Delteil qui est un des beaux livres de la bibliophilie contemporaine. Cette période devait demeurer chère aux deux hommes. Plusieurs années plus tard, évoquant le séjour de Chagall et de Robert, chez lui dans l'Aude, le romancier disait : « Un des plus charmants souvenirs que je garde de Delaunay. » Parlant du voyage en Overland qui les avait amenés là, il ajoutait, rappelant les incohérences de Robert au volant : « Une jolie mort ratée pour cette brochette d'artistes, Delaunay, Chagall et bibi[18]. » Ni la voiture ni le jazz n'empêchaient Robert de travailler. On a dit combien il avait été impressionné par les pierres gravées qu'il avait vues à l'île aux Moines en 1929. Elles devaient lui donner l'idée de ces reliefs qu'il allait réaliser entre 1930 et 1935. Il s'attachait avec l'esprit d'investigation qu'on lui connaît à expérimenter de nouvelles techniques dont il attendait beaucoup.

Jean Cassou qui eut souvent alors l'occasion d'observer Delaunay au travail écrivait en 1935 : « Ces revêtements, dans la composition desquels domine la caséine, peuvent s'appliquer sur des cartons ou sur des toiles... Il est possible de les peindre à la fresque, à l'huile ou à l'œuf.

Delaunay mêle aussi à sa caséine des pâtes faites avec des poudres de liège et obtient ainsi des épaisseurs avec de la sciure de bois. L'intérêt de ces matières c'est que, une fois durcies, elles peuvent être utilisées pour les extérieurs et résister aux agents atmosphériques. Delaunay emploie également toute une gamme chromatique de sables, en particulier des sables du Colorado, qu'il projette sur des enduits à la caséine avec un pistolet à air. Les colorations ainsi obtenues sont inaltérables à la lumière et inattaquables à l'eau. Il applique enfin à ses revêtements des vernis[19]. »

Ces reliefs étaient créés à l'époque où Delaunay avait abordé la série des *Rythmes*. Ils étaient donc sous une forme nouvelle inspirée des mêmes préoccupations. En 1930, Delaunay était soudain revenu à l'abstraction intégrale. Selon Michel Seuphor, qui le connut bien à l'époque, le peintre avait réalisé que ses œuvres des années vingt pouvaient être tenues pour un reniement de ses recherches précédentes.

Cette prise de conscience lui serait venue lors d'une série de conférences au cours desquelles Gleizes avait insisté sur le rôle historique joué par Delaunay dans l'immédiate avant-guerre. Robert ne partageait absolument pas cette opinion et déclara toujours que seule sa découverte des reliefs de l'île aux Moines l'avait ramené à l'abstraction. Rappelant que le peintre avait eu entre les mains le *Corpus des signes gravés des monuments mégalithiques du Morbihan*, Bernard Dorival écrit qu'il suffit de feuilleter ce corpus « pour y trouver en maints endroits des reproductions de signes, figuratifs ou non, qui ont semble-t-il suggéré à l'artiste telle de ses compositions postérieures à 1930[20] ».

De 1930 à 1937, Delaunay fit, parallèlement aux tableaux, une vingtaine de reliefs utilisant des matériaux très divers. Plusieurs portent des titres indiquant qu'ils étaient marqués par les mêmes préoccupations que ses toiles du moment. Citons parmi d'autres *Relief* :

Rythme 1933. Ciment, liège et huile sur toile, *Relief noir avec des cercles de couleurs*. 1930-1932. Huile et ripolin ; plâtre et sable aggloméré sur contreplaqué, *Rythme. Relief.* 1933-1934. Huile, caséine et liège sur toile. Delaunay était passionné par ces reliefs dont il voyait bien le rôle qu'il pourrait jouer en architecture.

Il continuait, en même temps et avec le même enthousiasme créateur, à travailler à ses tableaux qu'il désignait par le terme de *Rythme*. Il a expliqué lui-même ce qu'il entendait réaliser dans ses œuvres. Ce texte a été rédigé vers 1941. Il peut donc être tenu pour son testament artistique comme l'a dit Pierre Francastel en en citant des extraits : « Ce sont des accords créés par des formes circulaires dans leurs rapports de contrastes et de dissonances, dans l'expression la plus sévère et la plus pure. Étude de couleur exprimée par des disques, seul élément du tableau qui porte en lui, par la mesure de la couleur, l'expression poétique créant l'ambiance du tableau. La couleur est vue en force, en nombre, en module. L'harmonisation des modules crée le rythme, c'est l'introduction du temps dans la structure même du tableau. (On pourrait comparer les *Rythmes* colorés de Delaunay avec, en musique, les fugues de Bach)[21]... »

Ainsi dans le plus important de ses derniers écrits Robert Delaunay reprenait cette référence à Jean-Sébastien Bach qui l'avait frappé trente ans auparavant quand Klee y avait eu recours.

Le texte qu'on vient de citer s'applique parfaitement à *La Joie de vivre* (1930) et à « ces accords créés par des formes circulaires dans leur rapport de contrastes et de dissonances ». Il existe trois tableaux portant ce titre. Ce sont des huiles sur toile. Le plus grand mesure 2 m × 2,28 m. Un autre, un peu plus petit, porte au revers, en jaune, cette inscription : « *les disques soleil* détail de la joie de vivre, composition pour un mur de la vallée des artistes. 1930 ». On apprend ainsi que Robert, bien conscient de l'importance de cette toile, avait pensé en reprendre le thème pour un mur du phalanstère qui l'occupait tant alors.

Quelque temps après, en 1934, il trouvait avec les *Rythmes sans fin* ce qu'il cherchait plus ou moins consciemment depuis très longtemps. À l'époque de son séjour au Portugal, écrit Francastel, « Delaunay suivait la course de la lumière d'un objet à un autre ; il notait les reflets, les éclats, les contrastes de l'ombre et tenait compte des reliefs et des formes des objets à travers lesquels se jouait le rayon du soleil[22]. » Il s'agit maintenant de s'en tenir à la seule couleur, de réaliser pleinement ce qu'il avait deviné en 1912. Ses *Rythmes sans fin* ne se préoccupent plus des reliefs et des objets à travers lesquels la lumière se joue mais uniquement des formes que la couleur crée dans l'atmosphère indépendamment des objets. Au cours des conversations recueillies dans *Nous irons jusqu'au soleil*, Sonia a dit : « l'idée de faire un mouvement pur de couleurs était venue à Robert en voyant une espèce de danseuse que j'avais faite en 1923[23]. » Le respect qu'avait Sonia pour l'œuvre de Robert, la volonté qu'elle eut toujours de s'effacer derrière celui qu'elle admirait tant, font qu'on doit prendre au sérieux cette affirmation. Indiquons que « l'espèce de danseuse » était une aquarelle intitulée *Robe simultanée, rythme sans fin*, ce qui laisse penser que Robert s'inspira aussi de ce titre de Sonia.

Liquidation — nouveau départ

Pendant que tout cela se faisait, le temps poursuivait son chemin sans demander de comptes à personne. Il s'agissait bien de comptes pourtant ! La crise économique qui avait frappé les États-Unis, à la fin de 1929, avait atteint la France vers la fin de 1930. Les affaires allaient on ne peut plus mal, celles de Sonia comme les autres. Malgré les achats de Delhumeau, les traites impayées, les menaces de poursuites se multipliaient. Le climat devenait insupportable.

Robert et Sonia prenaient un verre un jour à la terrasse de La Rotonde. De l'autre côté du boulevard, au Dôme, Vantongerloo, tirant béatement sur sa pipe, se chauffait au soleil en souriant à rien. « Regarde, s'exclama soudain Robert, regarde comme il est heureux ! Les affaires mangent ta vie. Arrête tout. Nous vivrons comme avant et tu peindras. »

On entreprit, de liquider Delaunay-Simultané. Sonia n'abandonna pas ses activités commerciales. Elle continua à travailler pour de Leeuw et à exécuter quelques commandes privées. Pour l'heure, ces activités et les complications multiples qu'entraînait la liquidation absorbaient une grande partie de son énergie. On a d'elle pourtant un tableau de 1930 qu'on peut considérer comme le premier de ses *Rythme coloré* ou *Rythme couleur* qu'elle fera jusqu'à la fin de sa vie.

Le temps poursuivait implacablement son trajet. Il amenait avec lui cette fois les ruines, les faillites et le chômage. La crise économique s'accompagnait maintenant de cette grave crise sociale qui, en Allemagne au moins, allait engendrer l'abomination nazie. Dans la France, relativement épargnée en raison même de son retard industriel, tout cela (sans préjudice de forts courants fascistes) allait aboutir au régime du Front populaire. Destiné à se diluer bientôt dans des gouvernements typiques de la IIIe République, il n'en promulguerait pas moins certaines des lois sociales qui régissent aujourd'hui la vie française.

Autre avant-guerre

La scène artistique était très active pendant cette période où les choses allaient s'assombrir au point qu'à partir de 1937 une nouvelle guerre paraîtrait inéluctable. Dans ce

Paris, dominé par les Surréalistes — comme Kandinsky devait le constater à son arrivée en 1933 — les tenants des différentes formes de l'abstraction ne manquaient pas. Mondrian, qui était là depuis 1919, avait été rejoint dans les années vingt par Van Doesburg et Vantongerloo, ses disciples du groupe De Stijl. Les constructivistes russes Gabo et Pevsner étaient là aussi, comme Pougny et Kupka et bien d'autres venus de Pologne ou de Hongrie. Au Dôme, d'interminables discussions se poursuivaient entre ceux qui n'admettaient que l'abstraction pure et d'autres qui toléraient le recours occasionnel à l'image d'une forme réelle.

Dès 1921, le jeune Belge Michel Seuphor défendait avec fougue l'art abstrait dans sa revue *Het-Overzicht* (1921-1925). Venu à Paris en 1923, il devait fonder six ans plus tard le groupe Cercle et Carré avec le peintre uruguayen Torres-Garcia. Le dynamisme de Seuphor fit que le groupe compta bientôt dans le Paris artistique de la rive gauche. Au début de 1930, il réunissait plus de quatre-vingts membres, pour la plupart étrangers et venant souvent de l'Europe du Nord. On se réunissait, deux fois par mois, place de l'Odéon au Café Voltaire où avait eu lieu le banquet offert à Gauguin à l'occasion de son départ pour le Pacifique. De là, on passa à la brasserie Lipp encore aujourd'hui fameuse.

En avril 1930, une exposition Cercle et Carré eut lieu rue La Boétie dans la galerie où avait pris place une vingtaine d'années auparavant l'exposition de La Section d'Or. Arp, Kandinsky, Baumeister, Le Corbusier, Léger, Mondrian, Pevsner, Schwitters y figurèrent avec bien d'autres. Le retentissement de la manifestation fut à peu près nul.

En octobre, Michel Seuphor tomba malade pour plusieurs mois et le groupe interrompit ses activités. En 1931, Vantongerloo créa un nouveau mouvement prônant la non-figuration. Il y invita Delaunay qui accepta l'invitation et rejoignit ainsi les membres de l'ancien groupe et aussi

Herbin, Kupka, Gleizes, Tutundjian, Hélion et Valmier. Le nom du nouveau groupe était « Abstraction-Création ». « Abstraction parce que certains artistes sont arrivés au concept de non-figuration par la voie d'une abstraction progressive des formes de la nature. Création parce que d'autres artistes sont directement parvenus à la non-figuration par un concept d'ordre purement géométrique ou par l'usage exclusif d'éléments généralement appelés abstraits comme les cercles, les plans, les lignes, etc. » Certains comme Herbin et Vantongerloo portaient des jugements draconiens. Ils refusaient des œuvres valables dans lesquelles on pouvait discerner une image naturelle et en acceptaient de médiocres parce qu'elles étaient strictement non figuratives. Opposés à cette attitude, Arp, Sophie Taueber, Pevsner, Freundlich, Valmier, Gabo et Hélion quittèrent le groupe en 1934. Delaunay qui avait compté parmi les opposants les plus actifs était naturellement parti lui aussi. Ce passage dans le groupe devait resserrer ses liens avec les non-figuratifs en particulier avec son vieil ami Arp qui, lié aux surréalistes, ne s'en réclamait pas moins de l'abstraction.

Les complications de la vie quotidienne demeuraient des plus concrètes. Delaunay-Simultanés liquidé, l'appartement du boulevard Malesherbes ne se justifiait plus. On chercha, Sonia surtout, qui en 1934, finit par trouver rue Saint-Simon l'appartement où elle finirait ses jours. Déménager, emménager ne fut pas facile. Outre les meubles, quarante caisses firent le voyage de la rive droite à la rive gauche. C'était pour être disposés dans deux petits appartements confortables aux quatrième et cinquième étages de cette maison moderne du quartier des ambassades. Chaque appartement comportait un atelier clair et vaste.

L'installation prenait du temps (toutes ces caisses !). La situation était de plus en plus difficile. Robert ne vendait rien, Sonia avait peu de commandes. Robert avait rencontré l'architecte Félix Aublet au printemps 1935, lors d'une exposition organisée par la revue *Art et Décoration* rue de l'Échelle où il montrait ses « revêtements muraux en relief et en couleur ». Ils s'étaient liés d'amitié.

« Ce contact, écrit Aublet, fut le départ d'une amitié dont j'ai conservé un très riche souvenir. Par la suite, j'eus la chance de pouvoir voir une très belle œuvre chez les Laurent Monnier rue Raynouard au 44 et chez le docteur Viard qui commanda à Robert la décoration d'un des grands murs de sa salle à manger. Ce qui nous lia fut le même esprit de recherches de solutions nouvelles, aimant de notre époque tout ce qui était vivant et en mouvement. Cela nous rapprocha au point que Robert, qui était au chômage à vingt francs par jour, vint avec Sonia travailler dans mon atelier.

« J'appréciais l'esprit vif de Robert toujours à l'affût d'une création nouvelle. Il avait aussi un don de coloriste éblouissant. Il ne pouvait poser une touche de couleurs sans que le contraste avec une autre juxtaposée n'éclate. Il était aussi très normand ce qui s'ajoutait à une causticité toujours en mouvement.

« Certains le trouvaient primaire. Il l'était mais pas dans le sens péjoratif du terme, mais bien plutôt dans un certain côté d'une simplicité enfantine. Avec par instants des éclairs fulgurants d'imprévu[24]. »

L'auteur de ce portrait révélateur, le jeune et brillant Aublet, habitait avec sa mère et sa sœur dans un spacieux hôtel particulier entouré d'un parc comme il y en avait alors beaucoup à Neuilly. Il y avait installé son agence. Félix Aublet faisait partie de l'Union des artistes modernes et créait des modèles de meubles. Il avait dès 1928 fait appel à Sonia pour recouvrir certains de ses sièges.

À partir de 1935, Robert et Sonia travaillèrent à l'atelier. Sonia fit office de secrétaire, et Charles de dessinateur.

« Robert et Sonia vinrent donc travailler à mon agence. Sonia avec son tempérament d'ouvrière laborieuse et Robert avec sa fantaisie. Il arrivait souvent vers 16 heures, s'assoupissait dans le jardin et sans transition se réveillait et émettait une idée ou une critique qui était toujours un coup de fouet ou prenait quelques couleurs et pondait une petite esquisse pleine de vie.

« Nous eûmes un contact plus étroit au moment du Salon de la Lumière organisé par la Compagnie parisienne de distribution électrique en 1935. La C.P.D.E. m'avait demandé d'y figurer avec un stand dont le sujet que je choisis fut un intérieur de petit chalet composé d'une seule grande pièce servant à la fois de chambre et de living-room. Robert exécuta un panneau placé au-dessus d'une table de salle à manger... Sonia broda les tissus du siège et du divan — ce fut le début d'une collaboration qui devait se développer rapidement et nous amener à obtenir les marchés de décoration du Palais des chemins de fer et du Palais de l'air de l'Exposition de 1937.

« Entre ces deux expositions, nous eûmes à mon agence une grande activité quant aux possibilités de la lumière... Au point de vue électrique, nos recherches se dirigèrent vers la possibilité d'animer une surface par des dessins colorés, réalisés par des lampes tubes dont le filament était monté sur une chaîne de Mica qui permettait toutes les formes désirées. C'était la première fois que l'on pouvait obtenir ce résultat — largement dépassé depuis par les tubes au néon. En particulier, Robert exécuta quelques bas-reliefs où étaient incorporées des lampes tubes cintrées et colorées. » C'est avec cette technique que, l'année suivante, Sonia remportait le premier prix du concours d'Affiches Lumineuses organisé par la C.P.D.E. L'œuvre primée était un projet d'affiche pour le papier à cigarette Zig-Zag. Elle n'orna jamais les murs de Paris.

On a vu l'admiration et l'estime que Félix Aublet portait à Robert Delaunay. Sonia de son côté semble avoir été sensible au charme du jeune architecte de vingt ans son cadet. Seul un lecteur très averti pourrait savoir ce qu'il en était de son cœur par son journal intime abandonné en

1906 et repris en 1933. On sait à quel point Sonia se montra toujours discrète dans ce domaine. Pourtant dans *Nous irons jusqu'au soleil* — ses entretiens avec Jacques Damase, elle dit : « À cette époque, j'ai eu une ébauche d'amitié profonde avec un architecte qui voulait travailler avec moi à de grands projets d'art mural et d'animation lumineuse. En relisant mon *Journal* je mesure à quel point j'étais à la fois affamée d'échanges spirituels avec les autres et exigeante, exclusive dans l'amitié et la collaboration. J'exigeais ascèse monacale, sacrifice au travail et à l'art et à une sorte d'équivalent du vœu d'amour courtois. » Sonia n'irait jamais plus loin dans la révélation de son moi profond.

Il y avait ce moi, il y avait aussi et surtout le travail. Une Exposition universelle allait avoir lieu à Paris en 1937. On ferait appel aux architectes et aux artistes (la plupart étaient durement touchés par la crise) pour en concevoir les bâtiments et les décorer. Plusieurs des pavillons présenteraient les grandes réalisations techniques françaises. Il s'agissait de montrer (à l'Allemagne nazie et à la Russie soviétique surtout) que les Français étaient aussi avancés que quiconque dans le domaine des sciences appliquées. On voit quelles perspectives s'ouvraient aux imaginations de Sonia et de Robert.

Là encore, les relations avec Aublet allaient se révéler déterminantes : « Nous ne pensions pas participer à l'Exposition de 1937 sachant dans quel esprit elle devait se réaliser. Le hasard voulut que Robert entendit dire que les Palais des chemins de fer et de l'air étaient confiés à des architectes dont l'un d'eux s'appelait Audoul.

« Camarade d'École des Beaux-Arts, j'allais le trouver et il nous mit en contact avec ses trois collègues.

« Nous vîmes Robert et moi la possibilité de faire une démonstration de nos recherches plastiques c'est-à-dire une création plastique homogène liant l'architecture, la décoration et la sculpture en un tout de même esprit.

« Nous emmenâmes les architectes chez le docteur Viard voir la somptueuse réalisation de Delaunay. Ils furent conquis et décidèrent de nous demander de faire des maquettes pour le Palais des chemins de fer puis pour le Palais de l'air.

« Nous vîmes là enfin la possibilité de réaliser une œuvre en travail d'équipe[25]. »

Afin d'être en mesure de faire face à la réalisation des commandes attendues, Félix Aublet et Robert Delaunay constituèrent en mars 1936 une association nommée « Art et Lumière ». Les termes de cette association furent minutieusement précisés dans toutes les formes légales. « MM. Delaunay et Aublet s'associent personnellement pour l'exécution des travaux de décoration des Palais des chemins de fer et de l'air. Art et Lumière a son siège 135 boulevard Bineau à l'agence Aublet. Félix Aublet est mandaté pour traiter le marché d'adjudication avec l'Administration de l'Exposition. »

« Un mur, monsieur le président »

Ici se situe un épisode quelque peu incongru que Sonia, plus tard, allait raconter souvent avec amusement. Un soir, elle et Robert se postèrent devant l'immeuble où Léon Blum avait son appartement et attendirent longuement son retour. Pour goûter tout le sel de l'histoire, il faut savoir que l'appartement de Blum était quai d'Anjou dans cette île Saint-Louis alors quasiment déserte, la nuit venue. Dans ses récits Sonia n'a jamais mentionné la présence du moindre sergent de ville. Ainsi, dans ces temps tenus pour troublés, le domicile d'un chef de gouvernement n'était surveillé par aucun policier en uniforme ou en civil. S'il y en avait, ils devaient être particulièrement débonnaires car nul ne s'interposa quand Sonia et Robert se précipitèrent vers Léon Blum sortant de sa voiture, et le supplièrent de leur faire donner un mur à peindre. On ne sait pas bien ce que le Président du Conseil pensait de l'art des Delaunay et si même il le connaissait. L'esthète qu'il était dans sa jeunesse connaissait la peinture des Nabis, il ne semble pas qu'il ait jamais été au-delà. En littérature, il raffolait de la prose alambiquée d'Henri de Régnier. Toujours est-il qu'il promit de bonne grâce des murs aux deux agresseurs.

Pour l'heure on en était encore à attendre. Le 28 juillet 1936, Robert apprenait que « son nom était retenu par la Commission de répartition des commandes pour la décoration du Palais du chemin de fer ». Le même jour, Sonia était avertie que « la Commission de répartition des commandes aux artistes avait retenu son nom pour la décoration du Palais du chemin de fer ». On lui demandait de se « mettre en rapport avec M. René Hartwig, architecte 23 rue Juliette-Lamber ». Il serait trop long d'énumérer les marches et les contre-marches auxquelles, dans le style administratif le plus accompli, ces commandes passeraient avant de devenir définitives. Dans les dossiers d'Art et Lumière figurent deux lettres de Félix Aublet à Léon Blum datées de décembre 1936 et de janvier 1937, relatives aux difficultés d'obtenir une commande en bonne et due forme. « À l'Exposition, on nous a donné des accords verbaux en nous disant "Travaillez, il n'y a plus de temps à perdre". Mais il est impossible d'obtenir une commande régulière.

« Nous n'avons pas les moyens de faire travailler nos artistes et artisans et d'engager de nouveaux frais sans savoir où cela nous mène. Et nous sommes à quatre-vingt-dix jours de l'ouverture. Veut-on saboter définitivement l'Exposition. »

On sait par un devis descriptif de Hartwig daté du 13 janvier 1937, que Robert était chargé « d'exécuter en relief coloré sur everite : 1/ à l'entrée extérieure principale face au quai d'Orsay, 4 panneaux de 3,50 m sur 9 m, sujet : *Symphonie ferroviaire* ; 2/ à l'entrée vers les quais dans le grand hall en sous-sol, 4 panneaux de 4 m sur 8 m, sujet : *Sécurité, vitesse, souplesse, précision* ; 3/ dans la cour des containers, une composition autour des portes sous l'Arc en Ciel, sujet : *Apothéose, Histoire du rail* », et trois panneaux : « *Tunnel sous la Manche, Liaisons France-Angleterre* et *Ferry boat.* » On avait aussi demandé à Robert des projets pour le Palais de l'air qui, acceptés par Hartwig et son équipe, furent refusés le 15 septembre par la Commission de l'Exposition. Un mois plus tard, Sonia était chargée « de la composition et de l'exécution de 2 panneaux séparés de 6 m^2 chacun, au total 12 m^2, peinture détrempe et caséine à destination du Palais du chemin de fer (intérieur de la gare au rez-de-chaussée) dont le thème sera *Visions régionales* ». Elle était aussi mandatée pour « la composition et l'exécution d'un panneau peint de 18 m^2 peinture détrempe et caséine, à destination du Palais du chemin de fer (grand hall face latérale vis-à-vis de la passerelle), dont le thème sera "*Eau*" ». En outre, les époux Delaunay étaient chargés de travaux dans la « partie avant » du Palais de l'air en vertu d'un marché de gré à gré passé le 20 mai 1937 entre le président de la Classe 67 A et MM. Aublet et Delaunay.

Le prix de la décoration du Palais du chemin de fer « net à forfait et non révisable » était de 848 000 francs. Pour importante qu'elle était, cette somme se révéla insuffisante et donna lieu à diverses réclamations et à des tractations qui ne furent pas toutes du goût d'Aublet. Il serait trop long de suivre les détails de l'affaire. Disons simplement que les relations furent un moment assez tendues pour que Sonia note au crayon rouge en marge d'un document « mauvaise foi d'Aublet ». La liquidation des comptes se fit finalement sans trop de dommages.

Ce qui importe davantage que les discussions entre les deux associés, c'est que Sonia et Robert obtenaient pour la première fois une commande d'art mural et qu'elle était à leur mesure. Pour réaliser les œuvres demandées il leur fallait un local. On en trouva un suffisamment vaste dans le

XVIIe arrondissement à la limite de Levallois-Perret, « moyennant une indemnité d'occupation de deux cents francs par jour, l'eau, le gaz et l'électricité étant à la charge des locataires ». Il fallait des assistants aussi et cela ne présenta pas de difficultés. Pour lutter contre le chômage, les autorités imposaient aux maîtres d'œuvre de prendre des collaborateurs. Une quarantaine d'entre eux se répartirent, en nombre à peu près équivalent, entre l'équipe Aublet et l'équipe Delaunay. En effet, à la suite de différends survenus entre Sonia et Félix Aublet dont elle n'appréciait guère la froideur à son égard, on avait dû constituer deux équipes afin, dit Aublet, « de pouvoir travailler en paix ». L'équipe de Robert comprenait des peintres comme Marembert et Serge Férat. Il y avait aussi Charles qui venait d'achever son service militaire. Dessinateur doué mais « affreusement rétrograde » disait son père, il travaillait dans la publicité et aidait Sonia pour ses dessins de tissus. Ce qui lui importait vraiment c'est qu'il commençait à être reconnu par ceux qui, à Paris, partageaient sa passion du jazz.

Parmi ses équipiers, Aublet comptait aussi des peintres qui laisseraient un nom comme Bertholle, Le Moal et Manessier. À ces artistes s'ajoutaient cinq « chefs d'équipe », Survage, Peyranne et Bissière chez Delaunay, Julien Sauvaijot et Chaource chez Félix Aublet. En outre, quatre peintres collaborèrent à la décoration du Palais de l'air : Baudin, Crotti, Jacques Villon et Gleizes. Ce dernier fut payé deux mille francs et les trois autres mille francs pour exécuter des panneaux dont les sujets s'inspiraient d'une idéologie très « Front populaire » comme le montrent ces deux exemples : « Panneau 4 : Maison de repos, de santé et de vacances pour le personnel petit et moyen (château de Candé, maison Saint-Raphaël) » — Côté 1 « Exposer comment n'importe quel homme du peuple est accueilli par la Fédération populaire du sport aéronautique, jusqu'alors sport de luxe. » Le programme stipulait aussi qu'il fallait consacrer le Pourtour à « Exprimer les moteurs, les projecteurs, les instruments de bord, les compte-tours, les indicateurs de vitesse, la précision, machines d'essai, etc. ».

L'obligation de faire face à ce bric-à-brac et d'autres contraintes administratives n'allaient pas empêcher les Delaunay de donner le meilleur d'eux-mêmes à ce travail qui pour Robert serait un chant du cygne. Bernard Dorival qui a étudié, avec le soin et la pénétration qu'il met à ces choses, la contribution de Robert et de Sonia à l'Exposition de 1937[26], fait remarquer que l'un des panneaux de Robert comporte la représentation d'une horloge, image du temps et aussi de la mort. Était-ce l'inconscient qui avait parlé ?

La tâche était immense, 2 500 m² étaient attribués à Robert et à Sonia. Les panneaux qu'on vient de mentionner étaient des *Rythmes sans fin* d'une taille monumentale : 6,20 m. Conscients de l'importance qu'aurait dans leur œuvre ce qu'ils créaient là, les deux artistes voulurent y évoquer des thèmes qui avaient marqué leur art et des moments qui avaient compté dans leur vie. Ainsi, la décoration de Sonia pour l'escalier du Pavillon des chemins de fer était intitulée *Portugal*. Elle reprenait les thèmes des paysans, des marchés et des légumes de Valença do Minho qui devenaient des formes colorées sans référence anecdotique. Pour *Air, fer, eau*, Robert avait associé les Trois Grâces de la *Ville de Paris* à la tour Eiffel. C'était la plus grande de toutes celles qu'il avait peintes depuis vingt-cinq ans, ce serait aussi la dernière qu'il peindrait jamais.

L'esprit d'invention n'en était pas moins là et dans ce qu'il avait de plus hardi et de meilleur. Pour le Palais de l'air, Robert et Félix Aublet allaient lancer dans l'espace enclos de verre du bâtiment un ensemble concentrique de longs cylindres aux couleurs simultanées. « Sculptant le vide, il semblait voler au-dessus des exemples des réalisations aérodynamiques les plus modernes exposés là. » Sonia, de son côté, avait fait trois décorations murales au niveau inférieur du Pavillon, chacune était consacrée à une des composantes essentielles de l'avion : l'hélice, le moteur et le tableau de bord.

L'ensemble du bâtiment, comme celui des chemins de fer, dégageait une impression de sérénité contrastant avec l'atmosphère de plusieurs autres pavillons. Dans celui de la République d'Espagne, déjà moribonde, on voyait le *Guernica* de Picasso, cette inoubliable évocation des crimes de Franco et de ses alliés. Les pavillons allemand et soviétique se trouvaient en face l'un de l'autre. Chacun était surmonté d'un couple martial aux intentions visiblement agressives à l'égard de l'homme et de la femme qui leur faisaient vis-à-vis. Bientôt les statues allaient se mettre en marche.

Deux ans plus tard, l'Europe allait entrer en guerre, treize mois encore et Robert Delaunay allait mourir dans une France occupée. Du moins allait-il dans ses derniers temps se sentir mis à sa place enfin. De novembre 1938 à la fin du mois de juillet de l'année suivante, il reçut, tous les jeudis dans son atelier, un groupe d'amis fervents devant lesquels il développait ses idées, ce qu'il aimait tant faire. Il entendait à la fois expliquer ce qui était pour lui la nouvelle peinture et les étapes par lesquelles il était passé pour parvenir à sa conception d'un art fondé sur le seul maniement de la couleur. Il illustrait ses propos de projections d'œuvres de lui-même et d'autres peintres contemporains. Il analysait et corrigeait aussi les tableaux présentés par tel ou tel des assistants. Une soixantaine de personnes au total prenait part à ces séances d'une façon plus ou moins régulière. Il y avait là des critiques comme Ivanhoe Rambosson et Gilles de la Tourette, des animateurs du mouvement abstrait comme Fredo Sidès et des collectionneurs comme Jean Coutrot. Il y avait aussi des peintres amis comme André Lhote, Gleizes, Rossiné, Freundlich, Béothy et des jeunes qui allaient se faire un nom comme Serge Poliakoff.

Ainsi la peinture abstraite n'était plus confinée dans le

cercle étroit des chapelles d'avant-garde. Elle suscitait maintenant l'intérêt de ce qu'on peut appeler le « grand public cultivé ». Elle intéressait aussi des marchands et des collectionneurs. Il ne faut pourtant pas exagérer l'importance de son rayonnement. Le grand événement artistique de l'année 1938 fut l'Exposition Surréaliste à la galerie Beaux-Arts. L'évolution en France était pourtant sensible. Au moment où l'esprit de création était menacé d'être anéanti à jamais — en été 1939 — une grande exposition intitulée « Réalités Nouvelles » eut lieu à la galerie Charpentier. Elle était organisée par Rambosson et par Fredo Sidès nouvellement apparu sur la scène parisienne. Déjà âgé Sidès demeurait un séducteur patenté. Marié à une femme riche qu'il se flattait de tromper, il avait gagné lui-même beaucoup d'argent dans le commerce des antiquités. Il est symptomatique qu'un personnage ainsi défini ait été le promoteur d'une telle entreprise dont le nombre d'exposants fut très important. On voyait là, parmi d'autres Français, des œuvres de Arp, de Duchamp, des Delaunay, de Gleizes, Villon et Valmier. Parmi les étrangers, il y avait entre autres Van Doesburg, Eggeling, Freundlich, Kandinsky, Kupka, Lissitsky, Malevitch, Magnelli et Mondrian.

L'évolution en France avait été accélérée par certains facteurs qu'il faut exposer ici.

L'improbable baronne

Cette formule ne doit pas faire penser que Delaunay avait alors une liaison avec une aristocrate d'opérette. Hilla Rebay von Ehrenwiesen appartenait à une vieille famille de petite noblesse bavaroise. Son père allait devenir général dans l'armée de Guillaume II. Née en 1880, Hilla se montra bientôt très douée pour le dessin, elle était d'une intelligence éveillée aussi. Le duc de Saxe-Meiningen, commandant le régiment où servait alors son père, se prit d'affection pour elle et obtint de la confier à une préceptrice avec ses deux filles. Bientôt ces enfants suivirent aussi des leçons particulières de peinture. À quatorze ans, Hilla suivit un autre enseignement également, sans en rien dire à ses parents. Elle assista, le plus souvent possible, aux cours du théosophe Rudolph Steiner et son intérêt pour l'ésotérisme devait aller en s'affirmant au fur et à mesure des années. En 1905, son père fut transféré à Cologne. Hilla termina là ses études secondaires avant d'entrer à l'École des Beaux-Arts de la ville. À dix-neuf ans, ses maîtres lui prédisaient un bel avenir en particulier dans le domaine du portrait. Montrant une hardiesse rare dans leur milieu — aux valeurs duquel ils adhéraient pourtant — le père et la mère d'Hilla acceptèrent volontiers de l'envoyer à Paris où elle pourrait devenir une véritable artiste. Ce séjour dans le Paris de l'Académie Julian et de la Grande-Chaumière dura deux ans. William Lappara, son professeur chez Julian, l'encouragea à préparer un portrait pour le Salon de 1910, ce qui lui causa un immense plaisir. Cependant, son intérêt pour la théosophie dont elle parlait maintenant à sa famille allait en grandissant. Elle s'était liée avec un groupe d'artistes et d'écrivains animés des mêmes préoccupations dont, malheureusement, elle ne s'est pas souciée de donner le nom.

Ce qu'on a dit jusqu'à présent suffit à montrer qu'Hilla Rebay von Ehrenwiesen était une personne hors du commun. Suivre en détail ses allées et venues serait trop long. À Paris, en 1913, elle rencontra Fénéon qui lui fit connaître les œuvres de Seurat, des pointillistes et des nabis. Puis, on la retrouve à Munich, à Berlin, à Londres où elle mena une vie de jeune femme du monde tout en vendant bien ses portraits. Le cinéaste Hans Richter écrit dans ses *Mémoires* que « à vingt-cinq ans elle avait une merveilleuse chevelure blonde et une façon nouvelle et érotique de parler qui fascinait[27] ». Des photos confirment ce que dit Richter. Aucun enregistrement n'existe, il faut donc lui faire confiance sans pouvoir se faire une idée de ce qu'il en était de sa voix.

Pendant la guerre, Hilla passa un certain temps à Zürich. Amoureux d'elle, Jean Arp la présenta aux dadaïstes. Elle découvrit alors l'avant-garde la plus avancée et ses goûts artistiques, sa forme d'expression changèrent du tout au tout. Elle allait dorénavant se passionner pour les collages faits de papier ou de linoléum découpé. L'un de ces derniers fut utilisé pour la couverture de *Dada* (décembre 1917). La peinture de Kandinsky la fascina et aussi *Du spirituel dans l'art* qu'elle lut avec avidité car son intérêt pour la théosophie ne faisait que croître.

Sa liaison avec Arp n'allait pas durer. Désormais sa vie serait marquée par son amour pour Rudolph Bauer, un peintre abstrait de deuxième ordre qui se laisserait cyniquement entretenir par elle et lui ferait faire ses quatre volontés. À l'horreur de sa famille, qui pourtant ne l'abandonna jamais, elle vécut avec lui à Berlin pendant les années vingt. Ces années ne furent pas heureuses. Hilla, ne parvenait pas à faire reconnaître sa peinture dont Bauer lui-même se moquait.

Un sûr instinct lui faisait souvent penser que le grand destin auquel elle se sentait promise s'accomplirait en Amérique. Au début de 1927, Hilla partit pour New York, bien équipée en lettres d'introduction. Tout en faisant des affiches et des décorations de vitrines pour subsister, elle parvint en moins d'un an à faire apprécier ses grands portraits à l'huile et ses collages. Dès l'automne, une galerie de Manhattan organisa une exposition de ses collages et plusieurs furent vendus à des collectionneurs importants. Hilla noua ainsi des amitiés qui se révéleraient très utiles pour la suite des choses. Parmi ses amis nouveaux, il y avait Irène et Solomon Guggenheim, un ménage de milliardaires.

À l'issue d'une longue campagne au cours de laquelle

elle mit le charme, que tous lui reconnaissaient, au service de son grand sens de la stratégie, elle allait parvenir à ses fins. Il s'agissait de faire des Guggenheim, en un premier temps, des collectionneurs puis de les amener à fonder rien moins qu'un Musée d'art non figuratif. Hilla, qui avait vite pris la mesure de l'Amérique de son temps, savait que pour y être considérée comme une artiste véritable, il fallait commencer par avoir une exposition à Paris. Elle y vint donc et retrouva un Fénéon décidé à aider « sa chère petite Hilla ». C'est grâce à lui, peut-être, qu'elle obtint des dirigeants de la galerie Carmin qu'une exposition de ses œuvres ait lieu au printemps suivant.

Hilla fit aussi la connaissance d'Albert Gleizes avec qui elle se sentit naturellement en grande communauté d'idées. Bientôt, elle en vint à considérer comme lui que l'art peut être une forme majeure d'expérience religieuse. Il devint pour elle un conseiller très écouté. Il est permis de penser que si Hilla avait d'abord connu les Delaunay, et leur matérialisme joyeux, son enthousiasme n'aurait pas été si grand. On sait à quel point Gleizes était conscient du rôle joué par Robert et Sonia dans l'histoire de l'abstraction et qu'il fut toujours leur fervent défenseur. C'est à ce titre qu'il les présenta à Hilla Rebay, ce qui allait avoir les plus heureuses conséquences.

Rentrée à New York, en octobre 1928, sans avoir été revoir Bauer à Berlin, Hilla entreprit de faire le portrait de Solomon Guggenheim. On devine sur quoi portaient les conversations pendant les séances de pose. Il ne fut pas facile de persuader Guggenheim de s'intéresser à Bauer et à Kandinsky dont il ne connaissait pas les œuvres. Hilla obtint que le ménage vienne à Paris à l'occasion de son exposition qui, grâce à l'appui de Gleizes et de Fénéon, fut un succès.

Les Guggenheim sympathisèrent avec Gleizes et trouvèrent intéressant son projet de publier des albums, peu coûteux, de reproductions d'œuvres abstraites afin d'initier le public à cette forme d'art. L'exposition terminée, Hilla partit vers Berlin pour retrouver Bauer qui, de loin — et quoiqu'elle en eût — n'avait pas cessé d'exercer sa fascination sur elle. D'emblée, il décida qu'une place importante devait lui revenir dans les projets américains. Il exigea que le premier Album lui soit consacré. Ce serait, contrairement à l'idée de Gleizes, une publication de luxe. Vendue très chère, sa diffusion allait être à peu près nulle. Les Guggenheim pour leur part étaient partis vers la Suisse où ils achetèrent la grande huile de Kandinsky, *Composition 8* (1923) pour eux-mêmes et une œuvre moins importante pour Hilla. Elle avait espéré que le ménage viendrait en Allemagne et rencontrerait Bauer, mais Irène Guggenheim tomba malade et, après un séjour prolongé en Suisse, elle et son mari rentrèrent en Amérique.

Les choses avaient mûri. Au début d'août, Hilla Rebay reçut de New York une dépêche de Guggenheim lui annonçant que, dorénavant, de l'argent serait à sa disposition afin qu'elle puisse acheter des œuvres d'assez belle qualité pour être offertes plus tard au Metropolitan Museum. Elle annonça triomphalement cette nouvelle à Bauer qui, en matière de tractations financières, ne se montrerait pas toujours aussi scrupuleux qu'elle-même. Ce comportement serait d'autant plus blâmable que Guggenheim avait décidé de lui faire une importante rente mensuelle en échange d'un certain nombre de ses tableaux.

Les choses avançaient mais non sans mal. Les amis de la famille n'aimaient pas la peinture non objective. Toujours bien avisée, Rebay réveilla l'enthousiasme de Guggenheim en lui proposant un voyage en Europe pour choisir des œuvres, non pas chez les marchands, mais chez les artistes eux-mêmes. Il serait le seul multimillionnaire à discuter peinture avec les créateurs dans leurs ateliers. Pour organiser la chose, Hilla, au printemps de 1930, partit la première vers l'Europe. Elle comptait sur l'aide de Fénéon et Gleizes qui ne lui firent pas défaut. Quand les Guggenheim arrivèrent à Paris, des rencontres avaient déjà été arrangées pour eux avec les Delaunay, Léger, Braque et Mondrian. Entre-temps, les projets du mécène avaient évolué beaucoup plus rapidement que Hilla n'aurait osé l'espérer. Il n'était plus question de legs au Metropolitan mais — comme son amie Gertrude Vanderbilt Whitney l'avait fait tout récemment (pour l'art contemporain d'Amérique) — de fonder un musée d'art non objectif installé dans un bâtiment spécialement conçu à cette fin. Ce fragment d'une lettre à Bauer (beaucoup plus terre à terre pour sa part) montre quels rêves la brusque décision du milliardaire avait fait naître chez Hilla : « Le musée devra être construit dans un style fabuleux... Qui serait le meilleur architecte pour une telle entreprise ? Notez vos idées sur le nombre de salles, leur aménagement, leur style... Pendant que le bâtiment sera construit, la collection sera enrichie. Il faut qu'elle soit d'une qualité assurant la survie, bien au-delà de l'an 2000, du "Temple" de la Non-objectivité et de la dévotion. Temple est mieux qu'Église[28]. »

Ainsi donc, la baronne, aux fascinants cheveux blonds, entendait créer le « Temple du spirituel dans l'art » au sens que Kandinsky avait donné à ces mots dans son livre de 1912. Il n'est pas inutile de rappeler ici que, à l'exception des Delaunay, les premiers peintres non objectifs considéraient que l'esthétique de l'abstraction était inséparable des doctrines dérivées de la théosophie. C'était la conviction, non seulement de Kandinsky, mais aussi de Malevitch, Kupka, Mondrian et Gleizes.

Il ne semble pas que la question se soit posée en ces termes pour Solomon Guggenheim. Une forme d'art n'était pas encore reconnue. Il avait été frappé par la qualité humaine de son champion Kandinsky. C'était suffisant (sans préjudice du talent de persuasion qu'avait Hilla) pour stimuler en lui l'instinct américain du pionnier. Les choses allaient de l'avant. Le Hongrois Moholy-Nagy, une des figures marquantes du mouvement abstrait, devint lui aussi un conseiller écouté, ce qui devait inspirer de violentes crises de jalousie à Rudolph Bauer.

De plus en plus acquis à l'idée du musée, Guggenheim avait, dès 1931, transformé son appartement new-yorkais de l'hôtel Plaza en une sorte de musée privé. Il y avait là, accrochées par Hilla Rebay, des œuvres de Gleizes, Kandinsky, Delaunay, Chagall (la passion adultère de Hilla l'abstraite), Moholy-Nagy, Modigliani, Léger et Seurat. On allait acheter bien plus encore et avec plus de rigueur non objective. En 1932, pourtant, la crise économique était devenue telle que Guggenheim lui-même dut interrompre, pour un temps, ses achats. Petit à petit ils allaient reprendre. Certains seraient faits dans le but de venir en aide à Delaunay, Kandinsky, Gleizes, Chagall et l'inévitable Bauer durement touchés par la crise avec tant d'autres. Comme bien des Américains, Guggenheim allait faire beaucoup pour faciliter l'émigration d'artistes et d'intellectuels en danger. Quand les dirigeants nazis vendirent les œuvres de l'art « dégénéré », il acheta six Kandinsky et un des *Saint-Séverin* de Robert.

On a vu l'effet que l'action de Guggenheim et de Hilla eut rapidement en France et combien le statut de Robert s'en trouva modifié. Comme pour donner du piquant à la chose, une autre Guggenheim, Peggy, la nièce de Solomon, agissait de son côté avec beaucoup de brio en faveur des surréalistes. Des lettres de Rambosson montrent à quel point lui-même et les autres zélateurs de l'abstrait étaient inquiétés par cette action. Ils avaient tort. Solomon Guggenheim allait poursuivre imperturbablement son projet. Au début de la guerre, un premier musée fut installé dans un petit immeuble de Manhattan. On admira beaucoup son aménagement réalisé par Rebay.

Robert ne serait plus là, depuis longtemps, quand le Temple de la non-objectivité serait inauguré. Frank Lloyd Wright avait eu recours, pour l'édifier, à ce principe de l'escargot que Delaunay avait jadis voulu appliquer à la construction du musée dont il rêvait à Nesles-la-Vallée. Guggenheim ne serait plus là non plus, il allait mourir en 1949. Pour toutes sortes de raisons, la construction du musée, décidée longtemps auparavant, ne fut terminée qu'en 1959. Hilla Rebay serait là encore jusqu'en 1967. Sans être attiré par le mysticisme lui-même, Frank Lloyd Wright comprenait d'autant mieux les vues de Hilla que sa femme comptait parmi les disciples fervents du fameux mage Gurdjieff chez qui Katherine Mansfield était morte. Au cours de son travail, Wright tint grand compte des suggestions que faisait Hilla. Pourtant, le rôle qu'elle joua dans l'histoire de ce temps fut longtemps contesté. On la jalousait et son caractère entier (elle ne jouait pas toujours de son charme) ne lui avait pas fait que des amis. Toujours est-il qu'elle pouvait, à la fin d'un séjour parisien, écrire à son frère : « Nous avons acheté soixante-trois tableaux. »

Une maison de campagne

Cette lettre date de la mi-juillet 1938, les accords de Munich seraient signés en septembre ! Sauf pendant un bref moment de soulagement, ils ne rassurèrent personne. Les Delaunay semblent avoir vécu dans une sorte d'indifférence les mois qui menèrent à la signature du pacte germano-soviétique et au déclenchement de la Seconde Guerre mondiale par Hitler. Hilla Rebay (grâce à elle, Chagall et Léger purent émigrer aux États-Unis) avait voulu faire venir le couple à San Francisco où Robert aurait donné des conférences dans le cadre d'une exposition. Ils ne s'intéressèrent guère à ce projet et rien ne se fit. Peut-être Sonia commençait-elle, dès lors, à éprouver de sérieuses inquiétudes au sujet de la santé de Robert. Il n'en est pas moins symptomatique qu'ils aient acheté, à la veille même de la guerre, une propriété à Gambais non loin de Paris.

Charles a raconté comment la chose se fit : « En 1938, cherchant un nouvel atelier dans la région parisienne, Robert Delaunay découvrit près de Gambais, en Seine-et-Oise, une ferme du XVIIIᵉ siècle qui tombait partiellement en ruines mais possédait encore deux bâtiments dont les proportions le séduisirent. Il réalisa tout le parti qu'il pouvait en tirer, notamment pour la réalisation d'œuvres de grandes dimensions. Il entreprit immédiatement l'aménagement du corps d'habitation et s'y installa l'hiver suivant. Mais il n'eut jamais le temps d'y peindre vraiment car la Seconde Guerre mondiale avait commencé[29]. »

Pendant la période qui précéda les hostilités, puis au long de ce qu'on a appelé la drôle de guerre, les Delaunay demeurèrent étrangement sereins. Il semble que les dangers que pourrait encourir Sonia, si Hitler venait à triompher, ne les aient jamais vraiment préoccupés. Ce n'était pas par ignorance. Dans leur entourage, on savait bien ce qu'étaient l'indignité et la férocité des persécutions antisémites nazies. Des artistes et des intellectuels qui avaient pu y échapper étaient là pour en témoigner. Peut-être Robert et Sonia pensaient-ils, comme tant d'autres, que l'armée française était invincible. Nous verrons plus loin ce qu'il en fut de Sonia, quand devenue veuve, elle demeura seule dans une France soumise aux volontés hitlériennes. Elle semble bien avoir eu, au plus profond d'elle-même, la certitude que les ordres de fonctionnaires soucieux d'efficacité, le zèle des policiers, les dénonciations, ne pouvaient rien contre elle.

Au début de septembre 1939, Charles, mobilisé, rejoignit son régiment de D.C.A. en Seine-et-Marne. Ses parents menaient la vie de tant d'autres pendant cette étrange période qu'on pourrait dire d'animation suspendue. Ils visitaient des expositions, voyaient des amis. Depuis plusieurs années, ils étaient liés à un couple intéressant à plus d'un titre. Née en Algérie, Marie Cuttoli avait d'abord été mariée à un préfet. Elle aimait alors parcourir son pays natal à cheval et, ce faisant, avait découvert l'art des tisserands arabes. Les tapis l'intéressèrent toujours. Dès lors et jusqu'aux années qui suivirent la Seconde Guerre, des artisans exécutèrent pour elle des tapis d'après Picasso, Miró, Calder, Laurens, Arp, Ernst, Klee et d'autres. Ces tapis n'étaient pas faits d'après des cartons spécialement conçus à cette fin, mais empruntés à des toiles ou à des gouaches de ces artistes. Curieusement, elle ne fit pas appel à l'un ou à l'autre des Delaunay.

Divorcée, elle se remaria avec le très riche sénateur d'Alger, Cuttoli. Elle s'installa à Paris où elle ouvrit une galerie. Bientôt, Marie Cuttoli rencontra un homme qui avait tout pour la séduire. Henri Laugier était un scientifique brillant et jovial. Très ami de nombreux dirigeants politiques du moment, Édouard Herriot, Léon Blum, Yvon Delbos, parmi d'autres, Laugier s'intéressait beaucoup à la peinture vivante. Sans rompre avec son mari et avec, semble-t-il, le consentement de ce dernier, Marie Cuttoli lia sa vie à celle de Laugier. C'est lui qui eut l'idée d'un Palais de la découverte pour l'Exposition internationale qu'on préparait à San Francisco. Robert et Sonia devaient travailler à sa décoration... Le sort des armes en décida autrement. Est-ce lui qui avait fait attribuer à Sonia par le ministère de l'Éducation un « Encouragement » de mille cinq cents francs qu'elle reçut le 30 avril 1940 ?

À peine plus de deux semaines plus tard, le 16 mai, Marie Cuttoli téléphonait à ses amis pour leur annoncer « les Allemands sont à Laon ». La ville est à cent trente-neuf kilomètres de Paris. Robert et Sonia, pour qui elle demeurait un grand lieu de mémoire, le savaient mieux que quiconque. Ils partirent. Comme des millions d'autres, ils allaient faire alors un de ces voyages vers ce qu'on n'appelait pas encore une « résidence secondaire », ou à défaut vers une maison de parents ou d'amis. Certains iraient sans but, simplement pour aller de l'avant dans l'espoir que les

Allemands finiraient bien par s'arrêter quelque part. La plupart des voitures étaient surchargées de bagages hétéroclites pleins des robes de la grand-mère et des jouets des petits. Robert, qui savait comme personne quel parti on peut tirer d'une voiture, avait entassé dans la sienne un très grand nombre de ses toiles soigneusement roulées.

Sonia et Robert allèrent d'abord à Châtelguyon où Marie Cuttoli avait une maison. De là, en passant par Gambais, ils revinrent brièvement à Paris dès lors occupé. Prenant à nouveau la route, ils se retrouvèrent à Clermont-Ferrand. Bientôt Robert voulut s'installer dans le midi. Grâce à Fredo Sidès qui se déclara prêt à les héberger dans sa maison de Mougins, ils purent obtenir quelques-uns de ces bons d'essence si chichement distribués et qui éveillaient tant de convoitises. En route vers le Midi, ils prirent la vieille route Napoléon que Robert jugeait plus tranquille que la fameuse Nationale 6. À Grenoble, ils allèrent voir Andry-Farcy, le directeur du musée qu'ils connaissaient bien. Farcy était le plus dynamique et le plus audacieux des officiels de l'art à l'époque.

Pour l'heure, il abritait, avant son départ pour les États-Unis, la collection de Peggy Guggenheim. Elle-même était là. Un ou deux ans auparavant, elle avait voulu acheter une œuvre de Robert. L'affaire ne s'était pas faite. Il voulait quatre-vingt mille francs d'un tableau alors que, dit-elle dans ses *Confessions of an art addict*, Léonce Rosenberg en demandait dix mille pour une œuvre équivalente. Peggy Guggenheim avait des idées très arrêtées quant à la peinture de Robert. Dans son livre, elle dit aussi « il avait été un bon et important peintre trente ans auparavant. Je voulais acheter un tableau de cette époque car ce qu'il faisait maintenant était horrible ». La situation étant ce qu'elle était, Robert, dont on sait à quel point il n'aimait pas vendre, la sollicita à nouveau. Cette fois, l'affaire se fit moyennant quarante mille francs ce qui, au cours du dollar à ce moment, ne devait pas faire beaucoup plus que ce qu'avait demandé Rosenberg. L'argent était bien venu. Malheureusement, il fallut accepter un paiement en plusieurs tranches.

L'imagination de Robert était comme d'habitude en éveil. On commençait à équiper les voitures de gazogènes. Il pensa en faire installer un sur une camionnette et à devenir transporteur car le problème financier devenait aigu. En attendant, ils étaient installés, non chez Sidès, mais chez les Magnelli à Mougins.

Là, une bonne nouvelle allait parvenir bientôt. Une lettre d'Hilla Rebay leur annonça qu'un chèque de cent cinquante dollars leur serait envoyé chaque mois en guise d'avance sur l'achat de tableaux. Il allait en être ainsi jusqu'à l'entrée en guerre des États-Unis puis l'argent serait versé en Suisse. Au cours du marché noir, cette rentrée régulière n'était pas rien. On trouva un changeur discret, Alex, qui comme la plupart de ses obligeants confrères, circulait dans une voiture marquée Corps Diplomatique. Ce n'allait pas être tout : Aublet vint leur remettre un acompte substantiel sur ce que les organisateurs de l'Exposition de 1937 leur devaient encore. Partez, dit-il, ne restez pas en France. Grâce à leurs amitiés américaines, il aurait été facile de le faire. Ils n'y pensaient pas.

Démobilisé Charles se trouvait avec eux à Mougins et rêvait de rejoindre la patrie du jazz. Dans son livre de souvenirs, il écrit : « J'étais l'un des rares Français à avoir lu très sérieusement *Mein Kampf* et j'étais édifié sur les intentions d'Hitler. J'étais sans illusion sur le sort que le nazisme réservait au jazz. Je n'avais qu'une idée en tête : quitter l'Europe au plus vite et gagner les États-Unis. J'allai donc à Marseille au Consulat américain. On me demanda si j'étais juif et comme je répondis par la négative, on m'expliqua aimablement qu'il fallait encore faire passer beaucoup de réfugiés d'Europe centrale en priorité. C'était d'une cruelle évidence et je dus m'incliner[30]. » Charles n'ignorait sans doute pas qu'il était à demi juif lui-même. Au début de l'automne 1940, en zone libre (et bien que les lois antisémites commençaient à y entrer en vigueur), il pouvait bien ne pas prévoir encore les horreurs qui allaient survenir. L'attitude de sa mère renforçait sans doute son sentiment de sécurité. Sonia, dont l'indifférence à cet égard vaut d'être soulignée à nouveau, était à ce moment gravement inquiétée par la santé de Robert.

Les derniers moments

À Paris déjà, dès l'année précédente, il lui avait paru affaibli. On ne sait si elle s'en était ouverte au fidèle docteur Viard. Pourtant, Robert avait bien supporté le choc de la défaite, la fatigue des voyages, le dépaysement. Son entrain, sa faconde, ses sautes d'humeur demeuraient tels que les avaient toujours connus les vieux amis qui l'entouraient à Mougins. En ce temps de tous les dangers, l'idée de mort naturelle ne venait guère à l'esprit à propos d'un homme de cinquante-cinq ans. C'était l'âge de Robert et après des mois de souffrance, il allait mourir l'automne suivant.

Le 10 novembre 1940, tremblant de fièvre, il ne put se lever. Alors commença une valse désolante de faux diagnostics et d'erreurs de traitements. On a du mal à imaginer qu'à cette époque encore, tant de praticiens pourvus de valables diplômes pouvaient n'être rien d'autre que des Diafoirus ou des Purgon. Au gré des moments de rémission de Robert, on alla de ville en ville pour consulter l'un ou l'autre en vertu de recommandations encourageantes. Tout de suite, les Delaunay avaient espéré que le fidèle Viard pourrait venir jusqu'à eux. Fallait-il encore franchir la ligne de démarcation et il ne parvenait pas à obtenir les autorisations nécessaires.

Dans les bons moments, Robert se croyait guéri et son

entrain rassurait ses proches. À la fin de mars, il avait eu une rechute, pourtant le 12 avril il était en pleine forme quand, pour fêter ses cinquante-six ans, on déjeuna au restaurant avec les Arp et la dame aux douze portraits, Simone Heim, réfugiée non loin de là. Quelques jours plus tôt, des médecins consultés à Cannes avaient constaté l'existence d'un petit polype qu'ils ne croyaient pas cancéreux en raison de l'amélioration de l'état général. Un de ces consultants cannois les envoya chez un confrère à Châtelguyon. S'il juge une opération nécessaire, dit-il, elle pourra être faite dans de bonnes conditions à l'hôpital, tout proche, de Clermont-Ferrand.

Robert et Sonia auraient préféré Montpellier et la clinique du beau-père de Viard mais ils ne parvenaient pas à joindre ce dernier au téléphone. À la mi-juin donc on partit pour l'Auvergne. Commença alors un de ces voyages comme on les faisait à l'époque. Ballottés de trains bondés en autobus à gazogène, il leur fallut deux jours pour arriver à destination. Là, le médecin ausculta Robert et trouva au bas de l'intestin une tumeur cancéreuse de la grosseur d'une mandarine. Il déclara à Sonia, après l'avoir prise à part, qu'il était trop tard pour opérer, que Robert était perdu. Quand Sonia lui opposa l'opinion des autres médecins qui avaient vu un petit polype seulement, l'homme de Châtelguyon montra, par une mimique expressive, ce qu'il pensait de ses confrères.

On consulta un autre docteur qui fit faire toutes sortes d'analyses avant de rendre le 2 juillet seulement son verdict. Il faut opérer, dit-il, placer un anus artificiel. Deux mois après on pourra essayer d'enlever la tumeur. Comme si Sonia pouvait n'avoir pas compris, le médecin crut devoir lui conseiller « d'être forte », de ne pas montrer son trouble. Interventions, analyses, on répéta que un an, six mois plus tôt même on aurait pu intervenir utilement. Tout cela s'accompagnait de ces paroles rassurantes qui sont une des composantes nécessaires de l'orchestration des derniers temps.

Robert est à l'hôtel avec Sonia. L'idée de l'hôpital lui fait horreur, mais au début du mois d'août sa fièvre monte brusquement, on le transporte à la clinique. Là le médecin répète qu'il est perdu. On ne le soigne plus guère et le malade comprend bien pourquoi. La vie continue pourtant et réclame ses droits. Tracasseries des hôteliers peu soucieux de s'embarrasser d'un malade alors que tant de personnes « repliées » réclament des chambres, certificats, papiers de réfugiés, autorisations de ceci ou de cela. Sonia arrache les signatures à la mairie, au commissariat. Elle fait face à tout.

Robert, cependant, fait ce retour sur lui-même que tous ne savent pas faire. Charles a laissé un récit saisissant de sa dernière entrevue avec ce père qui, c'est le moins qu'on puisse dire, n'avait jamais eu la fibre parentale développée. « Je n'ai jamais eu avec mon père ce que la morale bourgeoise appellerait des rapports normaux... Aussi, grande fut ma surprise lors de ma dernière entrevue avec lui à Châtelguyon, peu après son opération en octobre 1941, de trouver dans son lit un homme amaigri, certes, mais aux traits détendus, comme illuminés par un sourire bienveillant. Il me parlait avec douceur, se montrait affable avec son entourage, se confondait même en amabilités avec son infirmière. J'eus quelque peine à reconnaître l'homme dont j'avais si longtemps redouté les plus légers changements d'humeur... En fait je me suis demandé s'il ne cherchait pas, en ses derniers instants, à se faire pardonner un demi-siècle de vacheries[31]. »

Au début d'octobre aussi, Viard arriva enfin. Il ne pouvait rester, devant se rendre d'urgence à Vichy. Robert n'en fut pas moins rassuré car son vieil ami avait conseillé de l'emmener en ambulance à Montpellier où à la clinique de son beau-père il serait bien soigné. Des soins pouvaient donc être utiles encore. Il fallut attendre quelques jours qu'une chambre se libère et l'effet de la déclaration de Viard sur le moral de Robert s'estompa.

Le prix de la clinique, les soins, la voiture ambulance, la sœur infirmière qui les accompagnerait, les faux frais du voyage, calculs faits, Sonia constata qu'il fallait avoir recours à Alex. Elle laissa seul Robert pour faire un bref séjour à Vichy où était le changeur. Le long de l'Allier, dans un de ces coins solitaires où avaient lieu tant de conversations discrètes à l'époque, Alex lui dit que, dans trois ou quatre jours, il lui enverrait deux mensualités d'avance. Il lui annonça aussi que les Arp, rentrés un moment à Paris, avaient pu passer clandestinement la ligne de démarcation avec Nelly Van Doesburg, et étaient de nouveau à Mougins.

Enfin, le 19 octobre, les Delaunay montèrent dans l'ambulance, une chambre les attendait à la clinique des Violettes. Robert supporta bien le voyage. Il parla carrosseries et moteurs avec le chauffeur, admira les paysages et déjeuna de bon appétit. Ils étaient partis à l'aube, il était près de huit heures du soir quand ils arrivèrent. Robert, qui avait 39 °C de fièvre, insista pour qu'on joigne Joseph Delteil. Quand ce dernier arriva, il éclata en sanglots avant de monter jusqu'à la chambre de son vieil ami dont il avait dit si souvent « Robert c'est la vie ». Le lendemain, le médecin après avoir examiné le patient déclara : « Ça ne va plus du tout. » Quelques jours passèrent pendant lesquels Robert sombrait puis se ressaisissait. Il demandait alors à Sonia de lui faire la lecture des journaux. L'Histoire n'avait pas cessé d'aller son chemin. En août les Allemands avaient attaqué la Russie, depuis ils ne cessaient d'avancer. La lecture de la presse qui exaltait les victoires nazies n'était guère stimulante. Sonia ne quittait plus le chevet du malade. Delteil la déchargeait de toutes les courses qu'il faisait à bicyclette.

À la clinique des Violettes, les soins étaient assurés par des religieuses. L'infirmière de nuit lui demanda : « Dois-je appeler l'abbé ? » Sonia connaissait bien les vues de Robert sur la question. Mais sait-on ce qui se passe dans la tête d'un mourant et puis elle ne voulait peut-être pas heurter ces femmes si dévouées. Le 24 octobre au matin, l'aumônier était là. Sonia le reçut dans le bureau de la clinique et lui dit avec force qu'il n'y avait pas eu de mariage religieux et que Robert n'était pas pratiquant. « Il n'est pas prêt, il ne veut rien savoir », devait dire l'ecclésiastique en sortant de la chambre de Robert. Quand Sonia interrogea le mourant, il répondit d'un ton allègre : « Je lui ai dit qu'il m'emmerdait. » Puis les heures s'égrenèrent. Robert, dopé par des piqûres, donna — ce qui n'était pas dans sa manière — des conseils d'économie à Sonia. Il réclama à nouveau qu'elle lui lise les journaux. Vers l'heure du dîner, il dit avoir sommeil, bientôt il s'endormit. À deux heures du matin sa respiration devint de plus en plus lente. Puis après une quinzaine de minutes, plus rien. L'aube n'était pas encore levée sur le 25 octobre 1941.

Robert Delaunay n'avait guère peint au cours de ses derniers temps. Le Catalogue raisonné de son œuvre débute avec l'année 1904. Après les importants *Rythmes* de 1938, presque rien ne vient s'y ajouter. À la veille de la guerre, il se souciait surtout de faire comprendre ce qui constituait l'essence même de son œuvre et la voie nouvelle qu'elle ouvrait. Parallèlement à ses conférences et à ses entretiens de 1938-1939, il consigna dans deux grands cahiers d'importantes réflexions critiques sur la peinture. Ces cahiers, comme ses précédents écrits, ne furent pas menés à leur terme.

Pourtant le Delaunay de la fin allait bel et bien achever un écrit. Il s'agissait de rien moins que d'un projet de création d'un musée d'art inobjectif. Dans sa note très élaborée, Delaunay explique ce qui doit être fait pour « la réalisation possible dans un temps record (un mois à deux mois) d'une collection... Pouvant donner un ensemble unique qui, par les grandes tendances de cet Art et leur représentation, peut dépasser ces autres collections par la construction générale et, comme il est déjà dit, historique[32] ». Puis Robert dressait une liste des artistes devant figurer dans la collection. Elle était accompagnée d'une estimation des sommes nécessaires aux achats de leurs œuvres. On lit ainsi :

« KANDINSKY 300 000 francs, zone libre (une grande toile ancienne 1912, 150 000 environ et d'autres toiles chez l'artiste).

GLEIZES 200 000 francs zone libre (une grande toile à Paris chez M. à Neuilly).

BRANCUSI 300 000 francs, zone occupée (chez l'artiste et un collectionneur à Paris). »

Après avoir énuméré les noms d'une vingtaine d'artistes dont Sonia et lui-même, l'auteur du projet ajoutait : « Ce qui serait bien, c'est que la collection soit exposée au plus vite si possible à Grenoble en automne et à Marseille l'hiver prochain pour la publicité et sous l'égide d'un grand nom, ceci est à mettre à l'étude. Un important catalogue rédigé en français et en anglais devrait faire l'objet d'une présentation officielle. » À elle seule, cette indication montre à quel point Delaunay vivait alors dans un monde coupé de la réalité ambiante. Il ignorait, ou voulait ignorer, que les hommes du maréchal avaient, en zone libre, violemment interrompu une conférence d'André Gide, selon eux, un des responsables de la défaite. Il choisissait d'ignorer aussi que l'art auquel il voulait voir donner « une présentation officielle » était cet art dégénéré exécré par Hitler.

Pour Sonia, les jours qui suivirent la mort de Robert furent faits, comme pour tant d'autres veuves, de démarches accomplies dans le désarroi : acte de décès, règlements des soins médicaux, dispositions pour l'enterrement. Les Delteil l'aidèrent efficacement. René Allendy, le psychanalyste, et sa femme Colette qui s'occupait de peinture moderne, étaient repliés à Montpellier. Sonia les connaissait bien et ils lui apportèrent une autre présence affectueuse dont elle avait grand besoin. Le psychiatre s'occupa beaucoup de Minouche, le chat auquel Robert s'était attaché dans ses derniers temps. Il avait compris que ce petit animal était pour Sonia comme un rappel vivant de son mari.

Il fallut quarante heures à Charles pour rejoindre Montpellier où il arriva le lendemain de l'enterrement. À son arrivée il remit deux mille francs à sa mère pour l'aider à faire face à ses multiples frais. Il n'est guère besoin de dire combien ce geste toucha Sonia qui donna à son fils, sous la forme de montres, de boutons de manchette, d'épingles de cravate, plus de souvenirs qu'il pouvait en emporter. Tous les deux pensaient que Robert devait reposer à Gambais, ce lieu où il aimait tellement travailler, ce qu'il n'avait pu faire que pendant bien peu de temps. Il fut entendu que Charles, bientôt reparti vers Paris, ferait le nécessaire pour obtenir une concession de deux places dans le cimetière du petit village.

Pendant trente-deux ans Robert, grâce à Sonia, avait pu se consacrer à la création sans se soucier d'aucun problème financier. Ç'avait été facile d'abord quand l'argent arrivait régulièrement de Russie. On sait avec quelle abnégation Sonia sacrifia son propre travail de peintre afin de donner à Robert la possibilité de poursuivre son œuvre. On sait aussi que ce comportement était inspiré par son admiration pour le talent de son compagnon et sa certitude que l'œuvre de ce dernier apparaîtrait un jour comme une des plus importantes de ce siècle.

Maintenant qu'il n'était plus là, Sonia considérait que son devoir était de mettre l'œuvre de Robert à son rang et elle entendait consacrer à cette tâche toute son énergie. Revenez à la peinture, lui disait Joseph Delteil, mais ce qu'elle attendait de cet écrivain confirmé c'était un livre exaltant la personnalité et l'œuvre de son ami Robert. L'auteur de *Jeanne d'Arc* ne fut pas chiche d'engagements solennels mais le livre ne vit jamais le jour. Du moins publia-t-il dans deux quotidiens régionaux, *L'Éclair* et *Le*

Petit Méridional, des articles que Sonia jugea en tout dignes de leur objet.

Alors qu'elle était encore à Montpellier, Andry-Farcy et sa femme qui se trouvaient là lui demandèrent de venir dîner avec eux. Cette première sortie, après la mort de Robert, lui ferait du bien pensait-elle. Il était réconfortant de parler de lui avec un des mieux qualifiés de ses admirateurs. Bientôt, on en vint à parler des uns et des autres, ceux qui étaient partis, ceux qui étaient restés. Dans le cours de la conversation, Farcy se pencha vers Sonia et murmura : « En tant qu'israélite n'êtes-vous pas inquiète ? » Sonia n'a pas noté la réponse dans son *Journal* grâce auquel elle devait en faire savoir beaucoup plus sur ce point. Elle se réveilla dans la nuit et se souvint que Andry-Farcy souhaitait acheter une *Fenêtre* et lui avait demandé si elle avait une liste de prix.

Soudain, une idée s'imposa à Sonia : Farcy voulait rafler des tableaux au centième de leur valeur en profitant de ce qu'elle était juive. Rien n'était plus loin de la pensée de Farcy qui, comme on le verra, n'allait pas cesser d'agir pour que l'œuvre de Robert soit mise à son rang. La méfiance était un trait majeur du caractère de Sonia. Dans ce cas, elle se combinait avec l'extraordinaire attitude qu'elle eut toujours à l'égard de sa judéité. Les persécutions étaient bonnes pour les autres. Pour ce qui était d'elle, rien ne pouvait la toucher. Il ne semble pas qu'elle se soit jamais souciée d'en savoir davantage sur cet aspect fondamental de son moi profond.

EN SA FIN EST SON COMMENCEMENT

Tant que Robert reposa à Montpellier, Sonia revint sur sa tombe le jour anniversaire de sa mort et le premier de l'An. Elle avait accepté volontiers l'invitation de Arp et de Sophie Taueber et été les rejoindre à Grasse où les Magnelli se trouvaient aussi. Elle allait rester là jusqu'en juillet 1944, Gabrielle Buffet a très bien montré dans quelle étonnante atmosphère : « ... Chargée de mission dans les environs de Cannes par mon réseau, il m'est arrivé de pousser une pointe pour de trop courts instants, jusqu'à cet îlot de paix et d'activité artistique qu'avait su créer leur petit groupe et qu'ils réussissaient à force d'amour et de travail à préserver de la confusion générale[1]. »

Pour donner réellement son dû à « cet îlot de paix et d'activité artistique », il faut songer à la situation de ceux qui se trouvaient là. L'Allemande Susi Gerson, la compagne de Magnelli, avait été internée dans l'assez sinistre camp de Gurs. Libérée, avec ses compatriotes, après la défaite française elle se trouvait maintenant, en tant que juive allemande, dans une situation on ne peut plus précaire. Le 31 octobre 1940, Magnelli l'épousait à la mairie de Grasse. Peu après il écrivait à Le Corbusier : « Nous avions pensé à vous avoir comme témoin mais il y avait trop de kilomètres entre nous. C'est Arp qui est venu avec sa femme passer l'hiver à Grasse qui a témoigné pour

Susi. Moi j'avais l'instituteur du village ; endimanché et avec une belle cravate bleu ciel[2] ! » Pour autant, Susi Magnelli n'en était pas quitte. Quand les occupants s'installèrent en zone libre, elle dut se cacher dans l'arrière-pays. Des agents de la Gestapo vinrent à deux reprises interroger Magnelli.

On sait assez ce qu'était la situation de Sonia pour ne pas admirer qu'elle ait, elle aussi, contribué à la sérénité de cet îlot à laquelle Gabrielle Buffet a si justement rendu hommage.

Moins menacés que les autres, Jean Arp et Sophie Taueber pouvaient, sans trop de difficultés, aller et venir entre la zone libre et la Suisse. Comme la mort n'a d'ordre à recevoir de personne, c'est de Sophie Taueber qu'elle s'empara d'abord. Cette dernière faisait un bref séjour à Zurich avec Arp quand au début de janvier 1943, elle fut intoxiquée dans son sommeil par les émanations d'un poêle qu'elle n'avait pas su régler. Sophie Taueber avait été pour Arp aussi importante que Sonia l'avait été pour Robert. On a pu dire qu'elle possédait le don de « pouvoir comprendre Jean Arp de premier abord et de donner une forme sensible à ses idées ».

Arp fut bouleversé par la disparition de sa compagne et resta longtemps sans revenir à Grasse. Peintre et remarquable architecte d'intérieur, Sophie Taueber jeune avait fait des exhibitions de danse au Cabaret Voltaire et aux soirées du Club psychologique du docteur Jung. Avant l'accident de Zürich, Arp et Sophie avec leur gentillesse, leur intelligence et leur talent avaient admirablement tenu leur partie dans le quintette de Grasse. Avec Magnelli, ils allaient amener Sonia Delaunay à reprendre ses crayons et ses pinceaux. Arp et Sophie Taueber étaient installés à Grasse au Château-Folie, un domaine dont le propriétaire avait quitté la France et qui leur avait été indiqué par Susi Magnelli. Ils y accueillirent Sonia avant qu'elle s'installe à l'hôtel. Propriété juive, Château-Folie fut d'ailleurs bientôt réquisitionné.

C'est Arp qui persuada ses amis de travailler en commun. Il a raconté, dans *Zweiklang* paru en 1960, ce qu'il en avait été : « Nous tentions d'oublier l'horreur présente dans le monde. Nous dessinions, faisions ensemble des aquarelles et des lithographies. Ces dernières donnant lieu à l'un des plus beaux livres. Toutes les formes de collaboration y ont été expérimentées. Ce livre porte pour titre quatre noms. À l'origine ce devait être un ouvrage anonyme. Malgré les bouleversements de l'époque ce travail compte parmi les plus belles choses que j'ai vécues. Toutes vanité, présomption, rivalité s'y trouvaient exclues[3]. »

La réalisation de cet album de lithographies donna évidemment lieu à de nombreux projets au crayon ou à la gouache. La technique employée avait été choisie en raison de la grave pénurie de matériaux régnant alors. Gabrielle Buffet, qui les vit au travail, a expliqué comment ils procédaient : « L'un des quatre inscrivait le motif initial, développé ensuite par les trois autres, chacun travaillant à tour de rôle sur la même feuille. » L'examen des projets des lithographies conservés aujourd'hui à la Bibliothèque nationale et à la Fondation Arp de Meudon renseigne plus complètement. En ce qui concerne la première feuille c'est Magnelli qui détermina l'organisation de la surface avec sa forme en deux parties. Un projet au crayon révèle la réaction de Sophie Taueber et de Arp. « Obéissant semble-t-il à une règle du jeu, chacun utilise une forme extérieure renfermant une structure interne, des couleurs personnelles mais aussi le noir commun à tous. Un équilibre subtil maintient ici les trois éléments en une tension magnétique. »

En 1949, Jean Arp écrivait : « Les constellations qui réunissent ces quatre artistes étaient spécialement favorables à la réalisation d'un travail en commun car les heures tragiques pendant lesquelles ces lithographies furent conçues les obligèrent à la modestie, au sacrifice de toute vanité, à l'effacement des expressions trop individuelles[4]. »

Quand on en vint à tirer les épreuves d'essai chez un imprimeur à Grasse on était à la veille de l'occupation de la zone libre. Les Arp partirent vers la Suisse. Bientôt, les Magnelli regagnèrent Paris estimant que les conditions dans le Midi seraient désormais les mêmes que dans la capitale. Le lithographe André Kalin fut arrêté par la Gestapo et déporté. Sonia, qui dorénavant allait rester seule, réussit à sauver les projets qu'elle put faire porter à Paris. Pendant ces heures tragiques évoquées par Jean Arp, Sonia poussée par la volonté créatrice de ses amis était revenue à la peinture sans jamais oublier ce qu'elle entendait faire pour l'œuvre de Robert.

Au cours de ces mois dangereux, passés avec ses chaleureux compagnons, Sonia avait pu prendre de courtes vacances. Son élégant changeur ayant disparu, elle n'avait plus guère d'argent alors que des dollars l'attendaient à Genève. Les Suisses lui accordèrent un permis de séjour d'une semaine. Se conformant à l'avis de Joseph Delteil, elle alla demander un visa français d'aller et retour à la préfecture de Montpellier. On y garda ses papiers qui portaient les inquiétantes mentions de son nom de jeune fille et de son lieu de naissance. Sonia alla passer un long moment sur la tombe de Robert. Quand elle retourna à la préfecture vers le soir, on lui rendit ses papiers tamponnés d'un visa.

Il n'est guère besoin de s'étendre sur l'étonnement et le ravissement que Sonia devait éprouver dans ce pays où régnait l'opulence d'avant-guerre. Il y eut mieux que les bons repas et les magasins, remplis de ce qu'elle n'avait pas vu depuis si longtemps où la conduisait Élisabeth Epstein, l'amie de 1905 venue la chercher à la gare. On attendait Sonia au musée de Bâle que lui fit visiter un conservateur. Mme Sacher, une personnalité très en vue du monde de l'art, souhaitait posséder une des *Tours*. Quel bonheur de constater qu'en Suisse l'œuvre de Robert Delaunay était mise à sa juste place !

Sonia n'allait pas retrouver pour bien longtemps tous ses compagnons de travail auxquels elle apporta autant de merveilles helvétiques qu'il lui avait été possible de le faire.

Le temps à sa manière inexorable continuait à avancer mais commençait à prendre une autre direction. Le 8 novembre, Sonia entendit, à travers le brouillage de la radio anglaise, que les Alliés avaient débarqué en Afrique du Nord. Facile à entendre celle-là la radio de Vichy confirma bientôt la chose tout en affirmant aussi longtemps qu'elle le put que ce débarquement avait échoué. La zone dite libre fut occupée et les Arp parvinrent à partir pour la Suisse immédiatement avant l'arrivée des Allemands.

Aussi souvent qu'il le pouvait, Charles venait voir sa mère. Le jazz américain était un moyen commode pour les jeunes de narguer l'occupant et ses amis qui pouvaient difficilement se donner le ridicule de l'interdire. Ces jeunes qui commençaient à découvrir le jazz hot peu avant les hostilités raffolaient maintenant de cette musique des Noirs. Charles a raconté que les premiers concerts dont il s'est occupé avaient eu un succès auquel il ne s'était pas attendu. Ce succès, depuis, ne cessait de s'amplifier. Charles disait à Sonia qu'il n'avait plus guère de temps à lui. Il lui parlait peu d'autres activités qui pesaient aussi sur son emploi du temps. Pendant longtemps elle ne sut pas que le pavillon de son fils rue Chaptal n'était pas qu'un centre d'organisation de concerts ou d'émissions de jazz. Il servait aussi de centre d'action clandestine à des amis résistants. Dans son livre, Charles a raconté comment, un jour, un soldat allemand venu chercher des places de concert avait croisé dans l'escalier un aviateur anglais descendu par la D.C.A. et qui se cachait là. Il a raconté aussi qu'en septembre 1943, il avait été arrêté avec son ami Jacques Bureau et comment, témoignant d'un grand sang-froid et de beaucoup d'astuce, il s'en était tiré après quelques jours.

Les longs mois qui allaient suivre, Sonia les passa à

Grasse, à l'exception de brèves visites à Montpellier où elle allait fleurir la tombe de Robert. Quand le Grand Hôtel fut réquisitionné par les Italiens dont la zone d'occupation s'étendait jusque-là, elle alla au Château-Folie. S'y trouvant seule, dorénavant, l'endroit lui parut sinistre. Elle retourna à l'hôtel où on voulut bien lui trouver une chambre malgré la présence des très nombreux Italiens. Quelque temps après elle notait dans son *Journal* : « J'ai assisté ce matin à sept heures à la reddition de deux cents officiers les bras levés, faits prisonniers par trois Allemands en side-car. L'armistice italien venait d'être signé. Sous mes fenêtres, il y avait un monticule de bombes à canon. Les propriétaires de l'hôtel, des Anglais, avaient loué une maison où j'ai déménagé, et je suis restée jusqu'à mon départ de Grasse en 1944[5]. » Pendant longtemps donc Sonia demeura non loin de Magnelli, dont la femme demeurait cachée et avec qui il regagna clandestinement Paris en mars 1944.

Ce qu'était la vie des uns et des autres, on le sait par leur correspondance et leurs journaux intimes. Arp avait été profondément atteint par la mort de Sophie. Le choc avait ravivé les tendances mystiques et chrétiennes qu'il avait toujours eues et dont il faisait rarement état. Resté longtemps prostré, il écrivait le 18 février 1943 à Magnelli : « Dieu qui a arraché Sophie de ma vie m'a affreusement mutilé. Je souffre sans relâche. Ce qui me soutient pour l'instant c'est l'espoir de revoir le travail de Sophie et de le protéger... Si c'est possible mes chers amis de veiller sur ses travaux qui se trouvent dans sa petite chambre en haut. Une toile est spécialement délicate, elle est peinte sur un fond lisse et j'y tiens par-dessus tout. Ce qui m'était le plus nécessaire pour vivre m'a été pris. Soyez heureux de pouvoir vous tendre les mains et de pouvoir vous regarder dans les yeux[6]. » Arp ne savait pas alors que Susi Magnelli était menacée d'une mort atroce.

À la fin de 1941, quand Sonia travaillait encore à la

lithographie qu'elle faisait avec Magnelli, elle note que ce dernier vient la retrouver tard à l'imprimerie « accompagné de Stahl [*sic*] un peintre inobjectif de Nice ». Près de deux ans plus tard, Sonia noterait (24 septembre 1943) : « Magnelli est toujours bouleversé et cherche à arranger quelque chose pour pouvoir bouger avec sa femme. Je crois que ce qu'il aimerait le plus, c'est aller à Paris. » De Staël qui y était lui-même revenu et Kandinsky qui, hors de quelques jours de vacances, n'en était jamais parti l'y poussaient. Le 8 novembre 1943, de Staël lui écrivait : « ... Si vous êtes inquiets pour les meubles ou quoi que ce soit, j'ai une maison pour vous loger, un atelier, un jardin et c'est assez central[7]. »

« De la peinture abstraite, on n'en voit pas »

Ces échanges de lettres montrent bien aussi où on en était alors quant à la reconnaissance de l'art non figuratif. En septembre, de Staël écrivait à Magnelli : « De la peinture abstraite on n'en voit pas, rien n'a changé à ce sujet. » Six mois plus tard Kandinsky répondait longuement à Magnelli qui anxieux de regagner la capitale et très à court d'argent lui avait demandé s'il pourrait y vendre des tableaux : « ... Je regrette de devoir vous désillusionner à propos des ventes de l'art "abstrait", mais la situation est déplorable. Autant que je connais des peintres de ce genre ils ne vendent rien, ou presque rien. Les collectionneurs parisiens (français) ne s'intéressent pas pour cet art... Ici tout le monde espère qu'après la guerre la situation sera changée sérieusement, et une certaine quantité de ces personnes sont tout à fait sûres que ce sera ainsi. Quant à moi je ne suis pas sûr, mais je l'espère[8]. »

On se souvient que, pour sa part, Sonia n'eut jamais de doutes à ce sujet et ne cessa de penser que cette reconnaissance de l'art abstrait marquerait la consécration de Robert.

En rentrant de Suisse, Sonia avait apporté aussi des sardines et des fruits confits à deux artistes qui, sans participer aux aventures du groupe, étaient très intéressés par ses recherches. Il serait trop long de retracer les carrières de François Stahly, le sculpteur, et du peintre et graveur Ferdinand Springer. Celle du sculpteur a été brillante et se poursuit. L'œuvre du peintre, graveur et illustrateur est appréciée à sa valeur qui n'est pas mince. Ce qu'il est intéressant d'indiquer ici c'est que tous les deux étaient dans une situation au moins aussi précaire que celles de leurs amis. La présence de tous ces artistes — administrativement des gibiers de chambre à gaz — avait un caractère de sinistre ironie dans l'exquise petite ville de Grasse spécialisée dans l'industrie futile et rémunératrice de la parfumerie et où était né Fragonard.

Les destins de ces deux hommes, qui ne s'étaient pas réunis là à dessein, étaient des destins croisés. L'un comme l'autre naquirent en Allemagne. Stahly (1911) d'un père allemand et d'une mère italienne, Springer (1908) de deux parents allemands. L'un et l'autre quittèrent très tôt leur pays d'origine. Springer fit d'abord des études de philosophie à Zurich, puis, se sentant une vocation d'artiste, vint à Paris travailler à l'académie Ranson. Stahly, lui aussi, y avait été mais un peu plus tôt. Les deux hommes s'engagèrent dans l'armée française et à ce titre devinrent pour les Allemands des proies particulièrement appréciées. Springer, quand Grasse fut occupé, parvint à passer en Suisse. Stahly se cacha dans la région. C'est alors qu'il fit ces petites sculptures en bois d'olivier tendant déjà vers l'abstraction avec leurs formes d'inspiration végétale.

Sonia ne cessait de penser au livre qu'elle attendait de Joseph Delteil. Elle inventoriait soigneusement les œuvres de Robert et retrouvait les étapes de son évolution. Delteil promettait mais n'avançait pas. Un jour, sans mentionner leur projet commun, il dit à Sonia que sa verve l'avait abandonné. Il écrirait à nouveau quand elle lui serait revenue. Sonia pensa qu'il avait un bloc mental, comme en ont parfois les écrivains et que le livre paraîtrait après la guerre.

Robert avait toujours souhaité que Gleizes parle de son œuvre. Sonia était plus réticente car elle n'acceptait pas de voir Gleizes ranger Robert et elle-même parmi les premiers cubistes. Pourtant, fidèle à ce vœu, elle réunit les poèmes que les *Tours* avaient inspirés à Cendrars, Apollinaire, Aragon, Breton et Delteil pour les apporter à Saint-Rémy de Provence où était Gleizes. Sonia devait garder de cette visite un souvenir mémorable. Gleizes et sa femme voyaient en Hitler un nouveau Napoléon, et ils considéraient (sans vouloir penser à l'écrasement final de ce dernier) qu'il fallait se soumettre. Chauds partisans du maréchal, ils écoutaient sa leçon en cultivant leur domaine et en élevant des cochons. Nous avons six jambons, fumés par nous-mêmes, annoncèrent-ils fièrement pendant le court trajet depuis la gare dans leur petite voiture à cheval dont Juliette tenait les rênes. Le repas fut d'une parcimonie désolante et Sonia dut remettre plusieurs tickets d'alimentation à ses hôtes avant de partir.

On en resta là. Sonia qui n'avait pas aimé les dernières œuvres de Gleizes (était-elle tout à fait objective ?) pensait qu'il y avait d'autres moyens de défendre la mémoire de Robert. Elle alla à Lyon vendre des dessins à un de ses vieux clients soyeux. Ce dernier lui en acheta en souvenir du bon temps, car pour l'heure il ne pouvait rien en faire. Il l'emmena aussi dans un excellent restaurant de marché noir où il la fit déjeuner avec un de ses cousins fonctionnaire de Vichy et gaulliste très engagé. Cette rencontre dissipa l'amertume qu'elle avait ressentie à Saint-Rémy.

Comme des millions d'autres, Sonia suivait l'évolution de la situation mondiale à travers le frustrant brouillage de la B.B.C.

Un jour, elle reçut le livre envoyé par un jeune historien d'art, Bernard Dorival. En même temps, elle apprenait la chute de Mussolini. Dans son *Journal* elle mentionne en une ligne cet événement dont elle mesurait l'importance autant que quiconque. Ce que le jeune homme, encore inconnu, avait à dire ne pouvait être aussi rapidement expédié. À la même page du *Journal*, Sonia inscrit sa joie en un long paragraphe : Dorival prédit que la peinture de demain sera non objective. « Ah si Robert avait pu lire ça[9] ! » À plusieurs reprises, Sonia note que l'art et non les gens lui donne le courage de vivre.

Elle peignait à nouveau et avec un acharnement joyeux. Il était très difficile de se procurer de la peinture à l'huile mais on trouvait de la gouache sans trop de mal. Depuis ses débuts, Sonia avait une prédilection pour ce matériau lui permettant d'atteindre à une matité comparable à celle de la fresque. « Les inconvénients de la gouache ne la gênaient pas, a souligné Bernard Dorival. Elle avait toujours aimé peindre mince, par surfaces unies ou peu modelées, sans empâtements, égales. Elle n'avait donc pas à souffrir de la quasi-interdiction des reprises que postule ce médium. Il est même curieux de la voir en user de plus en plus avec la peinture à l'huile comme si ç'eût été de la gouache[10]. »

Petit à petit, il devenait évident que les choses allaient entrer dans une phase décisive. Il fallait trouver un abri pour les œuvres importantes que Robert et elle-même avaient emmenées pendant l'exode. Des personnes de Grasse acceptèrent d'entreposer au fond de leur long garage souterrain ses trois malles remplies de tableaux roulés. Pour dissimuler le dépôt, on plaça devant des sacs de plâtre à l'air innocent qui formaient écran. Enfin, le 6 juin 1944, le débarquement tant espéré avait lieu en Normandie. On conseillait aux riverains de tout le littoral français de se retirer de trente-cinq kilomètres vers l'intérieur. Grasse était plus loin que cela de la Côte d'Azur. Au début de juillet, Sonia décida pourtant d'aller camper à

Tarbes, à Saint-Gaudens ou dans une autre localité proche de la frontière espagnole. En fait, elle ne dépassa pas Toulouse par où il fallait passer et qu'elle atteignit après vingt heures d'un voyage ponctué par plusieurs changements de train.

Il y eut des moments dangereux aussi. À quelques reprises, des policiers, des miliciens suspicieux, lui posèrent des questions gênantes en examinant ses papiers. Mentant avec un grand sang-froid et servie par la chance, Sonia s'en tira sans encombres. Arrivée à Toulouse, encore incertaine de ce qu'elle devait faire, elle décida d'aller réfléchir à la question dans un café plutôt que dans la salle d'attente. Sa tasse avait à peine été placée devant elle, qu'entra un officier de la Gestapo. À cet instant même elle reconnut Uhde vieilli accoudé à l'autre bout du comptoir. Sur les papiers de Sonia, le nom de Gradshik avait été rendu opportunément moins agressif par un tampon de la mairie de Cannes. Le militaire allemand était en train de les examiner quand un de ses compagnons entra et on entendit des cris. Deux hommes étaient poussés dans une camionnette de la Wehrmacht. C'était eux qu'on cherchait dans le café. L'homme de la Gestapo quitta les lieux. Bientôt Sonia et son ancien faux mari en firent autant. Une bicyclette était rangée un peu plus loin le long du trottoir. Elle est à Cassou, dit Uhde en ouvrant le cadenas qui protégeait cet objet de tant de convoitises à l'époque. Sonia sut ainsi que ce vieil ami et admirateur de Robert était là. En marchant côte à côte avec Willy qui poussait son vélo, elle allait apprendre d'autres choses. Elle sut ainsi que Jean Cassou dirigeait un des plus importants réseaux de résistance et qu'il était locataire du joli et grand château de Grisolles où il logeait Tzara, Florent Fels, Paul Dermée avec sa femme Céline Arnaud et Uhde lui-même. Il faut venir au château, ne cessait-il de dire, tant et si bien que Sonia s'installa comme elle put sur le porte-bagages et que Willy pédala vaillamment le long de vingt-cinq kilomètres.

Le maître de maison, sa femme et tous les hôtes firent fête à Sonia quand elle descendit de son équipage. Ils firent tant qu'elle accepta volontiers de rester parmi eux. On lui montra sa chambre dont la fenêtre donnait sur la Garonne et on l'emmena dîner dans la vaste cuisine voûtée. Les ressources de la campagne avoisinante n'étaient pas minces et Cassou savait en faire des merveilles. Au milieu du repas on entendit des bruits d'explosion. Une action du maquis ? En tout cas l'électricité qui s'était éteinte ne revint pas et la conversation se poursuivit à la lumière de quatre gros cierges. Stimulée par le contenu de la bouteille d'armagnac ouverte en l'honneur de Sonia, la conversation était gaie. On savait que les Alliés avançaient, bientôt ils seraient à Orléans.

Sonia vivait depuis quelque temps dans l'atmosphère d'attente joyeuse de ce bel endroit quand, le 19 août, on apprit que Jean Cassou était dans le coma à l'Hôtel-Dieu de Toulouse. Dans la nuit, alors qu'il rentrait d'une tournée d'inspection, son chauffeur avait voulu forcer un barrage allemand et avait été tué d'un coup de fusil. Roué de coups de crosse Cassou fut laissé pour mort sur la route. Sonia se précipita à Toulouse dont les Allemands étaient en train de se retirer. Cassou gisait exsangue sur son lit et sa femme lui tenait la main en pleurant. Sonia elle-même éclata en sanglots. Il n'y avait pas si longtemps qu'elle avait vu ainsi Robert qui, lui, ne se relèverait pas.

Cassou heureusement allait retrouver sa célèbre vitalité. Paris était complètement libéré le 22 août. Sonia était encore à Grisolles quand on y ramena son hôte convalescent. Elle passa le 24 octobre à Montpellier sur la tombe de Robert. Les nouvelles allaient et venaient au gré d'un courrier qui se rétablissait peu à peu. Elle sut que Charles était sain et sauf. Elle aimait ses compagnons de Grisolles et de Toulouse qui le lui rendaient bien — trop bien quant à certains. Tzara le vieil ami du dadaïsme se fait tendre. Pourquoi ne pas vieillir ensemble ? insiste-t-il. « J'ai donné, répond Sonia, la plus grande partie de ma vie à Robert et aussi à Charles. Ce qui en reste, je veux le garder pour moi. »

Le 1ᵉʳ janvier 1945, Sonia était dans l'appartement de la rue Saint-Simon, l'endroit le mieux fait pour montrer l'œuvre de Robert, lui avait dit naguère Caroline Delteil. Montrer Robert, faire reconnaître pleinement son talent et la place lui revenant dans l'art du siècle, Sonia n'a pas de souci plus pressant. En même temps, il faut faire face aux tracas du quotidien. Un gérant peu scrupuleux a loué un des deux appartements, celui justement où est son atelier. Deux mois de démarches avant de le récupérer. Il faut aussi que de l'argent rentre et pour cela recommencer à faire des dessins de tissus. Joseph de Leeuw, envoyé par les nazis dans un de ces lieux d'où on ne rentre pas, n'est plus là. Son fils, Henk, qui la considère comme de la famille et aime ses dessins va en acheter régulièrement et en tirera de très beaux tissus.

Cette peinture qu'on commence à voir

Sonia avait raison d'être plus optimiste que Kandinsky. L'art abstrait commence à avoir des amateurs en France. Charles, qui veut se marier, voudrait profiter de cet état de choses pour partager l'héritage et vendre des toiles. Avec un sûr instinct, sa mère sent qu'il faut les conserver, organiser de prestigieuses rétrospectives qui, peu à peu, conféreront sa vraie gloire à Robert. Elle en convaincra Charles.

Qui va savoir présenter, comme il faut le faire, une première Exposition Rétrospective et lui donner tout son retentissement ? Sonia cherche, hésite. Bientôt la décision est prise : ce sera Louis Carré. Ce grand marchand international a du goût et beaucoup d'entregent aussi. Comme

Sonia, il pense qu'à ce stade, il faut que les œuvres de Robert Delaunay figurent dans les collections des musées. On doit les leur vendre à bon compte, voire les donner. Ces œuvres disparaîtront du marché. Elles rendront ainsi plus précieuses celles qui demeureront disponibles. Devenues plus rares, elles susciteront la convoitise des autres musées et des grands collectionneurs.

Louis Carré savait appliquer son talent à ses intérêts propres. Les toiles de Robert Delaunay avaient une faible valeur commerciale. Sonia ne pouvait guère faire face aux frais d'une grande exposition. Qu'à cela ne tienne. Il choisirait trente tableaux de Robert parmi ceux lui paraissant les plus enviables. Il les garderait, dit-il, ou ne les vendrait qu'à des clients prestigieux. Le tribut était lourd. Robert n'avait laissé en tout qu'une centaine de tableaux. Une autre opération de ce genre et il n'en resterait plus guère, fit remarquer Charles. Il comprenait bien d'ailleurs que l'œuvre de son père devait être mise à sa vraie place et que, quand elle le serait, une de ces œuvres vaudrait autant qu'en valaient, pour l'heure, une dizaine.

Il allait donc laisser faire malgré ses besoins d'argent qui tenaient à une situation analogue à celle qui avait présidé à sa propre naissance. La jeune Denise, avec qui il vivait, était mariée avec un autre. Elle attendait un enfant et cet autre était moins disposé à hâter le divorce que l'avait été Uhde jadis. Tout s'arrangea et un beau jour Sonia téléphona, de l'hôpital, à Charles qui attendait la suite des choses à la maison. Elle lui annonça en faisant vibrer l'appareil qu'elle avait le plus beau petit-fils qu'on avait jamais vu. On l'appela Jean-Louis. Un homme maintenant, Jean-Louis Delaunay défend avec amour et compétence l'œuvre de ses grands-parents celle de Robert en particulier dont il est l'expert reconnu.

Carré, qui avait publié un très beau catalogue, ne rentra pas dans ses frais mais l'exposition eut du retentissement car elle venait à son heure. L'euphorie du moment était propice à une grande bousculade des idées et des formes. La peinture non objective cohabitait joyeusement avec celle de Bernard Buffet dont les promesses s'évaporeraient bien vite. Elle cohabitait de la même manière avec celle de Jean Dubuffet qui, avec l'extrême sophistication de son « art brut », allait être une des figures marquantes de la seconde partie du siècle. La peinture abstraite, celle de Poliakoff ou de Hartung, celle de Wols, de Staël ou Soulages, avait conquis son droit de cité plus vite que ne l'avait espéré Kandinsky qui venait de mourir. Mondrian était mort aussi depuis peu et on rendait hommage à leur rôle de précurseurs.

Celui de Robert commençait aussi à être reconnu. Immédiatement avant l'exposition à la galerie Louis Carré, un article de Fernand Léger parut dans la revue *Arts de France*. Ce prestigieux témoin des temps héroïques écrivait : « C'est avec Robert Delaunay que nous avons mené la bataille. Avant nous, le vert était un arbre, le bleu était le ciel. Après nous, la couleur est devenue un objet en soi : on peut utiliser aujourd'hui un carré bleu, un carré rouge, un carré vert. » La joie de Sonia en lisant ces lignes fut si grande que l'idée ne lui vint même pas qu'elle aurait dû être nommée dans ce qui venait ensuite : « ... il y a là une révolution assez importante qui s'est manifestée lentement dans la publicité, dans l'art des vitrines et que, par là, nous avons un peu commandé l'art décoratif de notre temps ». Léger, notons-le, prônait alors avec Aragon et les communistes ce réalisme social qui ajoutait de l'animation aux discussions esthétiques du moment.

Le texte de Léger, l'exposition, ouvraient la porte d'un avenir proche. En attendant, Carré qui voulait rentrer dans ses fonds oubliait ses exposés de haute stratégie et parlait de vendre les tableaux de Robert à des prix très inférieurs à ceux qui avaient été convenus. Sonia parvint à faire acheter par Cassou une *Tour* pour le Musée d'art moderne mais, en même temps, dut promettre qu'elle ferait plus tard une importante donation.

Quant à elle-même, de plusieurs côtés, on lui offrait maintenant d'exposer. Dès 1945, on put la voir à la galerie Drouin avec le groupe Art Concret. L'exposition, à laquelle ce titre avait été donné non sans intention, était organisée par Nelly Van Doesburg qui y montra trois tableaux. Elle avait réuni les œuvres d'une quinzaine d'artistes dont Robert et Sonia, Mondrian, Herbin, Kandinsky, Arp et Sophie Taeuber. Denise René demanda à Sonia des tableaux pour *Tendances de l'art abstrait* qu'elle organisait dans sa galerie de la rue La Boétie. Sonia, que Denise René présentait comme « une jeune femme de soixante ans », y figura avec Kandinsky, Arp, Sophie Taeuber, Calder, Pevsner, Poliakoff et Hartung qui avaient été l'un et l'autre de fidèles auditeurs de Robert, naguère, rue Saint-Simon. Colette Allendy devenue veuve était très active dans sa petite galerie d'Auteuil. Elle montrait des jeunes comme Camille Bryen mais aussi Arp et Magnelli qu'elle demanda à Sonia de rejoindre. Dina Vierny, le célèbre modèle de Maillol, venait d'ouvrir la galerie de la rue Jacob qu'elle occupe toujours et voulut montrer Sonia parmi d'autres artistes de classe.

En 1946, le flamboyant Fredo Sidès, reprenant l'idée du Salon des Réalités nouvelles de 1939, invita Sonia à faire partie du Comité et lui demanda d'organiser avec lui le premier Salon à la galerie Charpentier. Elle devait bientôt donner sa démission. « Ce sont des gens noyés dans des formules administratives qui oublient le but principal de l'art et son intégrité », allait-elle noter dans son *Journal*. Pourtant, sans revenir au Comité, elle continua à participer aux Salons. Dorénavant, elle allait participer régulièrement à ses manifestations successives. En 1948, Michel Seuphor organisa, à la galerie des Deux Îles, une exposition intitulée Le Quatuor de Grasse, il y avait là Sonia, Magnelli, Sophie Taueber et Arp. Ainsi se trouvaient célébrés ceux qui avaient su, dans l'horreur du moment, maintenir ce havre de sérénité artistique qui avait tant impressionné Gabrielle Buffet.

On se souvient de l'opinion — disons nuancée — que Sonia avait d'Andry-Farcy, toujours directeur du musée de Grenoble. C'est pourtant grâce à cet inlassable champion de l'art contemporain qu'allait avoir lieu à Paris une très importante exposition où figureraient les deux Delaunay. Elle s'intitulait *Les Premiers Maîtres de l'art abstrait* et eut lieu en mai 1949, dans la galerie que le très dynamique Aimé Maeght était en train de porter au premier rang des maisons parisiennes. Il était clairement indiqué que la manifestation était organisée « sous les auspices du musée de Grenoble (M. Andry-Farcy conservateur), avec le concours de MM. Clayeux et Seuphor ». Il y eut en fait deux expositions successives sous le même titre. La première, *Les Recherches préliminaires*, dura de fin avril au 13 mai. La seconde, *L'Épanouissement de l'Art abstrait*, du 27 mai à mi-juin. Farcy prêta de nombreuses œuvres du musée de Grenoble et parmi elles *Les Fenêtres* (1912), une esquisse de *L'Hommage à Blériot* et une *Hélice* (1922). C'est Sonia qui donna la maquette de l'invitation.

Sonia ne cessait de penser à une grande biographie critique de Robert. Elle savait qu'il ne fallait rien attendre de Delteil et sentait bien que, malgré sa bonne volonté, Jean Cassou était trop pris pour pouvoir se pencher sur la question avant longtemps. Pourquoi pas Seuphor qu'elle avait connu tout jeune et qui venait de rédiger l'excellent catalogue de l'exposition Maeght ? Aussi, fut-elle déçue et irritée quand elle entendit quelqu'un, dans la foule bien informée du vernissage, annoncer qu'il préparait un ouvrage sur Mondrian. Pourquoi pas Delaunay ? dit-elle à Seuphor qu'elle coinça dans un coin à l'abri des oreilles indiscrètes. Pourquoi pas ? répondit-il en écoutant avec bienveillance Sonia exposer ses idées qu'il connaissait aussi bien qu'elle.

Les choses n'allèrent pas plus loin. Sonia voulait plus que jamais (et pour de très valables raisons) qu'une biographie du grand pionnier de l'art abstrait fût enfin disponible. Elle s'adressa à Gilles de la Tourette, un homme des musées et un vieil ami de Robert, qui accepta de faire le livre. La Tourette mena son travail à bien dans les délais prévus et mourut aussitôt après. Il ne devait jamais voir sa bonne et utile étude qui parut en 1950.

Contribuer à mettre Robert à son rang, se livrer au bonheur enfin retrouvé de peindre était bel et bon. Fallait-il encore vivre. Dans son *Journal*, Sonia, durant cette période, se réfère très souvent au travail qu'elle fait pour ses amis hollandais. Ainsi, le 9 juin 1946, elle note : « Fais des dessins de tissus pour Metz en écoutant les nouvelles sportives à la radio. C'est l'émission que je préfère. Elle est vivante et pas idiote. Fais treize dessins qui sont sortis très facilement. » Sonia allait en faire bien d'autres encore pendant quelques années. Elle avait des relations amicales étroites avec la nouvelle génération de la famille. Hommes, femmes, beaux-frères, belles-sœurs et enfants. Les uns et les autres venaient souvent à Paris. Certains aimaient le jazz et Sonia, conseillée par Charles, les emmenait à de bons concerts de musique noire. Ils provoquaient souvent de sa part des réflexions intéressantes comme celle-ci qu'elle a notée : « Pendant deux heures on était pris par cette musique qui quand elle est inspirée comme ça est vraiment très belle. Elle ressemble à notre peinture, chaque note, chaque instrument compte et forme un ensemble, mais ne se fond pas comme dans les harmonies de la musique ancienne, à part celle de Bach et des musiciens de son époque. »

Charles était maintenant une des plus hautes autorités françaises en matière de jazz. Sa réputation était internationale. Ce n'est pas seulement à cause de la naissance de Jean-Louis et des problèmes de Denise qu'il avait eu besoin d'argent au moment où Sonia discutait avec Louis Carré. Pendant son premier séjour en Amérique (d'où il allait ramener Dizzy Gillespie), une révolution de palais s'était produite au Hot Club de France. Elle avait failli lui en faire perdre la présidence. Finalement, la tentative de son vieux rival Hugues Panassié avait échoué. Mais, pour rétablir complètement sa position, Charles espérait pouvoir faire passer sous son contrôle la *Revue du Jazz*, le magazine de Panassié.

Jean-Louis avait onze ans quand son frère Éric naquit en 1951. Tout aussi heureuse de cette naissance que de la première, Sonia ne jugeait pas Denise avec plus d'indulgence pour autant. Cette tendance, qu'elle eut toujours, à juger sévèrement et surtout à se méfier des femmes qui la touchaient de près ne pouvait que compliquer davantage les rapports, si souvent conflictuels, d'une belle-mère avec sa bru.

Au sujet des femmes de la famille de Leeuw, Sonia qui se considérait comme un membre du clan se montrait volontiers très sévère aussi. Elle pouvait les observer d'autant mieux qu'elle les voyait souvent. C'est pour rendre visite à Henk de Leeuw qu'elle fit, pour la première fois, un voyage en avion. L'aventure la laissa indifférente. On a vu cela si souvent dans des films qu'on sait exactement comment les choses vont se passer, expliquait-elle.

Plus que jamais, la vie de Sonia gravitait autour de deux pôles : promouvoir l'œuvre de Robert et se consacrer enfin à la sienne propre. Outre la monographie de La Tourette, elle jugeait nécessaire de publier les écrits de Robert précieusement conservés et qu'elle commençait à classer. Elle persuada Pierre Francastel, professeur d'esthétique et personnalité universitaire en vue, de présenter ces écrits. Mettre de l'ordre dans les feuillets, souvent non datés et dans le style heurté de Robert, n'était pas facile. Francastel lui conseilla de se faire aider par un secrétaire et lui présenta un de ses élèves, Boris Fraenkel. Le jeune homme allait se souvenir que Sonia lui offrait du thé servi « à la russe » dès son arrivée. Il se souvenait aussi que c'est lui qui devait reconduire Jean-Louis et Éric à la maison après qu'ils eurent rendu visite à leur grand-mère.

À la suite de Fraenkel ce fut un autre jeune, Guy Habasque, qui poursuivit la besogne. Il allait établir aussi le Catalogue raisonné du peintre, dresser la liste des expositions où à ce jour avaient figuré ses œuvres et donner une bibliographie très complète. Ce travail est publié à la suite des écrits de Robert Delaunay et des importantes études de Francastel qui les accompagnent. Commencé en 1950, l'ouvrage ainsi constitué parut en 1957 seulement en raison de l'ampleur de la tâche. Un des exercices les plus ardus fut de décrypter les hiéroglyphes de Robert, ce que Mme Francastel parvint à faire au prix d'un long et méticuleux travail. Sous le titre *Du Cubisme à l'art abstrait*, ce livre constitue aujourd'hui encore une source indispensable pour la connaissance et la compréhension du rôle de Robert Delaunay — et donc de Sonia — dans l'histoire de la peinture de ce siècle.

Trente années de création

Son propre apport, Sonia, enfin libre de retourner à la peinture, lui donnera tout son sens pendant les trente dernières années de sa vie. Parallèlement, elle fera aussi sentir son impact dans d'autres domaines. Ces trente années amèneront Sonia jusqu'à un âge extrêmement avancé. Elle mourra à quatre-vingt-quatorze ans et jusque-là ne cessera d'être active. D'autres artistes âgés ont travaillé jusqu'à la fin. Titien n'était pas loin de ses cent ans quand il donna la *Madonna del Orto*, un de ses chefs-d'œuvre. Un élément est unique sans doute dans le cas de Sonia. Précocement douée et ayant atteint tôt à la maturité artistique, elle abandonna, pour ainsi dire, la peinture pendant près d'un quart de siècle. La soixantaine venue, elle la retrouva et s'y adonna avec une fougue juvénile tout en apportant beaucoup aux arts appliqués.

Ses tableaux montrés chez Colette Allendy, chez Dina

Vierny et par Seuphor, on va les voir aussi en Amérique. Louis Carré, qui l'a quelque peu exploitée, fait bien son travail. Un soir, il organise un dîner pour lui faire connaître Sidney Janis qui s'intéresse à Robert. Janis est un des plus hardis des marchands new-yorkais. Il est sur le point de signer un contrat d'exclusivité avec Jackson Pollock. Il aimerait organiser une exposition de Robert et Carré suggère qu'il aille voir les tableaux que Sonia conserve rue Saint-Simon. Quelques jours plus tard, Janis, enchanté par ce qu'il y voit, va d'un tableau à l'autre. Et celui-là, dit-il devant l'un d'eux. Sans doute veut-il en connaître la date, mais Sonia répond « il est de moi ». Un moment silencieux, Janis se tourne vers elle et déclare : « Vous savez que vous êtes un grand peintre[11]. »

L'exposition de New York s'intitulera *Delaunay Man and Wife*. On peut imaginer le plaisir ressenti par Sonia à qui Janis eut la gentille idée de ne faire connaître le titre que par l'invitation au vernissage qu'il lui envoya. Ce plaisir devait s'atténuer quelque peu quand Sonia apprit que la manifestation désignée ainsi s'inscrivait dans le cycle *Artists : Man and Wife* où devaient figurer Sophie Taueber et Jean Arp, Dorothea Tanning et Max Ernst, Lee Krasner et Jackson Pollock avec, bien sûr aussi, Françoise Gilot et Picasso. Sur plusieurs de ces dames et leur talent, Sonia avait, on s'en doute, une opinion inspirée par la sévérité dont elle fit toujours preuve à l'égard de ses sœurs.

C'est deux ans plus tard, en 1953, qu'allait avoir lieu chez Bing une première exposition consacrée à la seule Sonia. La seconde, vaut-il mieux dire par esprit de précision, puisque Uhde en avait fait une en 1907 dans sa petite galerie de la rue Notre-Dame-des-Champs ! Quarante-six ans plus tard, Seuphor, Cassou et Dorival, grands champions de la peinture abstraite, étaient au vernissage et avec eux la foule de ceux désormais acquis à cette peinture. Sidney Janis était là aussi et avait amené avec lui Rose Fried, la marchande qui, en 1955, organiserait la première exposition de Sonia à New York.

C'est en 1953 aussi que la dépouille de Robert fut transportée jusqu'au petit cimetière de Gambais où Sonia devait, plus tard, reposer à côté de lui. Elle avait, semble-t-il, espéré que Brancusi ferait une pierre tombale, comme il en avait fait une jadis, pour Henri Rousseau. Rappelons que pour celle du Douanier, le sculpteur et Ortiz de Zarate avaient simplement gravé le poème tracé d'abord à la craie par Apollinaire. Quoi qu'il en soit, si projet il y eut, il n'eut pas de suite.

Le vieil homme, dès lors si glorieux dans le monde entier, souhaitait léguer aux Musées nationaux ce qui restait de son atelier. Il semble que Sonia — en toute bonne foi — ait quelque peu exagéré le rôle joué par elle dans cette affaire. Brancusi était représenté en Amérique par quatre-vingts de ses œuvres. En France, l'aveuglement des membres du Conseil des Musées avait été longtemps tel que Jean Cassou ne put faire approuver l'achat de trois pièces pour le Musée d'art moderne qu'en 1944 seulement.

À l'époque dont nous parlons, la situation avait changé. Georges Salles, directeur des Musées de France, et Cassou espéraient que Brancusi léguerait le contenu de son atelier au Musée d'art moderne en dépit des propositions qu'on lui faisait en Amérique. Une d'elles retenait en particulier son attention. James-Johnson Sweeney (le successeur de Hilla Rebay au Guggenheim) souhaitait construire un musée Brancusi. Ce musée serait équipé d'un abri anti-atomique, promettait-il au sculpteur, alors très préoccupé par les effets de l'invention dévastatrice. Salles et Cassou insistaient pour que la donation fût faite à la France. Il allait en être ainsi après bien des retards dus au fait que Brancusi exigeait que son atelier fût exactement reconstitué, ce qui posait des problèmes pratiques, et dus aussi à certaines de ses idiosyncrasies. Ainsi des raisons juridiques faisaient que la donation devait figurer dans un testament. Or, Brancusi partageait la superstition roumaine selon laquelle tester est appeler la mort.

Sonia était aussi très affectée par les conditions de vie de Brancusi. Elle trouvait profondément injuste de voir un artiste qu'elle admirait réduit à fabriquer lui-même ses instruments domestiques avec des boîtes de fer-blanc et d'autres objets de rebut ramassés au fond de sa cour. Il en était réduit aussi à faire la cuisine. En réalité, s'il vivait ainsi, c'est que ainsi il voulait vivre. Paul Morand (sa femme était roumaine) connut bien Brancusi. Amoureux des voitures comme Robert, il disait retrouver dans l'œuvre du sculpteur la pureté de formes de ses Bugatti. Il a raconté aussi comment, en 1922, il venait souvent avec Radiguet chez le sculpteur qui préparait avec soin le dîner devant eux.

Parmi les divers projets de musée auxquels pensa Brancusi, il y eut celui d'un musée Brancusi-Kandinsky à Neuilly. C'est à l'époque où cette idée lui était venue qu'il donna un dîner d'une vingtaine de convives au cours duquel il servit une spécialité dont il était fier, le gigot à la forge garni d'une purée de haricots blancs. La fête était organisée pour célébrer la toute récente attribution à Natalia Dumitresco du Prix Kandinsky qui, deux ans auparavant, avait couronné son mari Alexandre Istrati. Ces deux jeunes et talentueux artistes entouraient, avec tact, le vieillard solitaire de leur affectueuse présence. Istrati sut être un praticien habile et scrupuleux pour le maître qui allait donner au jeune ménage les droits posthumes sur son œuvre.

Parmi les convives, il y avait Nina Kandinsky et Sonia qui se serait sans doute volontiers dispensée de cette présence. Peut-être devinait-elle quelles affinités spirituelles avaient attiré Brancusi — grand lecteur de Steiner — vers ce rival de Robert dont le succès l'agaçait. Toujours peu disposée à l'indulgence envers les femmes, elle supportait mal l'élégance affichée de Nina. « Elle finira étranglée par un gigolo avec son collier », s'amusait-elle à dire. À l'arme près, cette prédiction allait se réaliser une vingtaine d'années plus tard.

Sonia n'était pas exempte d'une tendance à un comportement revendiquant, protecteur et jaloux, caractéristique de cette catégorie particulière de femmes qu'on appelle « les veuves d'artistes ». Elle n'avait plus guère de raisons de se plaindre pourtant. Grâce à ses efforts, Robert était enfin mis à sa place et, pour sa part, contrairement à quasiment toutes les autres veuves, elle avait le privilège d'être elle-même une authentique créatrice. Cet aspect, à vrai dire peu marqué de sa personnalité, ne doit pas faire oublier sa bienveillance à l'égard des jeunes et l'aide qu'elle leur apporta souvent. Consciente de la situation matérielle difficile dans laquelle ils se trouvaient en général, elle fut à plusieurs reprises leur première cliente.

On imagine, sans peine, l'effet stimulant que pouvait avoir un achat fait par une aînée prestigieuse. Certains qui ont fait leur chemin depuis, comme Marino di Teana et Gilioli, ont évoqué avec reconnaissance l'encouragement donné par cette première affaire. D'autres, comme Dorazio, Kijno ou Soulages, aimaient voir souvent cette vieille dame qui, parmi eux, oubliait son âge. Ils savaient ce qu'elle avait apporté à la peinture et découvraient avec bonheur ce qu'elle apportait encore. Quelques années plus tard, en 1960 (elle avait soixante-quinze ans), Sonia notait dans son *Journal* : « J'ai dit à Soulages que je rencontrai dans un vernissage qu'il y avait beaucoup d'ennemis de moi dans la salle. Soulages m'a dit : "Je sais que vous avez des ennemis mais aussi vous avez de grands amis." Ça m'a beaucoup touchée. Je vois que j'arrive tout en marchant droit et avec intransigeance[12]. »

Sonia commençait à être connue, en effet, mais son public, s'il était international, n'en était pas moins limité encore. En 1956, elle publie un article sur ses collages et ceux de Robert dans la revue *XXe Siècle*. La même année, elle illustre de quatre pochoirs *Le Fruit permis* de Tzara. La revue s'adressait à un public très informé et le livre à des bibliophiles d'avant-garde. Pourtant, un an plus tard, le constructeur lyonnais Berliet (est-ce parce qu'il avait entendu parler d'elle par des soyeux ?) lui commande une porte monumentale pour son stand du Salon de l'Automobile.

En 1958, le musée de Bielefeld présentait une grande exposition de Sonia. Une autre, cette fois, d'œuvres de Robert et Sonia avait lieu au musée de Lyon peu après. En 1960, les directeurs du Musée de la carte à jouer, à Bielefeld aussi, lui demandèrent de concevoir un jeu de cartes qu'ils commercialiseraient. Sonia se lança dans la partie avec entrain. Sur ses cartes, les cœurs, les trèfles, les carreaux et les piques sont conformes à leur image traditionnelle. Les reines ont une forme de S surmontées de têtes aux facettes de diamant. Les rois sont des carrés surmontés de formes pouvant faire penser à une couronne. Les valets sont faits d'une association de disques et d'angles.

En 1962, Denise René montra quarante-trois gouaches de Sonia. C'étaient des compositions appartenant à l'importante série dont nous avons parlé. Toutes donc portaient les titres de *Rythme couleur* ou *Rythme coloré*. À cette occasion, Denise René publia *Poésie de mots, poésie de couleurs*. Six pochoirs de Sonia illustraient chacun un poème de Rimbaud, Mallarmé, Delteil, Cendrars, Soupault et Tzara.

Les expositions se succédaient maintenant. Pourtant Sonia pensait que l'œuvre de Robert, comme la sienne propre, ne pouvait être mieux servie que par un legs aux Musées Nationaux. Les legs et les conflits familiaux qu'ils provoquent serviront toujours de trame à de nombreux romans. Celui que Sonia voulait tant faire n'allait pas manquer à la règle. Il ne comporterait pourtant aucun de ces épisodes hauts en couleur dont les spécialistes savent si bien enjoliver les livres et les films. Charles comprenait l'intérêt d'une telle donation.

Mais depuis longtemps déjà, on le sait, il insistait pour

que sa mère fasse un testament. Sonia estimait toujours qu'il appartenait, à elle et à elle seule, de décider de la chose. Elle mettait à défendre ce point de vue une véhémence qui ne pouvait qu'engendrer d'amères discussions avec ce fils, selon elle entièrement soumis à une bru qu'elle n'aimait toujours guère.

Sonia avait pour avocat maître Matarasso que lui avait fait connaître Roland Berthon — un peintre habitant l'immeuble de la rue Saint-Simon — lors des premières discussions relatives à l'héritage. Elle n'avait absolument pas voulu entendre parler alors de l'incontournable loi faisant du fils unique un héritier privilégié. Cette fois, son conseil fut plus heureux. Un testament, en bonne et due forme, fut rédigé. Il ne sautait pas une génération, ainsi que l'avait suggéré Sonia comme dernière ligne de défense. Ce n'étaient pas Jean-Louis et Éric qui étaient nommés mais bel et bien Charles conformément à la loi.

La donation faite par Sonia en 1963 (en plein accord avec Charles) était considérable. Elle est constituée en effet de cinquante-neuf œuvres de Robert et de cinquante-huit d'elle-même. Avant ce don, le Musée d'art moderne possédait déjà plusieurs œuvres importantes des deux peintres. En 1935, Hautecœur et Cassou avaient acheté pour le musée du Luxembourg *Les Tours de Laon*, une *Nature morte portugaise* et, un peu plus tard, *La Ville de Paris*. Ces tableaux allaient passer au Musée national d'art moderne quand ce dernier prendrait la place du Luxembourg. Six autres tableaux allaient entrer au Musée grâce à des achats ou des dons. Le *Portrait de M. Carlier* fut acheté en 1945 et la très importante deuxième version de *La Ville* deux ans plus tard. Sonia rendit possible l'acquisition de trois pièces majeures en en demandant des prix très bas. Ainsi, une admirable *Fenêtre* entrait au Musée en 1950 et les *Formes circulaires* (1912) cinq ans plus tard.

À l'occasion de la rétrospective consacrée à Robert en 1957, Sonia faisait don du *Manège de cochons*. Une grande version (1926) de *La Tour Eiffel* allait entrer au Musée dans des conditions pittoresques. Robert l'avait donnée à un garagiste de la rue de l'Université qui, meilleur connaisseur en moteurs qu'en tableaux, s'en servait pour boucher une fenêtre intérieure de son établissement. Elle put être acquise pour la somme dérisoire de quarante mille anciens francs ! De Sonia, il y avait *Le Bal Bullier* acheté par Cassou en 1955, le coffret fait pour Charles enfant donné par elle avec une *Prose du Transsibérien* et les *Prismes Électriques* que Cassou avait acquis en 1959.

La donation de Sonia et de Charles a fait du Musée d'art moderne (aujourd'hui Centre Pompidou) la seule institution en mesure de présenter un panorama quasiment complet de l'œuvre des Delaunay et comprenant plusieurs de leurs tableaux majeurs. Cassou ne pouvait moins faire que d'obtenir que cette donation fût exposée au Louvre. Malraux, alors ministre de la Culture, y consentit volontiers et Sonia se trouva ainsi la première femme à être exposée de son vivant dans cette Mecque de la peinture universelle. En 1965, la Galerie nationale du Canada présentait une exposition Robert et Sonia à Ottawa. Les œuvres allaient être montrées ensuite dans les principaux centres du pays. De son côté, la galerie Gimpel de Zürich montrerait cent quarante-six gouaches et pastels de Sonia qui, au début de 1966, iraient chez Gimpel Fils à Londres. La même année, on pouvait voir à Paris ses tissus et des projets de robes à l'Exposition 1925 au Pavillon de Marsan.

« Tout en marchant droit et avec intransigeance », comme elle l'avait noté trois ans plus tôt dans son *Journal*, Sonia — à soixante-dix-huit ans — était arrivée. Arriver fut toujours essentiel pour Sonia puisque cela signifiait le triomphe de la révolution picturale que Robert et elle-même avaient amenée. Intransigeante, elle l'était en ce sens que — par orgueil sans doute — elle ne se souciait pas de tirer, avec patience et esprit de système, les innombrables fils qui conduisent au succès public, comme elle l'avait fait jadis pour ses travaux de mode. Ce succès, en outre, elle ne voulait pas y atteindre au prix de son travail de peintre. Il lui fallait quelqu'un qui fût en mesure de prendre en main ce qu'on commençait à appeler les relations publiques. Sonia ne songea sans doute jamais à chercher cette personne. Comme vont les choses dans la vie, elle allait la trouver sans chercher. Mieux encore, ce serait un admirateur réel avec qui s'établiraient bientôt des liens fondés sur des affinités profondes.

Un ami passionné et efficace

Sonia fit la connaissance de Jacques Damase quand, en 1965, il vint lui demander une interview pour la revue américaine *House & Gardens*. Cet homme encore jeune se sentait une vocation d'écrivain, s'intéressait à la peinture et raffolait de l'édition de livres conçus comme des œuvres d'art. Le choix du papier et des caractères le passionnait autant que la mise en page. À trente-sept ans, il avait derrière lui des plaquettes de poèmes et la réalisation de quelques ouvrages de luxe comme des textes de Sartre illustrés par Wols. Autant dire qu'il vivait surtout des articles qu'il donnait à des revues françaises et étrangères. Contente de l'interview, Sonia invita son auteur à prendre le thé. Peu après ce geste de politesse, la vieille dame rencontra Damase à l'Opéra où on « vernissait » le plafond de Chagall qui ne lui plut pas.

Sonia, cette fois, lui demanda de passer une soirée avec elle. Au jour et à l'heure convenus, il vint la chercher. Elle était de bonne humeur. L'année précédente, les directeurs de la Manufacture des Gobelins lui avaient demandé un projet de tapisserie. Elle avait appris dans la journée qu'ils en demandaient maintenant un second. Damase l'emmena chez des personnes qu'elle avait rencontrées naguère dans le Midi. Dans leur bel appartement des quais, elle vit une de ses gouaches qu'elle trouva très bien encadrée, ce qui la mit de meilleure humeur encore. En la ramenant rue Saint-Simon, Damase lui demanda soudain si elle accepterait de faire des lithographies pour un livre dont les textes seraient de lui et dont ils décideraient ensemble de la mise en page et du choix des caractères. Sonia accepta aussitôt. Elle n'avait rien fait de tel depuis 1913 et *La Prose du Transsibérien*. Mais surtout elle se sentait très proche de ce garçon rencontré plusieurs jours auparavant. Quelque temps après, quand elle le connaîtrait mieux, elle analyserait très complètement ses sentiments dans son *Journal*, le 4 novembre 1965 : « Dans la dernière phase de ma vie où j'ai commencé à être connue comme peintre, Jacques Damase occupe une place de premier plan. Il a contribué à faire connaître mon œuvre comme je l'ai fait pour Robert depuis sa mort jusqu'à sa consécration internationale. Qu'avait-on dit de moi jusque-là : égérie de l'orphisme, décoratrice, compagne de Robert Delaunay. Puis, on a concédé : "collaboratrice, continuatrice..." avant d'admettre que l'œuvre existait en soi.

« Mais en travaillant ensemble — expositions, catalogues, albums, lithos —, nous avons découvert que, par un hasard extraordinaire, nous nous ressemblions dans notre sensibilité secrète. Nos milieux, nos modes d'existence diamétralement opposés, rendaient cette affinité paradoxale. Jamais je n'avais eu la faiblesse de laisser quiconque soupçonner ma véritable vie intérieure. Même pour Delaunay, Apollinaire, Cendrars, j'étais une force de la nature, invulnérable, un peu irréelle, celle qui sourit à la fortune, qui ne se plaint jamais et qui a le bonheur atavique : je souriais, Robert pestait[13]. »

Quand Sonia écrivait cela, elle mettait la dernière main au livre qu'elle faisait avec son ami. *Rythmes-Couleurs*, paru en mars 1966, comporte onze de ses pochoirs accompagnant des poèmes de Jacques Damase.

L'amour, non des sens mais du cœur et de l'esprit, Sonia l'avait du vivant de Robert connu, avec Cendrars, son contemporain, puis avec le jeune Aublet. Cendrars venait de mourir et elle avait croisé récemment Aublet, l'air d'un vieillard, s'appuyant sur deux cannes. Elle éprouvait maintenant un sentiment plus fort que celui ressenti pour Aublet et c'était pour un homme qui était son cadet de quarante-deux ans.

Jacques Damase, dont la vie affective et physique était alors bien remplie, fut sensible sans doute à l'extrême pouvoir de séduction que Sonia exerça toujours sur certains. Il avait aussi pour son talent une admiration réelle et s'indignait de voir que ce talent n'était pas encore apprécié à sa juste valeur. Il y avait là un point d'accord important entre eux. Dans son *Journal*, Sonia notait le 24 janvier 1966 : « Damase m'a lu la circulaire pour l'Exposition 1925. On parlait de Delaunay, mais on ne me citait pas en particulier. Il était indigné. Pour moi, c'était une indication utile. Je vais commencer à me défendre, avant je m'en fichais mais il ne faut pas que l'on abuse[14]. »

Ainsi, elle se rendait bien compte que si elle était maintenant reconnue à sa juste valeur par les pontes de l'art vivant, son nom continuait à ne rien dire au grand public et même à certains directeurs de musées. En joueur avisé et hardi, Damase saurait tirer parti des atouts que sa nouvelle amie avait dans la main. Sonia d'ailleurs payait de sa personne et se répandait beaucoup. Malraux, ministre de la Culture, l'avait fait inviter au Palais de l'Élysée à une réception d'académiciens et d'artistes arrivés. L'écrivain-ministre, qu'elle avait rencontré dans les années trente, la présenta à de Gaulle qui la remercia de sa donation. Dans son *Journal* (12 janvier 1965) elle a noté : « J'avoue que j'étais très émue et j'ai bafouillé quelque chose. J'ai été très frappée par la sérénité et la beauté de cet homme. »

Avec plusieurs amis dont Soulages, Hartung et Le Corbusier, elle mettait au point le projet d'un Musée d'art contemporain. Malraux était acquis à cette idée. Quand Sonia avec ses amis vint le voir à ce sujet, il écarta, en ayant soin de ne pas désobliger ses visiteurs, la proposition de Le Corbusier qui voulait raser le Grand Palais et le remplacer par un édifice « moderne ». Sonia, pour sa part, se serait volontiers ralliée à cette idée. L'esprit iconoclaste de 1912 sommeillait encore en elle.

Le peintre qu'elle était redevenue ne s'en tenait pas à la peinture. En 1966, elle faisait une mosaïque pour le Musée en plein air de la Fondation Pagani près de Milan. En même temps, elle travaillait à des projets de vitraux destinés à l'église de Saux Montpezat. En ce qui concerne cette église du Quercy, les choses en restèrent à ce stade. Bien d'autres projets furent réalisés. Outre les cartons pour les Gobelins, Sonia fit, comme trente ans auparavant, des tapis à la main qui allaient être montrés dans plusieurs galeries en Suisse. Revenant, là encore, à d'anciennes amours, elle décora en 1967 une Matra destinée à être vendue lors d'une campagne d'aide à la recherche médicale. Cette Matra, comme les voitures conçues par les autres peintres Agam, Arman, Vasarely, Cruz-Diez, ne devait pas impressionner davantage les constructeurs que les Citroën et la Talbot ne l'avaient fait jadis.

Tout cela, Damase se chargeait de le faire savoir et aussi que son amie avait récemment participé à plusieurs expositions comme *Dessins du XXe siècle* à la Kunsthalle de Düsseldorf, *Collages* au Kunstgewerbe Museum de Zürich et *L'Age d'or du Jazz* au musée Galliera. Damase, qui avait dorénavant une galerie rue de Varenne, y organisa une exposition *Robert, Sonia Delaunay et le Théâtre*. À la même époque, deux éditeurs italiens publièrent des ouvrages faits en collaboration par Sonia et lui-même. *L'Alphabet* aux Éditions Emme et *Robes-poèmes* aux Éditions del Naviglio.

Entre la dynamique octogénaire et Damase qui avait franchi depuis peu le cap des quarante ans, l'intimité demeurait telle qu'elle s'était affirmée aux premiers jours de leur rencontre. Elle résistait à l'épreuve de la collaboration dans le travail comme à celle, plus difficile, des voyages en commun. Leur premier voyage les avait menés à Londres à l'occasion de l'exposition à la galerie Gimpel. Dans son *Journal* (1er février 1966), Sonia a consacré une note à ce bref séjour dans la capitale anglaise : « Après le vernissage de mon exposition, Damase a voulu me montrer la Tamise avec les bateaux et les Tours. On est sorti du centre très encombré, le jour tombait, c'était beau, grand et très anglais, tout ce que j'avais lu de Dickens m'est revenu, tout très noir, sinistre. On a passé une très grande Tour, nous avons beaucoup parlé. Ce qui est curieux, c'est que la sensibilité de Damase approche beaucoup de la mienne et il me comprend comme personne dans ce domaine. On est de plain-pied et il me définit très bien[15]. »

Sonia ne s'était pas retrouvée à Londres depuis cinquante-huit ans quand elle y était venue pour y être mariée à Uhde. Mariage blanc — blanche relation amoureuse, car comment nommer autrement ce que Sonia ressentait pour Jacques Damase ? Peu après son retour de Londres, elle notait, le 27 février, une conversation qu'elle avait eue avec lui à ce sujet : « La grande sensibilité de Jacques correspond à la mienne et là on s'entend, je ne l'ai encore jamais trouvée ailleurs et ça m'a manqué toute la vie. Cette hypersensibilité un peu cérébrale se traduit chez moi en peinture. Je lui ai dit que c'est cette hypersensibilité qui me rapprochait de lui, que là-dedans il y avait un plaisir spirituel qui pousse à la création et le reste au vide et à la destruction, alors... »

Ainsi, les relations de Sonia avec son compagnon étaient telles qu'elle n'hésitait pas à lui faire l'aveu de ses sentiments. Pour sa part, Damase avait pour la vieille dame une admiration profonde. Il ne pouvait pas ne pas être exalté à la pensée que ce qu'elle appelait leur « hypersensibilité commune » inspirait ses belles œuvres du moment. Cette exaltation devait paraître à Sonia bien proche d'un sentiment partagé. Sans doute l'était-il mais Damase entendait, tout naturellement, mener sa vie d'homme jeune. Des querelles naissaient souvent, provoquées par ce qu'il faut bien appeler la jalousie de Sonia. Il en allait ainsi à Paris ou lors des voyages qui, au cours d'une dizaine d'années, les conduisirent un peu partout en Europe au gré des manifestations consacrées à Sonia ou auxquelles elle se trouvait mêlée. Ainsi, en 1972, ils allèrent à Lisbonne où la Fondation Gulbenkian avait organisé une grande exposition *Sonia-Robert Delaunay et leurs amis au Portugal*. On emmena Sonia revoir le beau village où elle avait vécu avec Robert et dont maintenant une des maisons portait une plaque rappelant leur séjour. Deux ans plus tard, ils étaient à Cologne. Le musée Wallraf-Richartz avait été réaménagé à l'occasion de son jubilé et on y présentait une sélection d'œuvres des Delaunay. La Ville de Cologne décerna à Sonia la médaille Stephan Lochner (le célèbre peintre colonais du XVe siècle). En même temps, Francis Bacon (soixante-cinq ans) faisait aussi l'objet de cette distinction.

Expositions, commémorations se succédaient maintenant sans interrompre le travail créateur. Pour s'en tenir aux manifestations les plus importantes, rappelons en janvier-février 1975 la rétrospective à l'International Culturel Centrum d'Anvers, sa première exposition en Belgique pour laquelle elle reçut le prix de la Critique. Rappelons aussi l'exposition présentée par Damase dans la galerie qu'il avait ouverte à Bruxelles, et celle organisée par Denise René à Paris. Elles commémoraient le quatre-vingt-dixième anniversaire de Sonia, qui devait donner lieu à des manifestations plus importantes. Alors ministre de la Condition féminine, Françoise Giroud lui remit en 1975 la croix d'Officier de la Légion d'Honneur au cours d'une cérémonie qui réunissait comme il se doit le ban et l'arrière-ban de ses amis. Sous le titre *Sonia 90e anniversaire*, Damase publia le discours de Françoise Giroud accompagné de gouaches et de lignes élogieuses de Moore, Calder, Vieira da Silva, Kijno... Autre hommage : en novembre, le Musée national d'art moderne réunit toutes les œuvres conservées dans les collections publiques françaises, Sonia assistait au vernissage auquel la radio et la télévision donnèrent une large place. En décembre, Jacques Chancel consacrait à Sonia une de ses « radioscopies » si écoutées.

La consécration était venue. Désormais, les médias tenaient Sonia pour un de ces sujets qui confèrent un cachet de culture à une émission sans trop nuire au taux d'écoute. Nonagénaire, elle allait toucher, pendant cinq ans encore, les dividendes du succès. Ces dividendes étaient les commandes qui lui venaient de toutes parts, et parmi lesquelles — comme elle l'avait toujours fait — elle choisissait avec rigueur. Maintenant, c'était sans avoir à penser aux conséquences financières de ses refus.

Fin de partie

L'extrême vieillesse réclamait sa rançon, la tête demeura pourtant et ses facultés intactes allaient, grâce au travail, permettre à Sonia de ne songer que le moins possible à ses maux. En janvier 1978, elle fit une chute rue Saint-Simon et se cassa le col du fémur. On hésita à l'opérer à cause de son âge. Dorénavant, elle sera contrainte de se déplacer dans un fauteuil roulant poussé par une infirmière. Son activité n'en est pas moins grande. Elle peint une série de gouaches et — tâche moins éprouvante — crée la carte de Noël de Mme Pompidou. Les gouaches seraient présentées en bonne place par Ernst Beyeler dans son stand de la Foire de Bâle en juillet 1979. Elles allaient frapper par leur qualité et leur caractère juvénile. Beyeler les montrerait ensuite dans sa galerie, puis elles iraient en Allemagne.

En fait, c'est peu avant son accident qu'était survenu l'événement qui devait donner une si grande impulsion nouvelle à la Sonia des dernières années. Guy Landon avait ouvert récemment un Centre d'art contemporain. Il entendait consacrer son grand et beau local de l'avenue Matignon à la peinture vivante et dans la même mesure, aux objets usuels conçus dans l'esprit de l'esthétique nouvelle par des créateurs véritables. Il pensait s'attacher surtout aux objets conçus par les peintres. Les expositions se succédaient maintenant, l'action de Jacques Damase avait attiré l'attention de Guy Landon sur l'œuvre de Sonia. Il avait vite admiré sa peinture. Il avait vu aussi les tissus, les tapis, les vêtements créés par elle dans les années vingt, à l'exposition du Pavillon de Marsan. Quelque cinquante ans plus tard, ces objets conservaient une actualité faisant penser qu'ils avaient été créés la veille, pour égayer la vie quotidienne de nombreux lendemains. C'est ce caractère actuel, non pas conservé, mais à vrai dire acquis soudain dans un monde ayant enfin rattrapé la créatrice des années vingt qui frappa surtout Landon. Il se mit en rapport avec Sonia Delaunay et organisa à l'automne 1977 une grande exposition de sa peinture. Aussitôt après, elle voulut bien consentir à la réédition de certaines pièces. On fit le choix des tissus simultanés devant être édités à nouveau. Jacques Damase a raconté qu'on avait dû en éliminer beaucoup qui avaient été trop copiés par les fabricants. Copiés, depuis une dizaine d'années surtout, mais en les édulcorant, en en transformant les motifs au point de leur enlever toute spontanéité, de les priver du caractère « simultané » qui faisait leur prix. Ceux qui furent retenus avaient échappé au zèle des copistes. Ils ne ressemblaient à rien de ce qu'on avait pu voir sur le marché. On avait réalisé, en premier lieu, des foulards, des châles, des écharpes avec aussi des tissus d'ameublement et des tapis. Ils séduisirent immédiatement.

Les dirigeants d'Artcurial estimaient que tous les

objets usuels devaient bénéficier de l'effort de création poursuivi depuis longtemps et dont on n'avait guère profité en France. Il s'agissait rien moins que d'une nouvelle esthétique de la vie quotidienne. Depuis vingt-cinq ou trente ans que le pays était libéré on avait vu beaucoup de choses. On allait aux États-Unis en quelques heures, le cinéma, la télévision rendaient familier le décor de la vie outre-Atlantique et ailleurs. Une maison américaine de meubles s'était installée à Paris. Dans les créations de Florence Knoll, de l'Italien Bertoïa, du Finlandais Saarinen qu'elle distribuait, on retrouvait avec plaisir celles qu'on avait vues dans tant de films. Les créations italiennes apportaient de plus en plus leur note de gaieté. Les Scandinaves montraient ce que peut une rigueur élégante.

À une vision enfin dégagée des méandres de l'Art Déco, il fallait autre chose que ce qu'avaient naguère popularisés *Pomone* et les autres rayons « Décoration » des grands magasins. Rien ne pouvait mieux répondre à cette attente que des objets usuels décorés par Sonia Delaunay. Dans cet ordre d'idées Damase avait édité des assiettes et quelques plats de Sonia. On décida d'aller beaucoup plus loin. Elle décora d'autres assiettes et bientôt on lui apporta des modèles de pièces de forme. Quand l'un d'eux lui plaisait, elle en faisait un vase ou un plat. Des nappes, des serviettes furent réalisées aussi d'après des dessins simultanés. Ainsi naquirent ces décors de tables qui ne cesseront de relever les menus les plus austères.

On savait à quel point la vieille dame s'était intéressée jadis à la mode féminine. Au Pavillon de Marsan, on avait vu des robes créées pour « L'Atelier Simultané ». On retrouvait ce que Guillaume Apollinaire avait dit de la robe simultanée dans laquelle elle dansait le tango au Bal Bullier : « Tailleur violet, large ceinture violet et vert et sous la jacquette un corsage divisé en zones de couleurs vives, tendres ou passées, où se mêlent le vieux rose, la couleur tango, le bleu Nattier, l'écarlate... Tant de variété n'est pas passé inaperçue, elle met de la fantaisie dans l'élégance », concluait le poète.

L'idée se propagea tout naturellement que Sonia avait régné sur la mode des années vingt. Or, rien n'est plus faux. Les manteaux, les robes créés pour la maison du boulevard Malesherbes étaient beaucoup plus simples que celle inventée pour une exhibition au Bal Bullier. Ils ne plaisaient pas pour autant. Quelques femmes très sûres d'elles-mêmes s'amusaient à s'en parer, elles ne poursuivaient pas l'expérience. On a longuement cité plus haut la lettre très explicite de Blaise Cendrars disant à Sonia sa déception de voir les femmes se soumettre à la dictature du noir, de « la distinction ». Avec une incomparable prescience, elle faisait ce que d'autres allaient faire une quarantaine d'années plus tard. Saint-Laurent, Castelbajac, Oscar de la Renta ne la copieraient pas. Ils retrouveraient spontanément ses inventions enfin devenues modernes. Certains ont tenu à reconnaître cet héritage. Ainsi, Marc Bohan (Dior) a montré qu'il s'était directement inspiré d'un dessin des années vingt pour une robe du soir faite à l'intention de Françoise Hardy. La collection d'automne 1984 du couturier américain Perry Ellis était, a-t-il dit, un hommage à Sonia Delaunay. Auparavant, Yves Saint-Laurent avait fait broder des vers de Cocteau sur une jacquette en satin rose, Castelbajac a imprimé des poèmes et des peintures sur des vêtements aux formes simples. Gianni Versace a déclaré à la télévision qu'il s'était directement inspiré de Sonia pour sa collection de printemps en 1991. Une robe de la collection 1994 de Christian Lacroix n'est pas sans rappeler le costume d'Amneris pour l'*Aïda* de Verdi imaginé par Sonia en 1920.

Ainsi, pendant les dernières années de sa vie, Sonia voyait les animateurs de la mode créer des robes qu'elle n'eût pas désavouées en 1925. Pour sa part, elle s'habillait chez Chanel dont la coupe simple lui plaisait. L'argent était là maintenant. Elle entendait bien profiter de ce qu'il pouvait donner. Il n'était plus question hélas de faire des courses, de se rendre à des vernissages autrement qu'en auto. Aux taxis, Sonia préférait les voitures dites de « grande remise », ces voitures de location qui stationnent aux portes de l'hôtel Ritz ou du Crillon. C'est toujours une Rolls qu'elle demandait en faisant une réservation. Peut-être était-ce du lointain passé pétersbourgeois que surgissaient ces goûts de boyard. Quoi qu'il en soit, si veiller grandement à ses aises lui paraissait aller de soi, ses véritables satisfactions étaient ailleurs. On imagine le plaisir profond qu'elle avait éprouvé quand, en 1977, ses œuvres prémonitoires faites une cinquantaine d'années auparavant avaient été présentées avec celles des jeunes Américains à l'exposition *Paris-New York* au Centre Pompidou.

Sonia travaillait encore, elle quittait de moins en moins la maison. À la fin de 1978, Jacques Damase publia *Les Noirs et Blancs de Sonia Delaunay*. C'était un album réunissant des dessins faits en Russie ou à Karlsruhe puis à Montparnasse à ceux des années plus récentes. À cette occasion, une exposition fut organisée à Artcurial et Sonia put assister au vernissage. D'autres expositions eurent lieu dans les mois qui suivirent. Sa dernière sortie officielle fut pour inaugurer, le 15 novembre au Centre Pompidou, la présentation de *Jacques Damase trente années d'éditions d'art*. Elle avait fait l'affiche de l'exposition et ce devait être aussi sa dernière œuvre de peintre. Il lui restait un contrat à signer. Superbe manière d'abattre ses dernières cartes : celui avec le musée de Buffalo pour la réédition du jeu fait jadis pour Bielefeld. Le même jour, elle apprit aussi que le musée de Tokyo, où avait lieu une rétrospective *Robert-Sonia Delaunay*, venait d'acquérir un des grands *Rythmes* de Robert. C'était le 4 décembre 1979. Elle mourut sans souffrir le lendemain. On l'enterra à Gambais.

Sonia avait survécu trente-huit ans à Robert et n'avait sans doute pas laissé passer un jour sans penser à lui.

Pendant ces années, la sensibilité avait profondément évolué. Ce qui n'était accepté que par quelques-uns était dorénavant officiellement célébré. Les hochets de la vanité avaient été, à la fin de sa vie, prodigués à Sonia qui savait les juger à leur mesure. Robert n'avait connu rien de tel. Du moins, à titre posthume, le rôle considérable qu'il avait joué dans l'évolution de l'art contemporain était maintenant pleinement reconnu.

NOTES

NÉE À GRADSHIK

1. Anatole Leroy-Beaulieu, *L'Empire des tzars et les Russes*, Paris, 1881. Réédition Paris, Robert Laffont, Coll. Bouquins, 1980.
2. A. Leroy-Beaulieu, *op. cit.*
3. A. Leroy-Beaulieu, *op. cit.*
4. A. Leroy-Beaulieu, *op. cit.*
5. Guillaume Apollinaire, *La Femme assise*, Paris, Gallimard, 1920, in Pléiade, vol. I, p. 419, Gallimard, 1977.
6. G. Apollinaire, *Œuvres complètes*, in Pléiade, vol. II, p. 91, Gallimard, 1991.
7. G. Apollinaire. *Le Salon des Artistes Indépendants*, 20 mars 1910 in Pléiade, vol. II, p. 150.
8. Ambroise Vollard, *Souvenirs d'un marchand de tableaux*, Paris, Albin Michel, 1927.
9. Michel Hoog, *Inventaire des collections publiques françaises (donation Sonia Delaunay)*, Paris, édition des Musées Nationaux, 1967, p. 109.
10. Robert Delaunay.
11. A. Leroy-Beaulieu, *op. cit.*
12. Wilhelm Uhde, *Von Bismarck bis Picasso*, Verlag Oprecht, Zurich, 1938.
13. Gertrude Stein, *Autobiographie d'Alice Toklas*, Paris, Gallimard, Coll. « l'Imaginaire », 1980.

VENU DES BEAUX QUARTIERS

1. F. Gilles de la Tourette, *Robert Delaunay*, Paris, Charles Massin & C°, 1950, p. 9.
2. Gilles de la Tourette, *op. cit.*, p. 11.
3. Max Weber, *Rousseau as I knew him*, New York, *Art News*, 15 février 1942.
4. Philippe Soupault, *Robert Delaunay peintre*, Les Feuilles Libres, sept.-oct. 1923, p. 167.
5. G. Apollinaire, *Marie Laurencin. Robert Delaunay*, *L'Intransigeant*, 5 mars 1912 in Pléiade, vol. II, p. 422.
6. Pierre Francastel, *Robert Delaunay. Du Cubisme à l'Art abstrait*, Documents inédits, Paris, S.E.V.P.E.N., 1957, p. 87.
7. G. Apollinaire, Le *Vernissage des Artistes Français, L'Intransigeant*, 1er mai 1912 in Pléiade, vol. II, p. 459.
8. G. Apollinaire, *Le Dernier État de la peinture*, *L'Intransigeant*, 14 février 1911, in Pléiade, vol. II, p. 277.
9. P. Francastel, *op. cit.*, p. 188.

10. Sonia Delaunay, *Journal*, année 1952. Bibliothèque nationale de France, Paris.
11. Blaise Cendrars, *Aujourd'hui*, Paris, Bernard Grasset, 1952, p. 144.
12. G. Apollinaire, *Le Salon des Indépendants, L'Intransigeant*, 21 avril 1911 in Pléiade, vol. II, p. 318.
13. G. Apollinaire, *Il y a*, in Pléiade, *Œuvres poétiques*, p. 358, Gallimard, 1956.
14. Wilhelm Uhde, *Henri Rousseau*, Paris, Figuière, 1911.
15. Michel Hoog, *op. cit.*, p. 122.
16. P. Francastel, *op. cit.*, p. 112.
17. P. Francastel, *op. cit.*, p. 109.
18. Félix Fénéon, *Œuvres plus que complètes*, Paris, Genève, Librairie Droz, vol. I, p. 420.
19. Fonds Delaunay, Documentation M.N.A.M., Centre Pompidou, Paris.
20. G. Apollinaire, *Le Salon des Indépendants, L'Intransigeant*, 19 mars 1912 in Pléiade, vol. II, p. 428.
21. G. Apollinaire, in Pléiade, vol. II, p. 430.
22. P. Francastel, *op. cit.*, p. 81.
23. Maurice Princet, Lettres inédites à Robert Delaunay, Fonds Delaunay, Documentation M.N.A.M., Centre Pompidou, Paris.
24. M. Princet, *op. cit.*
25. M. Princet, *op. cit.*
26. M. Princet, *op. cit.*
27. P. Francastel, *op. cit.*, p. 205.
28. G. Apollinaire, *Simultanisme-Librettisme* in Pléiade, vol. II, p. 976.
29. P. Francastel, *op. cit.*, pp. 176-177.
30. Blaise Cendrars, *op. cit.*, p. 141.
31. G. Apollinaire, *À la Section d'Or, L'Intransigeant*, 10 octobre 1912 in Pléiade, vol. II, p. 486.

Une révolution du regard

1. P. Francastel, *op. cit.*, p. 67.
2. P. Francastel, *op. cit.*, p. 67.
3. Robert Delaunay. Lettre à Bernard Köhler, Paris 21 mars 1912. Donation Sonia Delaunay, Bibliothèque nationale de France.
4. Robert Delaunay. Lettre à Franz Marc, Paris 11 janvier 1913. Donation Sonia Delaunay. Bibliothèque nationale de France.
5. André Billy in G. Apollinaire *Œuvres poétiques*. Pléiade, p. 168.
6. P. Francastel, *op. cit.*, pp. 180-181.
7. Gustav Vriesen-Max Imdahl, *Robert Delaunay : Light and Color*. New York, Harry N. Abrams Inc., p. 644.
8. P. Francastel, *op. cit.*, p. 157.
9. G. Apollinaire, *Les Soirées de Paris*, 15 novembre 1913 in Pléiade, vol. II, p. 623.
10. G. Apollinaire, *Le Salon des Indépendants, L'Intransigeant*, 25 mars 1913 in Pléiade, vol. II, p. 547.
11. G. Apollinaire. *Le Salon des Indépendants, L'Intransigeant*, 25 mars 1913 in Pléiade, vol. II, p. 547.
12. Fonds Delaunay. Documentation M.N.A.M., Centre Pompidou.
13. Sherry A. Buckberrough, *Robert Delaunay The Discovery of Simultaneity*. U.M.I. Research Press, Ann Arbor, 1978.
14. P. Francastel, *op. cit.*, p. 217.
15. P. Francastel, *op. cit.*, p. 138.

16. Sonia Delaunay.
17. P. Francastel, *op. cit.*, p. 89.
18. G. Apollinaire, *La Femme assise* in Pléiade, vol. I, p. 415.
19. Blaise Cendrars, *Le Lotissement du Ciel*. Paris, Denoël, 1949, p. 511.
20. Blaise Cendrars, *Aujourd'hui, op. cit.*, p. 196.
21. G. Apollinaire, *Au Salon des Indépendants*, in Pléiade, vol. II, p. 650.
22. Michel Seuphor, *Synchromies*, in *L'œil*, janvier 1958.
23. Bernard Dorival, *L'Affaire Delaunay à l'Armory Show* d'après des documents inédits. Bulletin de la Société de l'Histoire de l'Art Français, année 1977. F. de Nobele, Paris, 1979, pp. 323 à 332.
24. Les numéros de *Montjoie* (une quinzaine semble-t-il) sont dispersés entre plusieurs bibliothèques publiques à Paris et à New York. Le premier numéro parut en février 1913. Son fondateur, l'Italien Ricciotto Canudo, s'engagea dans l'armée française et grièvement blessé fut promu capitaine et décoré de la Légion d'Honneur. Très oublié aujourd'hui, il joua un grand rôle dans la vie intellectuelle parisienne jusqu'à sa mort en 1923.
25. Le Salon des Indépendants. *Maintenant* (mars-avril 1914) in Arthur Cravan, *Œuvres*. Paris, Éditions Gérard Lebovici, 1987.
26. Bernard Dorival, *Les Séjours de Robert et de Sonia Delaunay en Espagne (1914-1922)* in *Le Serment des Horaces*, n° 4, printemps-été 1990, pp. 105 sqq.
27. G. Apollinaire, *Le Petit Messager des arts et des Industries d'art*, 1er mars 1915 in Pléiade, vol. II, p. 857.
28. Mina Loy in Arthur Cravan, *Œuvres, op. cit.*
29. Francastel, p. 127.
30. L. Massine, *My Life in Ballet*. Londres, Macmillan, 1968. Charles Ricketts, *Self portrait*. Londres, Peter Davies, 1939.
31. B. Dorival, *Les Séjours de Robert et Sonia Delaunay en Espagne, op. cit.*, p. 118.
32. B. Dorival, *op. cit.*, p. 118.
33. B. Dorival, *op. cit.*, p. 116.
34. B. Dorival, *op. cit.*, p. 117.

NOUVEAU MONDE, NOUVEAUX AMIS

1. Michel Sanouilhet, *Dada à Paris*. Paris, J.J. Pauvert, 1965, p. 520.
2. M. Sanouilhet, *op. cit.*, p. 319 sqq.
3. François Chapon, *Mystère et Splendeurs de Jacques Doucet*. Paris, Lattès, 1984, p. 283.
4. Joseph Delteil, *La Deltheillerie*. Paris, Bernard Grasset, 1968.
5. René Crevel, *Détours*. Paris, Éditions de la N.R.F., 1924 — Éditions Pauvert, 1985.
6. André Breton, *Les Tours supportent des étoles blanches*. Manuscrit autographe. Donation Sonia Delaunay, Bibliothèque nationale de France.
7. Louis Aragon, *La Tour parle*. Poème dédié à Robert Delaunay. Manuscrit autographe. Donation Sonia Delaunay, Bibliothèque nationale de France.
8. Sonia Delaunay, *La Couleur dansée* in *Aujourd'hui Art et architecture*, n° 17, 1958, p. 43.
9. Francastel, *op. cit.*, p. 207.
10. Sonia Delaunay, *Journal*, année 1933. Bibliothèque nationale de France, Paris.
11. Ph. Soupault. Lettre inédite à Robert Delaunay. Fonds Delaunay Documentation du Musée national d'art moderne. Centre Pompidou, Paris.
12. Archives d'un visionnaire : Abel Gance. Collection Nelly Kaplan. Catalogue de la vente du 3 mars 1993, Hôtel Drouot.

13. Charles Delaunay, *Delaunay's Dilemma. De la peinture au jazz*. Mâcon, Éditions W., 1985, pp. 19-20.
14. Robert Delaunay. Lettres inédites à André Lhote. Archives André Lhote.
15. Robert Delaunay. Notes manuscrites avec croquis pour *Triomphe de Paris*. 1928-1929. Donation Sonia Delaunay, Bibliothèque nationale de France.
16. Ch. Delaunay, *op. cit.*, pp. 20-21.
17. Correspondance inédite de Jean Delhumeau avec Robert et Sonia Delaunay. Fonds Delaunay. Documentation M.N.A.M. Centre Pompidou, Paris.
18. Joseph Delteil, *op. cit.*
19. Jean Cassou, *Delaunay et la plastique murale en couleurs*. Art et Décoration, mars 1935, pp. 97-98.
20. Bernard Dorival, *Robert Delaunay*. Jacques Damase éditeur Paris-Bruxelles, 1975, p. XXVII.
21. Francastel, *op. cit.*, p. 42.
22. Francastel, *op. cit.*, p. 35.
23. Sonia Delaunay, *Nous irons jusqu'au soleil*. Robert Laffont, Paris, 1978, p. 106.
24. Félix Aublet. Texte inédit. Archives Aublet.
25. Archives Aublet.
26. Bernard Dorival, *La Participation de Robert et Sonia Delaunay à l'Exposition de 1937*. Bulletin de la Société de l'Histoire de l'Art français. Année 1987. Société de l'Histoire de l'Art français. 1989, pp. 274-288.
27. Joan M. Lukach, *Hilla Rebay. In search of the Spirit in Art*. New York, Georges Braziller, 1983.
28. Joan M. Lukach, *op. cit.*
29. Charles Delaunay, *op. cit.*, p. 23.
30. Ch. Delaunay, *op. cit.*, p. 149.
31. Ch. Delaunay, *op. cit.*, p. 11.
32. Francastel, *op. cit.*, p. 239 *sqq.*

En sa fin est son commencement

1. Gabrielle Buffet-Picabia, *Rencontres*, Paris, Belfond, 1977.
2. D. Abadie, *Magnelli*. Musée national d'art moderne avec le concours de l'Association « pour Magnelli ». Éditions du Centre Georges Pompidou, 1989, p. 222.
3. Gabriele Mahn, *L'Art des combinaisons à deux ou à trois*, in Sophie Taueber-Hans Arp. Dialogues d'artistes-résonances. Kunstmusuem, Bern — Stiftung Hans Arp und Sophie Taueber-Arp, Rolandseck — Von der Heydt Museum, Wuppertal, 1988-1989, p. 83.
4. Gabriele Mahn, *op. cit.*, p. 87.
5. Sonia Delaunay, *Journal*, année 1944. Bibliothèque nationale de France, Paris.
6. D. Abadie, *op. cit.*, p. 227.
7. D. Abadie, *op. cit.*, p. 229.
8. D. Abadie, *op. cit.*, p. 229.
9. Sonia Delaunay, *Journal*, année 1945. Bibliothèque nationale de France, Paris.
10. Bernard Dorival, *Sonia Delaunay. Sa vie son œuvre*. Jacques Damase éditeur, Paris, 1980, p. 68.
11. Dominique Desanti, *Sonia Delaunay. Magique magicienne* Paris, Éditions Ramsay, 1988, p. 318.
12. Sonia Delaunay, *Journal*, année 1960. Bibliothèque nationale de France, Paris.
13. Sonia Delaunay, *Journal*, année 1965. Bibliothèque nationale de France.
14. Sonia Delaunay, *Journal*, année 1966. Bibliothèque nationale de France.
15. Sonia Delaunay, *Journal*, année 1966. Bibliothèque nationale de France, Paris.

BIBLIOGRAPHIE

1839-1889 M.E. CHEVREUL. *De la Loi du Contraste simultané des Couleurs et de l'Assortiment des Objets colorés*. Paris.
1925 ANDRÉ LHOTE *Sonia Delaunay, ses objets, ses tissus simultanés, ses modes*. Poèmes de Cendrars, Delteil, Tzara, Soupault. Paris, Librairie des Arts décoratifs.
1942 MAX WEBER « Rousseau as I knew him ». New York, *Art News*, 15 février.
1950 F. GILLES DE LA TOURETTE *Robert Delaunay*. Paris, Charles Massin.
1950 MICHEL SEUPHOR *L'Art abstrait, ses origines, ses premiers maîtres*. Paris, Éditions Maeght.
1957 PIERRE FRANCASTEL *Robert Delaunay. Du Cubisme à l'Art abstrait*. Documents inédits. Paris, S.E.V.P.E.N.
1958 H.B. CHIPP « Orphism and Color Theory ». New York, Art Bulletin, vol. 40.
1961 DORA VALLIER *Henri Rousseau*. Paris, Flammarion.
1965 CHARLES GOERG « Les Marchés au Minho de Sonia Delaunay ». Genève, Bulletin du Musée d'Art et d'Histoire, vol. 13.
1967 GUSTAV VRIESEN ET MAX IMDAHI *Robert Delaunay, Licht und Farbe*. Cologne, Dumont-Schauberg. New York, Harry N. Abrams.
1967 MICHEL HOOG *Paris Musée national d'art moderne Robert et Sonia Delaunay*. Inventaire des collections publiques françaises 15. Paris, Éditions des Musées Nationaux.
1971 JACQUES DAMASE *Sonia Delaunay, Rythmes et couleurs*. Paris, Hermann.
1975 BERNARD DORIVAL *Robert Delaunay*. Paris et Bruxelles, Éditions J. Damase.

1975 ARTHUR COHEN *Sonia Delaunay*. New York, Harry N. Abrams.
1975 I. DAVIES « Western European Art Forms influenced by Nietzsche and Bergson before 1914, particularly Italian Futurism and French Orphism » New York, Art International, n° 19.
1976 MICHEL HOOG *Robert Delaunay*. Paris, Flammarion.
1976 MICHEL HOOG *Robert Delaunay*, Catalogue de l'Exposition à l'Orangerie. Paris, Éditions des Musées Nationaux.
1976 DANIEL ABADIE « Les inventions simultanées de Sonia Delaunay ». Paris, xxe siècle, vol. 38, n° 46.
1977 *Sonia et Robert Delaunay*. Paris, Bibliothèque nationale.
1978 JACQUES DAMASE *Sonia Delaunay. Dessins noirs et blancs*. Préface de Germain Viatte. Paris, Jacques Damase/Artcurial.
1980 BERNARD DORIVAL *Sonia Delaunay*. Paris, Jacques Damase.
1980 SHERRY A. BUCKBERROUGH *Sonia Delaunay, a retrospective*. Buffalo New York, Catalogue exposition Albright-Knox Art Gallery.
1981 YANN LE PICHON *Le Monde du Douanier Rousseau*, Paris, Robert Laffont.
1982 SHERRY A. BUCKBERROUGH *Robert Delaunay. The Discovery of Simultaneity*. Ann Arbor, Michigan, U.M.I. Research Press.
1984 ANNETTE MALOCHET *Atelier simultané de Sonia Delaunay*. Milan, Fabbri.
1984 GIULIA PISANI FUTACCHI *Robert Delaunay poeta del colore*. Milan Edizioni DBBA.
1984 FRANÇOIS CHAPON *Mystère et Splendeurs de Jacques Doucet*. Paris, Lattès.
1985 CHARLES DELAUNAY *Delaunay's Dilemma*. Mâcon, Éd. W.
1986 PETER KLAUS SCHUSTER *Delaunay und Deutschland*. Catalogue de l'exposition à la Staatsgalerie Moderner Kunst de Munich. Cologne, Dumont-Schauberg.
1986 ELIZABETH MORANA & DIANA VREELAND *Sonia Delaunay Art into Fashion*. New York, George Braziller.
1987 DANIELLE MOLINARI *Robert Delaunay - Sonia Delaunay*. Paris, Nouvelles Éditions Françaises.
1988 DOMINIQUE DESANTI *Sonia Delaunay. Magique magicienne*. Paris, Éditions Ramsay.
1989 AXEL MADSEN *Sonia Delaunay Artist of the Lost Generation*. New York, McGraw Hill Publishing Company.
1991 *Malerei im Prisma Freundeskreis Sonia und Robert Delaunay*. Introduction de Monique Schneider-Maunoury. Catalogue de l'exposition. Cologne, Galerie Gmurzynska.

1991/1992 SANDOR KUTHY *Sonia et Robert Delaunay. Dialogues d'artistes résonances*. Catalogue de l'exposition. Kunstmuseum, Berne.
1993 MIRIAM CENDRARS *Blaise Cendrars*. Paris, Balland.

INDEX

Acton, Harold, 206,
Agam, Yaacov, 293,
Alain-Fournier, 131
Allard, Roger, 79, 109,
Allendy, Colette et Robert, 258, 278, 282,
Andry-Farcy, 251, 259, 260, 279,
Apollinaire, Guillaume, 28, 31, 32, 37, 40, 58, 61, 65, 73, 74, 78, 79, 80, 82, 84, 88, 91, 92, 97, 98, 99, 100, 101, 102, 104, 106, 107, 109, 110, 111, 115, 120, 122, 124, 125, 126, 127, 128, 129, 130, 131, 132, 133, 135, 136, 139, 140, 153, 156, 157, 161, 164, 170, 181, 200, 207, 214, 215, 220, 271, 284, 291, 298,
Aragon, Louis, 180, 181, 184, 189, 190, 191, 192, 194, 196, 207, 271, 277,
Archipenko, Alexander, 111, 156,
Arcos, Alexandre, 79,
Arensberg, Walter, 93,
Arman, Fernandez Armand, dit, 293,
Aron, Raymond, 184,
Arp, Jean, 119, 125, 171, 218, 219, 222, 230, 231, 241, 243, 247, 250, 253, 256, 263, 264, 265, 266, 267, 268, 278, 283,

Aublet, Félix, 231, 232, 233, 234, 235, 236, 237, 238, 239, 252, 292,
Auric, Georges, 182, 184, 188, 193,

Bacon, Francis, 295,
Balla, Giacomo, 111,
Baguès, 199,
Baker, Joséphine, 224,
Bakst, Léon, 42, 167, 199,
Baranoff-Rossiné, Vladimir, 135, 240,
Baron, Jacques, 194,
Barrès, Maurice, 207,
Barzun, Léon, 81, 85, 104, 220
Beaudin, André, 238,
Bauer, Rudolph, 243, 244, 245, 246, 247,
Baumeister, Willy, 230,
Beaumont, Etienne de, 206,
Bechet, Sidney, 224,
Benois, Alexandre, 41, 42, 199,
Béothy, Etienne, 240,
Berg, Alban, 118, 120,
Bergson, Henri, 108, 152,
Bernheim, frères, 62, 86, 94, 110, 116, 145,
Bessant, Annie, 91,
Beyeler, Ernst, 296,
Biely, Andréi, 15, 17,
Billy, André, 98, 122,

BING, galerie, 283,
BISSIÈRE, Roger, 238,
BLANCHE, Jacques-Emile, 29,
BLÉRIOT, Louis, 139,
BLUM, Léon, 235, 236, 250,
BOCCIONI, Umberto, 110, 111, 132, 133, 152,
BÖCKLIN, Arnold, 15,
BOGAERT, Lucienne, 197,
BOHAN, Marc, 299,
BONNARD, Pierre, 31, 90, 105, 143,
BOREL, Emile, 138
BOUCHER, François, 23,
BOURDELLE, Antoine, 196,
BOUSSINGAULT, Jean-Baptiste, 32,
BRANCUSI, Constantin, 82, 146, 180, 258, 284, 285,
BRAQUE, Georges, 33, 37, 45, 67, 71, 85, 96, 111, 141, 156, 209, 214, 245,
BRENNER, Victor-David, 57,
BRETON, André, 180, 182, 183, 184, 185, 186, 187, 188, 189, 190, 194, 271,
BREUER, Marcel, 201
BRIK, Lili, 189,
BRUANT, Aristide, 105
BRUCE, Patrick Henry, 135, 145, 148, 149,
BRYEN, Camille, 278,
BUCKBERROUGH, Sherry A., 130,
BUFFET, Bernard, 276
BUFFET, Gabrielle, 159, 183, 263, 264, 265, 278,
BUSSE, Erwin von, 118,

CAILLAUX, Joseph, 153,
CAILLAUX, Mme, 153, 154,
CALDER, Alexandre, 250, 278, 295,
CALMETTE, Joseph, 153, 154,
CAMOIN, Charles, 31,
CANUDO, Ricciotto, 81, 124, 149, 151, 207,
CARRA, Carlo, 110, 111, 133, 152,
CARRÉ, Louis, 275, 276, 277, 280, 282, 283,
CARTIER, 199,

CASSOU, Jean, 218, 225, 273, 274, 277, 279, 283, 284, 288, 289,
CASTELBAJAC, Jean-Charles de, 299,
CASTIAUX, 79,
CENDRARS, Blaise, 77, 78, 88, 94, 102, 103, 104, 105, 106, 120, 124, 126, 132, 134, 135, 136, 137, 138, 139, 150, 151, 155, 157, 158, 159, 162, 170, 180, 188, 199, 201, 205, 207, 215, 271, 287, 291, 292, 299,
CÉZANNE, Paul, 26, 64, 67, 69, 146, 204, 213,
CHAGALL, Bella, 204,
CHAGALL, Marc, 80, 124, 127, 135, 143, 209, 222, 225, 247, 248, 290,
CHANEL, Gabrielle, 200, 299,
CHARDIN, Jean-Baptiste-Siméon, 23
CHEVREUL, Eugène, 62, 75, 86, 95,
CHICHKINE, Ivan, 15,
CHIRICO, Giorgio de, 171, 190,
CHTCHOUKINE, Chaïm, 14, 93,
CIACELLI, Arturo, 222,
CIMABUE, 139,
CLAYEUX, Louis-Gabriel, 279,
COCTEAU, Jean, 165, 182, 193, 205, 210, 224, 299,
CODRÉANU, Lizica, 192, 208,
COLIN, Paul, 224,
COUTROT, Jean, 240,
CRAVAN, Arthur, 135, 136, 137, 150, 151, 153, 155, 157, 158, 159, 191, 220,
CREVEL, René, 186, 188, 191, 194, 206, 224,
CROSS, Henri-Edmond, 37, 61, 62, 63,
CRUZ-DIEZ, Carlos, 293
CUNARD, Nancy, 199, 206,
CUTTOLI, Marie, 249, 250, 251,

DALMAU, Joseph, 161, 163,
DAMASE, Jacques, 234, 290, 291, 292, 293, 294, 295, 297, 298, 300,
DAMOUR, Marie et Charles, 54, 55, 56, 61, 67, 70, 106,

Index

Davies, Arhtur B., 146,
Degas, Edgar, 137,
Delacroix, Eugène, 146, 164,
Delaunay, Berthe, (Comtesse de Rose), 53, 54, 57, 58, 59, 63, 83, 84, 157, 158, 159, 163, 170, 203,
Delaunay, Charles, 65, 84, 94, 126, 139, 172, 205, 209, 221, 222, 224, 232, 238, 248, 249, 252, 255, 258, 259, 267, 274, 275, 276, 280, 281, 287, 288, 289,
Delaunay, Eric, 281, 288,
Delaunay Georges, 53, 54,
Delaunay, Jean-Louis, 276, 280, 281, 288,
Delhumeau, Jean, 217, 218, 219, 222, 223, 229,
Delteil, Joseph, 187, 188, 189, 196, 199, 209, 222, 224, 225, 256, 258, 259, 266, 270, 271, 279, 287,
Derain, André, 31, 45, 61, 67, 96, 127, 141, 150, 174, 195, 209,
Desnos, Robert, 186, 194,
Desvallières, Georges, 29, 31,
Diaghilev, Serge de, 15, 22, 30, 40, 41, 42, 48, 142, 165, 166, 167, 169, 173, 200, 215, 216,
Döblin, Alfred, 120,
Doesburg, Nelly Van, 256, 278,
Doesburg, Theo Van, 184, 230, 241,
Donatello, 31,
Dorazio, Piero, 286,
Dorgelès, Roland, 143, 180,
Dorival, Bernard, 75, 155, 156, 159, 163, 164, 169, 171, 174, 226, 239, 272, 283,
Dorziat, Gabrielle, 197,
Doumergue, Gaston, 198,
Doucet, Jacques, 187,
Druet, galerie, 62,
Dubuffet, Jean 277,
Duchamp, Marcel, 109, 110, 133, 141, 146, 153, 194, 220, 241,
Duchamp-Villon, Raymond, 109, 133, 156,

Dudley, Caroline, 224, 225, 275,
Dufy, Raoul, 45, 61, 67, 82, 128, 195,
Duhamel, Georges, 180, 220,
Dumitresco, Natalia, 285,
Dunand, Jean, 199,
Dunoyer de Segonzac, André, 32, 79,
Dupuy, 122,
Durand-Ruel, 94, 147,
Durio, Pacco, 43,
Dutilleul, Roger, 93,

Eggeling, 241,
Elias, Félice, 163,
Eliot, T.S., 206,
Ellis, Perry, 299,
Eluard, Paul, 185, 186, 194,
Epstein, Elisabeth, 29, 32, 42, 81, 88, 106, 226,
Ernst, Max, 65, 66, 124, 184, 186, 190, 250, 283,
Everling, Germaine, 183,
Exter, Alexandra, 29, 142,

Falla, Manuel de, 169,
Fargue, Léon-Paul, 180,
Fayet, Gustave, 43, 93,
Fels, Florent, 199, 200, 273,
Fénéon, Félix, 86, 87, 88, 97, 242, 244, 245,
Férat, Serge Jastrebzov dit, 80, 102, 156, 195, 238,
Flandrin, Hippolyte, 71,
Fleuret, Fernand, 100,
Fokine, 167
Fort, Paul, 28, 79,
Fra Angelico, 107
Francastel, Pierre, 125, 227, 228, 281, 282,
Fraenkel, Boris, 281,
Fratellini, les, 196,
Freundlich, Otto, 231, 240, 241,
Fried, Rose, 283,
Friesz, Othon, 141
Frost, Arthur, 135, 145,

Gabo, Naum, 230, 231,

GANCE, Abel, 207, 208,
GAPONE, le pope, 26,
GAUGUIN, Paul, 15, 20, 31, 38, 42, 43, 60, 76, 89, 93, 98, 230,
GIANNANTTASIO, Ugo, 156,
GIDE, André, 132, 153, 180, 193, 258,
GILIOLI, Emile, 286,
GILLESPIE, Dizzy, 280,
GILOT, Françoise, 283,
GLAZOUNOV, Alexandre, 167,
GLEIZES, Albert, 79, 80, 82, 106, 109, 110, 127, 133, 141, 173, 174, 180, 188, 208, 213, 214, 215, 218, 220, 221, 222, 223, 226, 231, 238, 240, 241, 244, 245, 246, 247, 258, 271,
GLINKA, Mikhail, 167,
GOLL, Claire et Yvan, 189,
GOMEZ DE LA SERNA, Ramon, 176, 188, 195,
GONCOURT, Edmond et Jules de, 60,
GONDOUIN, Charles, 218, 219, 222, 223,
GONSE, Louis, 59, 60,
GONTCHAROVA, Natalia, 17, 42, 137, 142, 143, 195,
GOURMONT, Rémy de, 38,
GOYA, Francisco, 174,
GREFFULHE, Comtesse, 41,
GRIS, Juan, 97, 124, 141, 195,
GROSSMANN, Rudolf, 32, 33,
GUEN, Nicolas dit Koka, 21, 22, 25,
GUGGENHEIM, Irène et Solomon, 243, 244, 245, 246, 247,
GUGGENHEIM, Peggy, 247, 251,
GUILBERT, Yvette, 105,
GUILLAUME, Paul, 135, 173, 190, 191,
GURDJIEFF, George Ivanovitch, 248,

HABASQUE, Guy, 281,
HALPERT, Sam, 57, 147, 148, 149, 155, 161,
HARDY, Françoise, 299,
HARTUNG, Hans, 277, 278, 292,

HARTWIG, René, 236, 237,
HEGEL, Friedrich, 64,
HEIM, Jacques, 197, 198, 199, 222,
HEIM, Simone, 210, 253,
HÉLION, Jean, 231,
HELLENS, Franz, 184,
HEMINGWAY, Ernest, 28,
HENRY, Charles, 75,
HERBIN, Auguste, 71, 231, 278,
HERMÈS, 199,
HERRAND, Marcel, 193, 194,
HOGARTH, William, 135,
HUGO, Jean, 188,
HUIDOBRO, Vicente, 170,

ILIAZD, 189, 192, 193, 195,
INGRES, Jean-Dominique, 39, 146,
ISTRATI, Alexandre, 285,

JACOB, Max, 28, 180, 205,
JACOULOV, Georges, 142, 143,
JANIS, Sidney, 283,
JANSEN, 31
JARRY, Alfred, 37, 38,
JAWLENSKY, Alexej von, 32, 88, 89, 90, 121,
JOSEPHSON, Mathew, 185,
JOUFFROY, Alain, 114,
JOURDAIN, Frantz, 31, 63,
JOUVE, Pierre-Jean, 79,

KAHNWEILER, Daniel-Henry, 78, 82, 93, 94, 116, 141, 156, 164, 173, 214,
KANDINSKY, Nina, 201, 285,
KANDINSKY, Wassily, 24, 32, 81, 88, 89, 90, 91, 92, 105, 106, 108, 116, 117, 118, 119, 120, 123, 124, 125, 127, 131, 171, 186, 201, 230, 241, 243, 244, 245, 246, 247, 258, 269, 275, 277, 278, 285,
KANOLD, Alexandre, 25,
KERENSKY, Alexandre, 164,
KIJNO, Ladislas, 286, 295,
KILBACHICHE, 30,
KIRCHNER, Ernst Ludwig, 25, 89,
KISLING, Moïse, 156,

KLEE, Paul, 88, 89, 90, 116, 119, 126, 227, 250,
KOCHNO, Boris, 188,
KÖHLER, Bernard, 88, 116, 117,
KOKOSCHKA, Oskar, 118,
KOROVINE, Constantin, 15,
KRAMAR, Vicenc, 93, 141,
KRASNER, Lee, 283,
KROLL, Léon, 155,
KROUGLIKOVA, Elizabeth, 29, 30, 32, 42,
KUBIN, Alfred, 88,
KUHN, Walt, 146,
KUPKA, Frantisek, 108, 109, 110, 145, 230, 231, 241, 246,

L'HERBIER, Marcel, 208,
LA FRESNAYE, Roger de, 64, 79, 80,
LACROIX, Christian, 299,
LAFORGUE, Jules, 64,
LANDON, Guy, 296, 297,
LANOUX, Armand, 198, 199,
LANVIN, 200,
LARIONOV, Michel, 42, 137, 143, 156, 195,
LAUGIER, Henri, 250,
LAURENCIN, Marie, 37, 58, 61, 80, 82, 100, 102, 109, 110, 111, 150, 153, 159, 200, 202,
LAURENS, Henri, 250,
LAUTRÉAMONT, 181, 190,
LE CARDONNEL, Louis, 150,
LE CORBUSIER, Edouard Jeanneret dit, 206, 230, 263, 292, 293,
LE FAUCONNIER, Henri, 67, 79, 97, 109,
LE SOMPTIER, René, 208,
LEEUW, Henk de, 275, 281,
LEEUW, Joseph de, 202, 203, 229, 275,
LÉGER, Fernand, 67, 79, 80, 109, 120, 124, 127, 133, 156, 180, 184, 201, 207, 208, 212, 224, 230, 245, 247, 248, 277,
LÉNINE, Vladimir Illitch Oulianov, dit, 30, 164,
LENTULOV, Aristakht, 143,

LEROY-BAULIEU, Anatole, 12, 45, 46,
LEVITAN, Isaac Ilyitch, 15,
LÉVY, André, 36,
LÉVY-DHURMER, 63,
LHOTE, André, 199, 208, 213, 215, 217, 218, 240,
LIEBERMANN, Max, 15,
LIMBOUR, Georges, 194,
LINDBERGH, Charles, 139,
LISSITZKY, El, 142, 241,
LOOS, Adolf, 120, 206,
LOTIRON, Robert, 64, 80,
LOY, Mina, 158,

MACDONALD-WRIGHT, Stanton, 144,
MACKE, August, 65, 88, 89, 90, 115, 116, 117, 124, 125, 129,
MAEGHT, Aimé, 279,
MAGNELLI, Alberto, 241, 252, 263, 264, 265, 266, 268, 269, 278,
MAGNELLI, Susi, 252, 263, 264, 266, 268,
MAÏAKOVSKI, Vladimir, 137, 142, 189,
MAILLOL, Aristide, 278,
MALEVITCH, Kasimir, 143, 241, 246,
MALLARMÉ, Stéphane, 28, 287,
MALLET-STEVENS, Robert, 198, 206, 208, 212,
MALRAUX, André, 40, 184, 289, 292,
MAN RAY, 153, 188, 194,
MANESSIER, Alfred, 238,
MANET, Edouard, 26,
MARC, Franz, 75, 88, 89, 90, 116, 117, 118, 119, 121, 122, 124, 125, 129,
MARCHAND, Jean, 79,
MARINETTI, Tommaso, 97, 110, 131, 132, 137, 143, 184,
MARINO DI TEANA, Francesco, 286,
MARQUET, Albert, 31,
MASSINE, Leonid, 167, 168, 169, 215, 216,
MASSOT, Pierre de, 184, 188, 193, 194,
MATARASSO, Leo, 288,
MATISSE, Henri, 31, 32, 36, 43, 44,

57, 61, 79, 92, 95, 118, 119, 127, 144, 145, 146, 174, 196, 214,
MAUFRA, 147,
MAURRAS, Charles, 149
MEIER-GRAEFE, Julius, 26,
MERCEREAU, Alexandre, 79, 81, 141,
METZ & Co, 202, 203, 280,
METZINGER, Jean, 45, 62, 63, 67, 79, 80, 82, 109, 141,
MEYERHOLD, Vsevolod, 68,
MICHEL-ANGE, 24,
MIDDLETON-MURRAY, John, 150,
MILHAUD, Darius, 193, 208,
MILLET, Jean-François, 15,
MIRO, Joan, 250,
MODERSOHN-BECKER, Paula, 23, 24,
MODIGLIANI, Amedeo, 111, 247,
MOHOLY-NAGY, Laszlo, 246, 247,
MONDRIAN, Piet, 141, 202, 205, 230, 241, 246, 277, 278, 279,
MONET, Claude, 57,
MONFREID, Henry de, 43,
MONNIER, Adrienne, 181,
MONNIER, Laurent, 196, 232,
MONTESQUIOU, Robert de, 60, 181,
MOORE, Henry, 295,
MORAND, Paul, 285,
MORÉAS, Jean, 28,
MOREAU, Gustave, 29, 31,
MORICE, Charles, 42, 43,
MORISE, Max, 194,
MOROSOV, Léon, 16, 93,
MOUSSORGSKY, Modeste, 167,
MUNCH, Edvard, 89,
MÜNTER, Gabriele, 88, 89,

NABOKOV, Wladimir, 17,
NIETSZCHE, Friedrich, 64, 85,
NOAILLES, Marie-Laure et Charles de, 206
NOLDE, Emil, 118,

OETTINGEN, (baronne d'), 80, 85, 102, 155,
OFFENBACH, Jacques, 26,
OLIVIER, Fernande, 37, 58, 96,

ORTIZ DE ZARATE, 82, 284,
OZENFANT, Amédée, 32, 184, 185, 209, 213, 214,

PACH, Walter, 146, 147, 148, 149,
PANASSIÉ, Hugues, 280, 281,
PAPINI, 133,
PASCIN, Julius, 45, 196,
PATOU, 200,
PAULHAN, Jean, 180, 184, 186,
PAX, Paulette, 197,
PÉRET, Benjamin, 186, 194,
PEVSNER, Antoine, 230, 231, 278,
PICABIA, Francis, 109, 110, 127, 146, 153, 159, 170, 182, 183, 185, 188, 196, 205, 209, 220,
PICASSO, Pablo, 28, 31, 36, 37, 39, 40, 41, 43, 45, 57, 58, 67, 68, 69, 71, 79, 80, 81, 82, 85, 93, 94, 95, 96, 97, 98, 105, 111, 118, 125, 127, 129, 141, 146, 147, 150, 156, 157, 159, 165, 189, 194, 195, 196, 209, 214, 240, 250, 283,
PISSARRO, Camille, 38
POIRET, Paul, 42, 195, 198, 200,
POLIAKOFF, Serge, 240, 277, 278,
POLLOCK, Jackson, 283,
POUGNY, Jean, 230,
POULENC, Francis, 182, 192,
PRINCET, Maurice, 81, 95, 96, 97, 98, 99, 100,
PROUST, Marcel, 41, 131, 212,
PURMANN, Hans, 36,
PUVIS DE CHAVANNES, Pierre, 43,
PUY, Jean, 71,

QUEVAL, Armand, 82,
QUINN, John, 146,

RADIGUET, Raymond, 285,
RAMBOSSON, Ivanhoe, 240, 241, 247,
RAPHAËL, 24
REBAY, Hilla von Ehrenwiesen, 241, 242, 243, 244, 245, 246, 247, 248, 252, 284,
REDON, Odilon, 43, 71, 93,
REED, Odgen, 75,

Index

RENÉ, Denise, 278, 287, 295,
RENOIR, Auguste, 38, 137,
RENTA, Oscar de la, 299,
RÉPINE, Ilia, 15
REVERDY, Pierre, 180, 205,
REY, Robert, 55,
RIBEMONT-DESSAIGNES, Georges, 185,
RICHTER, Hans, 242,
RICKETS, Charles, 168,
RIETVELD, Geerit, 202,
RILKE, Rainer Maria, 23, 40,
RIMBAUD, Arthur, 120, 158, 287,
RIMSKY-KORSAKOV, Nicolas, 167,
RIVERA, Diego, 155, 159, 161,
ROCHE, Juliette, (Madame Gleizes), 173, 220,
RODIN, Auguste, 145,
ROMAINS, Jules, 79, 80, 101, 180, 220,
ROUSSEAU, Henri dit le Douanier, 31, 38, 39, 57, 58, 59, 63, 68, 71, 79, 81, 82, 83, 86, 87, 88, 92, 94, 117, 118, 121, 123, 124, 126, 127, 146, 173, 284,
ROSENBERG, Léonce, 173, 191, 214, 251,
ROY, Louis, 38,
RUDE, François, 28,
RUSSELL, Morgan, 144,
RUSSOLO, Luigi, 110, 111,

SAINT-LAURENT, Yves, 299,
SALLES, Georges, 284,
SALMON, André, 40, 79, 96, 150, 164,
SARTRE, Jean-Paul, 290,
SATIE, Erik, 58, 132, 146, 150, 165, 182, 185, 186,
SCHMIDT-REUTTER, 23, 24, 29,
SCHMIDT-ROTTLUFF, Karl, 89,
SCHÖNBERG, Arnold, 24, 108, 118, 119, 120,
SCHUFFENECKER, Emile, 43,
SCHWITTERS, Kurt, 230,
SEMBAT, Marcel, 73,
SÉRUSIER, Paul, 31, 60, 90,
SEUPHOR, Michel, 226, 230, 278, 279, 282, 283, 293,

SEURAT, Georges, 26, 29, 37, 61, 62, 75, 86, 98, 146, 242, 247,
SEVERINI, Gino, 110, 111, 121, 137,
SIDÈS, Fredo, 240, 241, 251, 252, 278,
SIGNAC, Paul, 26, 37, 62, 63, 67, 79, 82,
SIMON, André, 29,
SMIRNOV, Alexandre, 22, 25, 26, 35, 41, 81, 91, 141, 142, 143, 144, 203,
SOFFICI, Ardengo, 133,
SOUDEIKINE, Vera, 192,
SOULAGES, Pierre, 277, 286, 292,
SOUPAULT, Philippe, 60, 180, 181, 182, 186, 188, 189, 199, 204, 205, 210, 212, 287,
SOUZA-CARDOSO, Amadco de, 161,
SPINOZA, Baruch, 18, 64,
SPRINGER, Ferdinand, 270,
STAËL, Nicolas de, 269, 277,
STAHLY, François, 269, 270,
STEIN, Gertrude, 35, 47, 48, 58, 68, 96,
STEINER, Rudolf, 90, 91, 106, 242, 285,
STIEGLITZ, Alfred, 59, 145, 146,
STRAVINSKY, Igor, 48, 143, 169, 192,
STRINDBERG, August, 42,
SURVAGE, Léopold, 238,
SWANSON, Gloria, 197,
SWEENEY, James-Johnson, 284,

TANNING, Dorothea, 283,
TATLIN, Vladimir, 143,
TAUEBER, Sophie, 231, 263, 264, 265, 266, 267, 268, 278, 283, 284,
TCHAIKOVSKI, Piotr Illitch, 13
TCHERNICHEVA, 168,
TCHOUIKO, 44, 81,
TERK, famille, 10, 12, 13, 14, 15, 16, 18, 19, 21, 22, 27, 33, 35, 44, 45, 46, 47, 71, 83, 175,
TITIEN, 282,
TORRE, Guillermo de, 170, 176, 188,
TORRES-GARCIA, Joaquin, 230,

TOULOUSE-LAUTREC, Henri de, 105,
TOURETTE, Gilles de la, 54, 115, 240, 279, 280, 281,
TOURGUENIEV, Ivan, 26,
TRIOLET, Elsa, 189,
TROTSKY, Léon, 153, 171,
TSCHUDI, Hugo von, 126,
TUTUNDJIAN, Léon, 231,
TZARA, Tristan, 28, 87, 180, 181, 182, 183, 184, 185, 188, 189, 191, 192, 193, 194, 196, 199, 204, 205, 207, 212, 219, 273, 274, 286, 287,

UHDE, Wilhelm, 33, 34, 35, 36, 37, 38, 39, 40, 41, 43, 44, 45, 46, 47, 48, 58, 67, 70, 71, 72, 82, 93, 94, 95, 173, 214, 273, 276, 283, 294,
VACHÉ, Jacques, 181, 182,
VALADON, Suzanne, 153,
VALDEIGLESIAS, marquis de, 166, 170, 176,
VALÉRY, Paul, 180,
VALLE-INCLAN, Ramon de, 170,
VALLOTTON, Félix, 38,
VALMIER, 231, 241,
VAN DER LECK, Bart, 202,
VAN DONGEN, Kees, 31,
VAN GOGH, Vincent, 15, 43, 60, 63, 89, 146,
VANDERBILT-WHITNEY, Gertrude, 246,
VANTONGERLOO, Georges, 229, 230, 231,
VASARELY, Victor, 293
VARÈSE, Edgard, 150,
VASSILIEV, Marie, 29, 30, 196,
VAUXCELLES, Louis, 31, 174,
VERKADE, Willibrod, 90,

VERSACE, Gianni, 299,
VIANNA, Eduardo, 161,
VIARD, Dr., 219, 222, 232, 235, 253, 254, 255,
VIEIRA DA SILVA, Maria Elena, 295,
VIERNY, Dina, 278, 282,
VILDRAC, Charles, 81, 180, 220,
VILLON, Jacques, 109, 141, 150, 238, 241,
VINCI, Léonard de, 24
VIONNET, 200,
VITRAC, Roger, 184, 185, 186, 188,
VLAMINCK, Maurice de, 31, 61, 67, 118, 174,
VOLLARD, Ambroise, 31, 38, 39, 43, 93,
VUILLARD, Edouard, 31, 90,
WALDEN, Herwarth, 120, 121, 122, 123, 124, 125, 126, 134, 204,
WEBER, Max, 57, 58, 59, 146,
WEBERN, Anton, 118, 120,
WESTHOFF, Clara, 23,
WIEGELS, Gustav, 40, 96,
WIENER, Jean, 224,
WILDE, Oscar, 151, 153,
WOLS, Otto Alfred Wolfgang Schültze, dit, 277, 290,
WRIGHT, Frank Lloyd, 221, 247, 248,

YAACO, Sada, 105,

ZACK, Léon, 156,
ZARRAGA, Angel de, 155
ZAYAS, Marius de, 146,
ZEMLINSKY, Alexander von, 24,
ZEMLINSKY, Mathilde von, 24,
ZWEIG, Stefan, 150,

REMERCIEMENTS

Parmi toutes les personnes qui les ont informés, les auteurs de ce livre tiennent à remercier particulièrement :
DANIEL ABADIE
ANN ALBRITTON
JANE AUBLET
SUZANNE BERMANN
SHERRY A. BUCKBERROUGH
FLORENCE CALLU
MIRIAM CENDRARS
JACQUES DAMASE
JEAN-LOUIS ET ÉRIC DELAUNAY
DOMINIQUE DESANTI
BERNARD DORIVAL
MARTINE DUJARRIC DE LA RIVIÈRE
SERGE FAUCHEREAU
MARIANNE FRACHON
KRYSTINA GMURZYNSKA
MICHEL HOOG
NELLY KAPLAN
SANDOR KUTHY
GUY LANDON
MATTEO DE LEEUW-DE MONTI
ANNETTE MALOCHET
JEAN-CLAUDE MARCADÉ
DOMINIQUE MARTIN
DANIELLE MOLINARI
DENISE RENÉ
PASCAL-LOUIS ROUSSEAU
NATHALIE SCHOELLER
FRANÇOISE WOIMANT

L'éditeur remercie Jacques Damase et Jean-Louis Delaunay de leur aimable autorisation de reproduction des hors-texte.

Cet ouvrage a été réalisé par la
SOCIÉTÉ NOUVELLE FIRMIN-DIDOT
Mesnil-sur-l'Estrée
pour le compte des Éditions Lattès
en février 1995

Imprimé en France
Dépôt légal : février 1995
N° d'édition : 95017 - N° d'impression : 29809